上海竞争生态研究中心系列报告

CHINA'S E-COMMERCE

2016-2017 中国跨境电子商务竞争生态发展报告

主编：熊 励　　副主编：颜 卉　鲍大林

中国海关出版社
China Customs Press

图书在版编目（CIP）数据

中国跨境电子商务竞争生态发展报告. 2016-2017/熊励主编. —北京：中国海关出版社，2017. 11

ISBN 978-7-5175-0234-0

Ⅰ. ①中… Ⅱ. ①熊… Ⅲ. ①电子商务—研究报告—中国—2016-2017 Ⅳ. ①F724. 6

中国版本图书馆 CIP 数据核字（2017）第 253657 号

中国跨境电子商务竞争生态发展报告（2016-2017）

ZHONGGUO KUAJING DIANZI SHANGWU JINGZHENG SHENGTAI FAZHAN BAOGAO（2016-2017）

策划编辑：史　娜
责任编辑：吴　婷
出版发行：中国海关出版社
社　　址：北京市朝阳区东四环南路甲 1 号　　邮政编码：100023
网　　址：www. hgcbs. com. cn
编 辑 部：01065194242-7532（电话）　　01065194231（传真）
发 行 部：01065194221/4238/4246（电话）　　01065194233（传真）
社办书店：01065195616（电话）　　01065195127（传真）
www. customskb. com/book（网址）
印　　刷：北京中献拓方科技发展有限公司　　经　　销：新华书店
开　　本：787mm×1092mm　1/16
印　　张：13. 5　　字　　数：312 千字
版　　次：2017 年 11 月第 1 版
印　　次：2017 年 11 月第 1 次印刷
书　　号：ISBN 978-7-5175-0234-0
定　　价：52. 00 元

中国跨境电子商务竞争生态发展报告（2016-2017）
编委会

内容简介

本报告反映了2016–2017年中国跨境电子商务竞争生态发展状况。报告分为四篇22章：一、总论篇，阐述了中国跨境电子商务发展的国内外环境与市场格局，“一带一路”背景下跨境电子商务发展机遇和跨境电子商务发展新模式；二、专题篇，通过跨境电子商务的交易平台、跨境物流、海关监管等不同专题，阐述2016–2017年中国跨境电子商务的发展历程；三、实务篇，从跨境电子商务的网络营销方式、支付与结算、海外仓、信用评价等不同视角，剖析了跨境电子商务的具体实务；四、方案篇，详细介绍了中国杭州、上海等13个试点城市中国跨境电子商务综合试验区的实施方案中的发展目标、主要任务和创新举措等。

本报告资料丰富、内容翔实，旨在为政府、企业、学者等提供参考，共同推动跨境电子商务进入新一轮的发展。

前　言

全球电子商务进入全面发展和联动发展叠加的新时期，成为世界经济的亮点和新增长点。2016 年全球电子商务市场规模超过 25 万亿美元，世界各国电子商务均表现出积极增长势头。2016-2017 年，中国迎来了跨境电子商务的升级发展，跨境电商贸易与资本合作加速，已经成为中国经济增长的新动力，对中国外贸结构调整和贸易增长发挥着重要作用。为推动全国跨境电子商务在发展中规范、在规范中发展，中国跨境电子商务综合试验区建设、"金砖国家"间的电子商务合作、"一带一路"倡议下的跨境电子商务、依法规范电子商务健康持续发展等战略举措成为 2016-2017 年跨境电子商务竞争生态发展的新亮点。

2016 年中国跨境电子商务交易规模达到 6.3 万亿元，增速为 23.5%。海淘用户规模达到 4100 万人次。随着国际间交流的日益密切，跨境电子商务平台加强对海外招商引资，预计 2017 年，中国跨境电子商务交易规模将达 7.5 万亿元，呈现持续稳定增长的趋势，2018 年，中国跨境电子商务交易规模预计将达到 8.8 万亿元，海淘用户规模达到 7400 万人次。地区跨境电子商务综合试验区快速崛起，跨境电商进口平台、出口平台和服务平台功能明显提升，推动了跨境电子商务竞争力提升和产业生态链的发展。

2017 年跨境电子商务呈现出新的竞争优势。2015 年 3 月 7 日国务院批复同意设立首个中国（杭州）跨境电子商务综合试验区（以下简称"综合试验区"），2016 年 1 月 15 日国务院印发《国务院关于同意在天津等 12 个城市设立跨境电子商务综合试验区的批复》，13 个城市的综合试验区先行先试、大胆探索、创新发展、因地制宜、结合本地特色和优势，先后推出了各地跨境电子商务试验区的实施方案，呈现出跨境电子商务的新模式、新技术、新产业、新业态。

近年来，金砖国家电子商务发展得如火如荼，跨境电商年均增长超过 35%，2016 年金砖五国网民数超过 14.6 亿，其中通过网络购物的网民超过 7 亿户；网络零售交易额达到了 8761 亿美元，其中跨境网络销售额达到了 920 亿美元。2017 年 1 月 1 日，中国正式接任金砖国家主席国，正在推动开放型世界经济的建设，促进贸易和投资自由化便利化。

在"一带一路"倡议下，中国的跨境电子商务迎来前所未有的发展机遇。据海关统计数据显示，2017 年前 6 个月，中国货物贸易进出口总值 13.14 万亿元，同比增长 19.6%。其中，出口 7.21 万亿元，增长 15%；进口5.93万亿元，增长25.7%。中国对俄罗斯、巴基斯坦、波兰和哈萨克斯坦等“一带一路”沿线国家进出口总值分别增长33.1%、14.5%、24.6%和46.8%。

我国电子商务进入规模发展和引领发展的双重机遇期，逐步形成良好的竞争生态产业集群，中国正搭建起一个自由、开放、通用、普惠的全球贸易平台。2016年12月，商务部、中央网信办、发展改革委联合发布的《电子商务“十三五”发展规划》明确指出：推动全国跨境电子商务持续健康发展，与“一带一路”沿线国家和地区开展电子商务合作，完善跨境电子商务产业链，支持跨境电子商务企业围绕技术、物流、服务创新商业模式；同时，国家发改委、中央网信办、商务部等部门印发的《促进电子商务发展三年行动实施方案（2016-2018年）》也明确要求：建立跨境电子商务综合通关提速工程，提高跨境电子商务通关综合服务效率。跨境时代引领贸易新格局，跨境电子商务将成为未来全球贸易的主要形式。未来将以发展与规范并举、竞争和协调并行、开放和安全并重的原则，引导跨境电商健康持续发展，打造跨境电子商务完整的产业生态链，提高我国跨境电子商务的综合竞争力。

目　录

第一篇　总论篇

第二篇　专题篇

第三篇　实务篇

第四篇　方案篇

第一篇　总论篇

DI–YI PIAN ZONGLUN PIAN

第一章　2016-2017 年跨境电子商务的新发展趋势

DI-YI ZHANG 2016-2017NIAN KUAJING DIANZI SHANGWU DE XIN FAZHAN QUSHI

跨境电子商务（简称跨境电商）是指分属不同关境的交易主体，通过互联网平台达成交易、进行支付结算，通过跨境物流送达商品、完成交易的国际商业活动。全球电子商务进入全面发展和联动发展叠加的新时期，成为世界经济的亮点和新增长点。2016 年全球电子商务市场规模超过 25 万亿美元，世界各国电子商务均表现出积极增长势头。跨境电子商务交易额约 5.85 万亿元人民币。中国迎来了跨境电子商务的升级发展，2016 年中国跨境电商交易规模达到 6.3 万亿元。随着国际间交流的日益密切，中国跨境电商综合试验区建设、“金砖国家”间的电子商务合作、“一带一路”倡议下的跨境电子商务、依法规范电子商务健康持续发展等战略举措，成为 2016-2017 年跨境电子商务竞争生态发展的新亮点。

1.1　中国跨境电子商务综合试验区发展的竞争优势

2015 年 3 月，全国首个获批的中国（杭州）跨境电子商务综合试验区，在跨境电商所涉及的交易、支付、物流、通关、退税、结汇等环节进行试点，推出了“六大体系（指信息共享体系、金融服务体系、智能物流体系、电子商务信用体系、统计监测体系、风险防控体系）”“两个平台（‘单一窗口’平台和线下的综合园区平台）”，积累了经验和可以复制的做法，助推跨境电商发展。

2016 年 1 月 15 日，国务院发布《国务院关于同意在天津等 12 个城市设立跨境电子商务综合试验区的批复》，同意在天津市、上海市、重庆市、合肥市、郑州市、广州市、成都市、大连市、宁波市、青岛市、深圳市、苏州市 12 个城市设立跨境电子商务综合试验区（简称综合试验区或综试区），赋予这些城市先行先试，大胆探索、创新发展。

2016 年全国 13 个综合试验区因地制宜，结合本地特色和优势，先后推出了各自的跨境电子商务试验区实施方案。确定了总体要求、主要任务、创新举措和组织保障，主要建设目标如表 1-1 所示。

表 1-1　跨境电子商务综合试验区主要建设目标

城市	定位	主要建设目标
杭州	国际	逐步形成一套适应和引领全球跨境电子商务发展的管理制度和规则； 为推动全国跨境电子商务健康发展提供可复制、可推广的经验； 中国经济转型升级的重要载体和深化改革开放的重要窗口； 提升信息经济时代中国对外贸易的竞争力和话语权。

续表

城市	定位	主要建设目标
上海	国际	在跨境电子商务的技术标准、业务流程、监管模式和信息化建设等方面先行先试； 引导跨境电子商务产业规模化、标准化、集群化发展； 为各类市场主体营造公平、公正、透明的经营环境； 探索形成适应跨境电子商务发展的国际标准和规则。
苏州	全国	创新“互联网+中国制造 2025+自主品牌国际化”商业模式； 促进传统外贸和制造企业通过“互联网+”拓展发展空间。
宁波	全国	提升跨境电子商务服务能力和水平； 逐步形成贸易便利、监管高效、法制规范的跨境电子商务发展环境； 促进外贸优进优出、转型发展，打造宁波开放型经济的升级版。
广州	全国	构建具有“中国特色、广州元素”的跨境电子商务发展促进体系。
成都	全国	构建由贸易主体跨境电子商务应用、跨境 B2B 电子商务创新服务、跨境网络零售集成的新型外贸产业体系； 促进外贸增长方式由“境内产能驱动”转向“境外需求拉动”，由“境外需求拉动”转向“中国制造转型升级”； 推进供给侧结构性改革，培育外贸发展新动力。
合肥	区域	突出品牌和质量安全，着力破解跨境电子商务发展难题； 努力培育外贸转型升级新引擎，打造开放型经济发展新高地。
天津	区域	逐步建立起适应和引领跨境电子商务发展的管理制度和规则； 形成贸易便利、监管高效、法制规范的跨境电子商务发展环境； 打造中国跨境电子商务创新发展高地。
重庆	区域	打造跨境电子商务产业链和生态链； 形成适应跨境电子商务发展的管理制度和规则； 为推动全国内陆地区跨境电子商务健康发展提供可复制、可推广的经验。
郑州	区域	构建跨境电子商务完整的产业链和生态圈，打造新型产业贸易服务链； 完善跨境电子商务规则，丰富和完善中国特色的跨境电子商务发展模式； 激发大众创业、万众创新活力，培育外贸竞争新优势。
深圳	区域	构建以平台建设促产业发展的新机制； 形成基础服务与高端服务协同发展的新格局； 开创电子商务国际化合作新局面，服务国家“一带一路”倡议。
大连	区域	在跨境电子商务的监管模式、技术标准、业务流程和信息化建设等方面先行先试； 探索一批可复制推广的经验，实现大连跨境电子商务率先发展和突破。
青岛	区域	打造青岛跨境电子商务完整的产业链和生态圈； 促进新业态成长，支撑外贸优进优出、升级发展； 建设世界一流的跨境电子商务交易体系和运行机制。

注：13 个城市跨境电子商务试验区实施方案见本书第四篇方案篇。

1.2 推动“金砖国家”间跨境电子商务的生态建设

“金砖国家”（BRICS）引用了俄罗斯（Russia）、中国（China）、巴西（Brazil）、印度（India）和南非（South Africa）的英文首字母。由于该词与英语单词的砖（Brick）类似，因此被称为“金砖国家”（又称金砖五国）。2017 年 1 月 1 日，中国正式接任金砖国家主席国。

2016 年金砖五国网民数超过 14.6 亿，其中通过网络购物的网民超过 7 亿户；网络零售的交易额达到了 8761 亿美元，其中跨境网络销售额达到了 920 亿美元。近年来，金砖国家电子商务发展得如火如荼，跨境电商年均增长超过 35%，中俄间跨境电子商务有的年份增长达 80%。加强金砖国家间的跨境电子商务，不仅有助于促进金砖国家经贸往来，密切金砖国家伙伴关系，也有助于培育发展新动能，打造经济增长新引擎。金砖五国的国内生产总值（GDP）约占全球的 23%，而贸易和投资分别仅占 16%和 12%，有很大的发展空间。

金砖五国都认识到了电子商务发展的重要意义及其所具有的潜力。在 2017 年 8 月的上海金砖国家经贸部长会议上，五国部长就金砖国家电子商务达成了合作倡议①，主要包括三个方面内容（王受文，2017）。第一，要建立电子商务工作组。五个国家的电子商务工作会遇到一系列的需要共同处理的问题，所以成立一个电子商务工作组，对这些问题的讨论形成机制化，推动成员国之间的务实合作。第二，要加强政府主管部门与电子商务业界之间的对话。因为距离遥远，五国之间的相互贸易额只占五国整体对外贸易的 6%。通过电子商务的方式，能够在一定程度上克服时差、空间方面的影响，为贸易增长提供新动能。第三，开展电子商务的联合研究。对金砖五国电子商务发展的现状、特点、问题进行盘点，为进一步的发展合作提出建议。

2017 年 9 月，在厦门举行的《2017 年金砖国家工商论坛》上，国家主席习近平出席并在发表题为《共同开创金砖合作第二个“金色十年”》主旨演讲中提到了电子商务、智能制造、互联网+、数字经济、共享经济等。并指出金砖合作正处在承前启后的关键节点上，要推动建设开放型世界经济，促进贸易和投资自由化便利化，合力打造新的全球价值链，实现经济全球化再平衡，使之惠及各国人民。金砖五国要相互提高开放水平，在开放中做大共同利益，在包容中谋求机遇共享，为五国经济发展开辟更加广阔的空间。新兴市场国家和发展中国家要合力引导好经济全球化走向，提供更多先进理念和公共产品，推动建立更加均衡普惠的治理模式和规则，促进国际分工体系和全球价值链优化重塑。推动全球经济治理体系变革，反映世界经济格局现实。一是针对目前“金砖国家”间的跨境电商主要还是通过邮政小包渠道实现，物流渠道基本没有建立，而且物流的成本高、时间长、通关程序复杂。需要构建“金砖国家”间跨境电子商务的物流链；二是由于各国金融监管体制不同，“金砖国家”间没有共同的跨境电商支付渠道，需要打通跨境电子商务的支付链，将“金砖国家”间跨境电商的合作真正落到实处。

---

① 金砖五国成立电商工作小组．中国跨境电商迎来黄金期［EB/OL］．［2017-8-20］. http：//www.linkshop.com.cn/web/archives/2017/386447.shtml.

1.3 “一带一路”倡议下跨境电子商务发展机遇

“一带一路”倡议背景下我国敲定省区市共18个：新疆、陕西、甘肃、宁夏、青海、内蒙古、黑龙江、吉林、辽宁、广西、云南、西藏、上海、福建、广东、浙江、海南、重庆。中国与“一带一路”沿线国家ECI跨境电商连接指数排名前十的国家是：俄罗斯、以色列、泰国、乌克兰、波兰、捷克、摩尔多瓦、土耳其、白俄罗斯、新加坡。

“一带一路”沿线国家众多，人口总数超过44亿，占全球的63%；其带来的经济总量约占全球29%，达到21万亿美元，因此总体宏观经济状况良好。基于沿线国家总体经济发展水平以及国内空前扩张的消费市场，我国跨境电商拥有良好的发展机遇。

近年来，以中国互联网企业为代表的新经济型企业积极走出国门，成为“一带一路”建设中一支不可忽视的力量①。2016年，我国对“一带一路”沿线国家进出口总额62517亿元，比上年增长0.5%。其中，出口38319亿元，增长0.5%；进口24198亿元，增长0.4%。2017年第一季度，中国与“一带一路”沿线国家在经贸合作领域保持良好发展势头，双边货物贸易总额超过16553亿元人民币，同比增长26.2%，“一带一路”沿线国家对华投资新设立企业781家，同比增长40%，实际投入外资金额84.5亿元。2014-2017年第一季度，沿线国家对我国新设立公司新增数量7679家，总投资额接近1500亿元，而这给予了国内B2B跨境电商广阔的市场空间。

随着中国多省市纷纷开通中欧班列，往来中亚、俄罗斯等国家和地区的物流成本大幅降低，为不少进入“一带一路”沿线国家的中国企业注入一针强心剂。过去最大的障碍就是物流，中欧班列开通后，中国将与中国外运股份有限公司（简称中外运）合作打通物流通道，为企业提供一站式跨境电子商务服务。目前仅浙江省即有近5万卖家，在各类平台上开设跨境出口网店近40万个。当前中国跨境电子商务体量已是全球最大且发展迅猛。这意味着在“一带一路”建设过程中，中国有机会输出自己的标准，建立一套主导全球电子商务的贸易体系。相关部门正在理顺体制机制，抢占国际贸易新规则制定先机，将跨境电子商务作为“一带一路”建设的重要抓手。在“一带一路”沿线国家发起建立世界电子贸易平台，可通过成立世界电子贸易平台，帮助中小企业、年轻创业者等更方便地进入全球市场。可考虑首先与“一带一路”沿线国家共同将跨境电子商务作为“一带一路”建设的重要抓手，在制定国际贸易新规则的竞赛中抢占先机②。

据前瞻产业研究院估计，在中国与“一带一路”沿线国家政策稳定，国际形势稳定的情况下，在2017-2019年，中国与“一带一路”沿线国家的发展将会保持10%-15%的增速，而到了2020年，随着全球5G时代的到来，“一带一路”体系的发展将迎来一股爆发式的浪潮，增速将超过20%，在2022年，中国与“一带一路”沿线国家的进出口总额将会达到18万亿元。与此同时，发展跨境电子商务对于落实“一带一路”倡议、实现我国和世界各国的共同发展具有重要意义。一方面，跨境电子商务有利于

① 汤兵勇，熊励．中国跨境电子商务发展报告［M］．北京：化学工业出版社，2017.

②《瞭望》新闻周刊记者．“一带一路”建设：跨境电子商务激活沿线国家［J］．《瞭望》新闻周刊，2016（32）：19-21

促进我国与“一带一路”国家之间的贸易往来和中小企业发展；另一方面，跨境电子商务可以帮助“一带一路”中的发展中国家、落后地区和传统产业实现“变道超车”式发展，更好地对接国际市场和拥抱互联网经济，从而增进“一带一路”各国企业和人民之间的互信合作和共同发展，打造“网上丝绸之路”。

1.4　eWTP（世界电子贸易平台）的普惠贸易发展

2016 年 9 月 4 日至 5 日，历时两天的 G20 峰会在杭州顺利闭幕。在全球经济发展普遍滞缓的背景下，不但引发了全球跨境电子商务的持续升温，而且也为全球跨境电子商务发展带来了极大利好。跨境电子商务作为一条重要的“网上丝绸之路”，对于全球贸易联动发展起着不可或缺的作用，G20 峰会重点讨论了促进全球贸易与投资与世界互联互通的相关内容，无疑为跨境电子商务市场带来了新的利好，连接世界的跨境电子商务增长率将会不断上升。习近平主席总结了 G20 峰会取得的五大成果，总结起来就是“五个决心”：①各方决心为世界经济指明方向，规划路径；②决心创新增长方式，为世界经济注入新动力；③决心完善全球经济金融治理，提高世界经济抗风险能力；④决心重振国际贸易和投资这两大引擎，构建开放型世界经济；⑤决心推动包容和联动式发展，让二十国集团合作成果惠及全球。其中第二条决心和第四条决心都使人联想到了兼具创新增长和国际贸易的跨境电子商务行业。

G20 峰会上，阿里巴巴董事长马云向二十国首脑提出了建设 eWTP（Electronic World Trade Platform，世界电子贸易平台）的建议。eWTP 是由私营部门发起、各利益攸关方共同参与的世界电子贸易平台，旨在促进公私对话，推动建立相关规则，为跨境电子商务的健康发展营造切实有效的政策和商业环境，帮助全球发展中国家、中小企业、年轻人更方便地进入全球市场、参与全球经济。eWTP 聚焦在四个目标：促进普惠贸易发展、促进小企业发展、促进消费全球化和促进年轻人发展。例如阿里巴巴国际站近三年来非洲国家订单量稳步增长，2016 年订单较 2014 年全年增长逾 2 倍。2017 年第一季度订单同比增幅约 125%，国际站有约 700 万非洲注册用户，2017 年第一季度同比增长 31%。其中，尼日利亚、南非、埃及均有超过 100 万的国际站注册用户。根据相关大数据显示，消费电子、时钟手表、机械产品、美容护理、服装配饰最受非洲消费者喜爱。

在过去几十年，全球化在一定程度上促进了全球经济社会发展，但是更多是在帮助发达国家，更多是体现出大公司的利益，而众多发展中国家和广大中小企业的利益和诉求并没有得到充分的体现。在传统贸易方式下，“舍小取大”是很多中间商的习惯性行为，舍弃小订单和小需求，追逐大订单的高利润，使得部分中小规模的供应商和生产商难以取得生产优势。而在跨境电商 eWTP 下，完全可以利用互联网使小订单和小需求不被摈弃，完成与大订单的有效合作，更好地保障了服务贸易行业的满意度。

1.5　规范跨境电子商务健康持续发展的法制环境建设

经过近 20 年发展，跨境电商已经成为我国外贸增长的新动力，但同时跨境电商违法违规行为更加隐蔽，深层次矛盾和体制性难题也逐渐凸显。“鼓励支持和规范发展并行、政策引导和依法管理并举、经济效益和社会效益并重”三原则是当前和今后一段时期发展电子商务的重要指引，用法律守护电子商务持续健康发展是我国制度建设的重要体现。

电子商务治理是全球课题，国际组织和世界各国促进和规范电子商务发展的实践和经验主要聚焦在三个方面①（王炳南，2017）：一是加强规划引导，保障各方权益；二是统筹线上线下，维护公平竞争；三是构建国际规则，争取本国权益。依法治国是发展社会主义市场经济和扩大对外开放的客观需要。2016 年 11 月，全国人大常委会表决通过《网络安全法》，明确了网络产品及服务经营者相关的责任义务，为我国网络信息安全保驾护航。2016 年 12 月，《电子商务法（草案）》提交全国人大常委会一审，草案规定：一是国家鼓励促进跨境电子商务的发展；二是国家推动建立适应跨境电子商务活动需要的监督管理体系，提高通关效率，保障贸易安全，促进贸易便利化；三是国家推进跨境电子商务活动通关、税收、检验检疫等环节的电子化；四是推动建立国家之间跨境电子商务交流合作等。2016 年以来我国政府也先后出台了有关跨境电子商务发展的办法、意见、公告、批复等配套政策，以此来规范跨境电子商务环境建设，促进电商产业可持续发展，如表 1–2 所示。

表 1–2　中国政府关于跨境电商规范发展的配套政策

名称	部门	时间	主要内容
关于同意在天津等 12 个城市设立跨境电子商务综合试验区的批复	国务院	2016 年 1 月 12 日	同意在天津、上海、重庆、合肥、郑州、广州、成都、大连、宁波、青岛、深圳、苏州 12 个城市设立跨境电子商务综合试验区。借鉴杭州建设“六大体系”“两个平台”的经验和做法，因地制宜，突出本地特色和优势，着力在跨境 B2B 方式相关环节的技术标准、业务流程、监管模式等方面先行先试。
关于跨境电子商务零售进口税收政策的通知	财政部、海关总署、国家税务总局	2016 年 3 月 24 日（已推迟）	对跨境电子商务零售（企业对消费者，即 B2C）进口税收政策有关事项做出三点规定。跨境电子商务零售进口商品按照货物征收关税和进口环节增值税、消费税……即人们俗称的“四八新政”。
跨境电子商务零售进口商品清单	财政部、发改委、商务部、海关总署等	2016 年 4 月 5 日及 2016 年 4 月 7 日	《清单》内的商品将免予向海关提交许可证件，检验检疫局监督管理按照国家相关法律法规的规定执行；直购商品免予验核通关单，网购保税商品“一线”进区时需按货物验核通关单、“二线”出区时免予验核通关单。
关于跨境电商零售进口通关单政策的说明	国家质检总局	2016 年 5 月 15 日	强调了跨境电商网购保税进口商品的属性为“货物”，检验检疫局应依法签发通关，只有跨境电商直购商品免予签发通关单。同时，为了提高通关效率，质检总局在通关单的管理上会采取一系列便利措施。

① 王炳南．国内外电子商务的现状与发展［R/OL］（2017–06–20）［2017–8–30］．http：//www.npc.gov.cn/npc/xinwen/2017–06/29/content_ 2024895.htm．

续表

名称	部门	时间	主要内容
关于执行跨境电子商务零售进口新的监管要求有关事宜的通知	海关总署	2016年5月24日	明确了跨境电商“新政”过渡期政策的执行细节，在上海、杭州、宁波、郑州、广州、深圳、重庆、福州和平潭等十个试点城市，继续按照税收新政实施前的监管要求进行监管，即“一线”进区（货物入境）时暂不验核通关单，暂不执行“正面单”备注中首次进口许可证、注册或备案要求。
关于食品跨境电子商务企业有关国家监管问题的复函	食品药品监管总局	2016年8月29日	首先，明确了食品跨境电商企业在线下开设展示（体验）店，但实际不销售食品的，不需要办理《食品经营许可证》，但该展示（体验）店应在其营业场所设立提示牌，提醒消费者现场不销售食品。所销售的食品需符合食品安全法律法规、食品安全标准。
关于跨境电子商务进口统一版信息化系统企业接入事宜的公告	海关总署	2016年10月13日	海关总署公告2016年第57号：免费提供进口统一版系统清单录入功能。免费提供进口统一版系统客户端软件。公开进口统一版系统企业对接报文标准。企业对于其向海关所申报及传输的电子数据承担法律责任。提供便利通关服务，统一整合效率化信息化系统，构建标准化进出口统一流程。

从时间上来看中国跨境电子商务是从2014年进入了快速发展期，交易主体的专业化分工刚刚显露出趋势，许多交易主体身兼数任，比如交易平台有时专营中间业务，有时则兼营自营业务，彼此之间区分并不明显，因此立法时针对特定群体分类立法就存在困难，只能将所有交易主体一视同仁，出台一致的行为规范要求，以适应初级阶段的监管要求。但这种方式一方面增加了成本，另一方面会产生法律的套利空间，一旦有监管空隙的出现，会被逐利本性的交易者利用，进而夺取不公平竞争优势。在中国海淘用户选择跨境电商平台的考虑因素中，正品保障、货品丰富度及物流速度等已经成为消费者最看重的几点因素。中国作为全球跨境电子商务市场的先行者和领先者，同时也是全球发展中国家的代表，正领导构建符合当前全球互联网经济和跨境电子商务发展的国际贸易新规则，“十三五”期间我国跨境电子商务的建设是以发展与规范并举、竞争和协调并行、开放和安全并重的原则不断升级和完善。

第二章 中国跨境电子商务交易模式的竞争优势

DI-ER ZHANG ZHONGGUO KUAJING DIANZI SHANGWU JIAOYI MOSHI DE JINGZHENG YOUSHI

近年来，通过降低进口关税，提升通关效率等方式，中国进口跨境电商抓住政策红利快速发展，在交易模式上不断创新，自“四八新政”实施以来，保税备货模式受到很大冲击，而海外直邮业务受到越来越多跨境电商的重视，随着中国海淘用户规模的进一步扩大，未来进口跨境电商平台间竞争将会进一步加剧。出口跨境电商产品品类不断丰富，市场规模不断扩大，中国制造性价比优势在未来仍将保持，出口跨境电商还有很大发展空间。不可否认的是，中国跨境电商在某些领域已经形成规模，但在更多的领域有待开发，这也是当前中国跨境电商发展的方向所在。

2.1 跨境电商进口模式

2.1.1 厂商到消费者（M2C）模式

M2C 模式即 Manufacture to Customer（厂商到消费者）模式，如图 2-1 所示，此模式主要基于主流电商平台招商实现品牌厂商或供应商与消费者的直接对接。开放的电商平台让各类国际品牌入驻，例如阿里巴巴引进韩国、美国、英国等国家馆入驻天猫国际，并宣布与 Costco、Emart、大润发、Countdown、Lottemart 等超市品牌合作①。这类模式的特点是“直销、直购、直邮”。跨境电商平台帮助国外的零售产业跟国内的消费者对接，是海外零售商直销给国内消费者，国内消费者进行直购，商品海外直邮到国内。此类模式需要商家拥有海外零售资质和授权，且提供本地退换货服务，使得用户的信任度极高，有品牌优势。M2C 模式的代表性跨境电商平台是天猫国际。

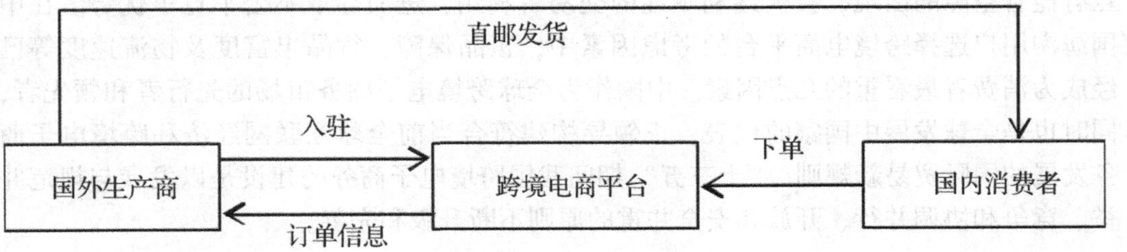

图 2-1 M2C 跨境电商贸易模式

这类 M2C 模式的跨境电商进口平台，为国内消费者直供海外原装进口商品，引进的商品供应商均是来自于中国大陆之外的具有海外零售资格的实体公司，销售的产品均生产于海外或者仅供应海外，并通过跨境物流以规范流程进入中国海关。

中国的海外购物市场虽然潜力巨大，但是需要探索开发。以前国内消费者采用的

① 天猫国际．进口消费洞察报告—2016 天猫国际年度数据报告．

“海淘”模式存在很多不足，复杂的购买流程、交流的语言障碍、支付的货币兑换、商品的转寄物流及30~45天的配送时间都阻碍了海淘业的发展。M2C模式有针对性地解决了传统海淘业的弊端，该模式为所有入驻其平台的商铺配备了符合中国人网购习惯的系统，并向消费者提供与国内相同的售后服务。平台还要求海外商家物流信息可跟踪，寄送时间也有要求，提升消费者的购物体验。M2C模式解决了之前国内消费者跨境购买物品遭遇的语言障碍、支付不便、售后无保障等难题。

但M2C模式也存在缺陷。M2C模式冲击各地批发市场和全国性网上大商城，打乱价格链。目前社会创造的很大部分财富消耗在流通环节上，阻碍消费的释放，但如果释放了这些环节，大量经销商和实体店将面临倒闭。此外消费者对逛街的偏好还是很强，习惯了线下消费，M2C模式的覆盖率还有待提高。

2.1.2　保税自营+直采（B2C）模式

B2C模式即Business to Customer（企业到消费者）模式，如图2-2所示。此类模式主要由跨境电商平台与自贸区合作，在境内保税区建立跨境物流仓，全面铺设跨境网点，以自贸模式（即保税备货）将商品销往国内。这类模式可以极大地改善跨境网购的速度体验，劣势主要是初期占用的资金量大，货源组织要求严格，比其他模式更加注重对消费者需求的掌控。B2C模式下的代表性跨境电商平台有京东全球购、聚美、蜜芽。

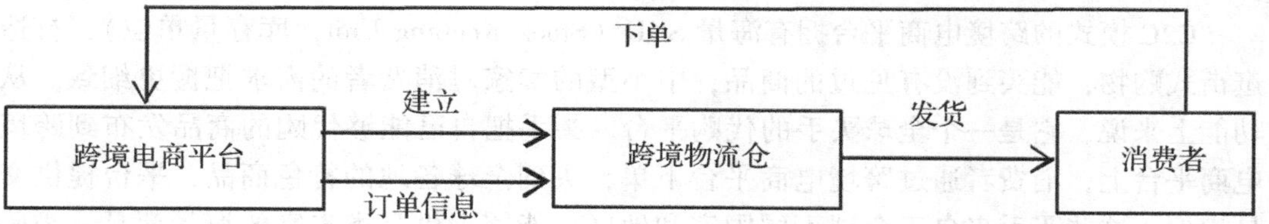

图2-2　B2C跨境电商贸易模式

自营模式是跨境电商平台直接参与货源组织、物流仓储及买卖流程，即跨境电商平台与海外品牌商签订协议，直接到海外进行采购，进口报关、物流等环节也由平台自己完成，采购的商品存储在国内各地的仓库里，平台接到订单后，采取临近仓库发货，这种模式也是寄送时间最短的。自营模式分为两种：一是海外直邮模式，即海外品牌商家在平台开店，平台接到订单之后，商品由海外商家直接发货给国内消费者；二是保税进口模式，即平台与海外零售商合作，这些零售商具有极强的供应链能力，平台在保税区建立仓库，销售的海外商品提前运至国内，平台接到订单后商品从保税区发货给消费者，缩短了邮寄时间。①

自营模式作为跨境电商进口平台的一大特点，在跨境电商业务中占有很大比重，例如自营模式在京东全球购占的比重达40%，并且这一比重将会不断增加逐步成为主流模式。自营模式下跨境电商平台直接参与货源组织、物流仓储及买卖流程，有效地降低了供应链的成本，加上跨境电商平台自行海外直采，对商品售价具有控制权。并

① 董荟琪．我国跨境电子商务进口平台发展研究［D］．天津商业大学，2016.

且在自营模式下，跨境电商平台对品牌端的监控力强，对产品从生产到配送再到售后的全过程都严格监管，商品质量容易把控，这一点正是天猫国际所缺乏的。但建立自营模式前期投入较大，导致电商平台资金周转困难。有些跨境电商平台甚至出现过拖欠海外公司货款时间较长，该公司所在国的驻中国领事馆向其发函催促还款的事件。

2.1.3 海外买手制（C2C）

C2C 模式即 Customer to Customer（消费者到消费者）模式，如图 2-3 所示。海外买手制，典型的跨境电商平台如淘宝全球购、淘世界、洋码头扫货神器、海蜜、街蜜、海外买手（个人代购）入驻平台开店，从品类来讲以长尾①非标品②为主。淘宝全球购目前已经和一淘合并，虽然看来是跨境进口 C2C 中最大的一家，但淘宝全球购也有很多固有问题，比如商品真假难辨，区分原有商家和海外买手会造成很多矛盾等，在获取消费者信任方面还有所欠缺。

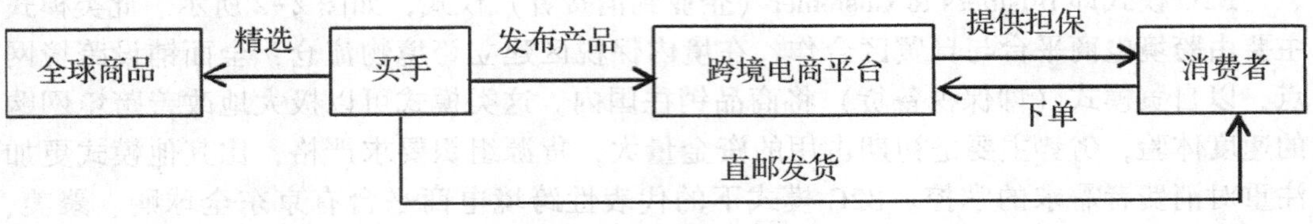

图 2-3 C2C 跨境电商贸易模式

C2C 模式的跨境电商平台拥有海量 SKU（Stock Keeping Unit，库存量单位），打造逛街式购物，能买到没有见过的商品，中小型的卖家对消费者的需求把握更细致。从功能上来说，它是一个全球买手的代购平台。买手把自己能够代购的商品发布到跨境电商平台上，消费者通过跨境电商平台下单，买到全球各地的特色商品，平台提供交易担保。这些买手来自于全球不同国家和地区，能够提供品类丰富的海量商品。洋码头会对买手进行严格认证，以确保消费者购买到正品，包括认证商家信用资质、常住地址、水电费账单等，货源地、物流信息必须在国外。同时，洋码头围绕直播、粉丝等社交功能增强用户黏性及体验。③

C2C 模式的买手善于发掘各种各样的特色商品，他们无需备货，可以待消费者下单后再采购。C2C 买手制平台知道怎样找买手、管理买手、经营消费者，完成买手、特色商品和消费者的对接。C2C 买手制的优势不在供应链，而在于品类的宽度。因此以洋码头为代表的跨境电商平台现阶段一大重点仍是在全球寻找买手，引导他们去开发当地的特色商品，实现商品的多样性。C2C 模式可以在精神社交层面促进用户沉淀，满足正在向细致化、多样化、个性化发展的需求。对于跨境电商平台而言，每一个买

---

① 长尾（The Long Tail）一词用来描述诸如亚马逊和阿里巴巴之类网站的商业和经济模式。长尾理论是网络时代兴起的一种新理论，只要存储和流通的渠道足够大，需求不旺或销量不佳的产品共同占据的市场份额就可以和那些数量不多的热卖品所占据的市场份额相匹敌甚至更大．“长尾商品”是当籍籍无名的商品变成无处不在的时候你可以得到的商品．

② 非标品指没有统一衡量标准和固定输出渠道，产品特性和服务形式相对个性化的消费品种．

③ 来自艾瑞网的中国跨境进口零售电商行业研究报告．

手都是一个 KOL（Key Opinion Leader），当代年轻人更注重精神消费，有自己的特质和偏好，优秀买手可以通过自己的时尚感影响力打造一些品牌，获得价值观层面的认同和分享，同时也建立个人信任机制。对比起来，B2C 的思路是强调标准化的商品和服务，从综合到垂直品类，在 PC 时代汇聚大规模流量；而移动电商与传统 PC 端电商不同，有消费场景化，社交属性强的特征，对于丰富的海淘非标商品，C2C 的平台效应可以满足碎片化的用户个性需求，形成规模效应。

C2C 的模式还是有它固有的劣势，传统的靠广告和返点赢利的模式，服务体验的掌控度差，个人代购存在法律政策风险，目前买手制平台的转化率只有 2%不到，早期如何获得流量，平衡用户与买手的规模增长都是难点。

2.1.4　保税区（B2B2C）模式

B2B2C 模式即 Business to Business to Customer（供应商到电商企业到消费者）模式，如图 2-4 所示。保税区模式指保税仓备货模式，商家提前从国外批量备货到国内保税仓，待客户下单后，再从保税仓发货通过保税进行邮出模式。跨境供应链服务商与跨境电商平台合作为其供货，平台提供用户订单后由这些服务商直接发货给用户。这些服务商很多还会提供一些供应链融资的服务。而 B2C 直邮进口模式，是客户下单后商家直接将货物从国外寄回国内，清关转国内快递派送。B2B2C 优势在于便捷且无库存压力，寄送时间大大缩短。但劣势在于 B2B2C 借跨境电商名义实行一般贸易，长远价值堪忧。①

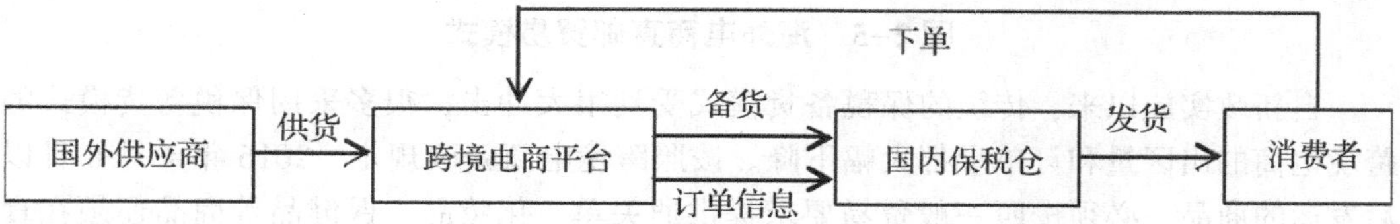

图 2-4　B2B2C 跨境电商贸易模式

早在 2012 年年底海关总署就启动了跨境电商服务试点的工作。而保税进口的模式也因此在 2013—2015 年获得了快速发展。对跨境电商来说，不但享受着 50 元行邮税免征额的优惠，更是通过保税区绕过了大量检验检疫局的繁复流程。但 2016 年 4 月 7 日，“正面清单”出台，免税条款取消，跨境电商用户单笔限购 2000 元，全年个人额度 20000 元，在限值之内的按照关税、增值税和消费税的 70%征收，合计至少 11.9%的综合税。超过限额，就按一般贸易全额征税。但更重要的是，税收的影响可能只在其次，“正面清单”才是本轮新政的重头。所谓“正面清单”，即《跨境电子商务零售进口商品清单》，此次公布的清单，共包括 1142 个 8 位税号商品，不在正面清单的商品，将无法通过 B2C 直邮或 B2B2C 保税业务模式进行购买。

因没有批文认证而受限的商品，主要集中在海淘市场比较火爆的母婴、保健品、化妆品等个性化“长尾商品”中，此类商品要进入国内保税仓，将按国家规定，以一

① 新浪财经．海关新政+正面清单［Z/OL］．http：//finance. sina. com. cn/roll/2016-04-09/doc-ifxrcuyk2531621. shtml.

般贸易的货物要求核验通关单，需要提供原产地证、批文和检验检疫及配备中文包装。化妆品类如果要完成所有的活检、获得动物实验报告取得批文，周期在一年左右，保健品则在 2~3 年。如此一来，对于不具备批文的品类，保税区模式的优势可以说几乎消失殆尽。

纵观国内各大主流的跨境电商模式，大多数都受到新政出台的影响。未来一段时间内，小红书、蜜芽及天猫国际上部分以保税区发货模式为主的跨境电商所受冲击最大。反倒是如“什么值得买”这样的导购类跨境海淘网站和海豚村这样本身就依靠 BC 直邮个人邮快件来实现物流，长期以海外商家直接发货国内用户为主的跨境电商，所受影响较弱。

2.1.5　海外电商直邮模式

海外电商直邮模式是指消费者在海外电商平台下单，产品由海外电商平台直接邮寄给消费者，如图 2–5 所示。海外电商直邮典型玩家是亚马逊。优势在于：有全球优质供应链物流体系和丰富的 SKU。劣势在于：跨境电商最终还是要比拼境内转化销售能力，对本土用户消费需求的把握就尤为重要，海外电商在做好本土市场方面还有所不足。

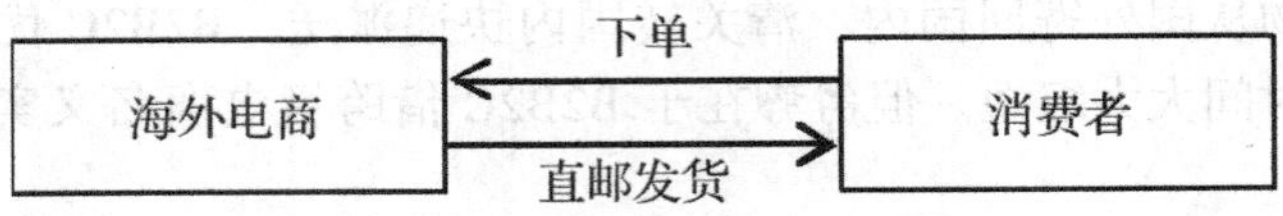

图 2–5　海外电商直邮贸易模式

自新政实施以来，传统的保税备货模式受到很大冲击，很多采用保税备货模式的跨境电商的出区量和订单量都大幅下降。按照跨境电商新政规定，2016 年 4 月 8 日以后发运的商品，必须按照一般贸易要求提供通关单，化妆品、保健品等商品还须在食药监总局注册备案。在跨境电商平台企业看来，是因为无法提供“通关单”所需的资质、单据证明，导致大量商品无法进口。受跨境电商新政影响，保税进口模式的跨境电商企业不同程度地面临进货受限、订单和出区量下降等问题，是摆在这些企业面前亟须解决的一大难题。

在税改新政实施后，越来越多的跨境电商开始重视海外直邮业务，通过提升物流配送效率和改善消费体验来赢得消费者的青睐。作为采用直邮的海外电商在跨境电商的市场份额将会进一步提升，随着跨境网购日益普及，呈现地域覆盖更广、品类日趋多元以及更加追求个性和品位的三大趋势，全面体现了大选品时代的消费升级。

海外直邮的跨境电商拥有三个优势：第一，更丰富的国际品牌和商品。跨境电商采取多渠道业务战略布局，再加上遍布全球的供应商资源优势，为消费者精选来自世界各地的丰富优质商品。第二，更可靠的品质保证。海外直邮的跨境电商将高品质作为自身发展的基石。依托丰富的全球供应商资源，与品牌方建立仓对仓直供或直接与品牌授权的一级供货商合作，拿到一手货源，不仅确保真正的原装进口，也为消费者提供更可靠的品质保证，让消费者尽享无忧网购的乐趣。第三，更便捷的物流配送。在物流方面，拥有成熟供应链管理系统的海外电商平台对物流的把控更是高效。例如来自中国的“亚马逊海外购”订单在亚马逊美国运营中心只需一小时便可完成订单处理和发货，全程空运，抵达中国运营中心，在国内的运营中心，订单的处理时效也缩短至从拣货到发货仅需30分钟完成。这为消费者提供了全程安全、便捷、透明的物流递送服务。①

海外直邮的跨境电商虽然在商品种类上面很全面，但相对于一些专业做某行业产品的跨境电商而言，产品的细分种类就显得不足。例如，海外直邮的亚马逊种类覆盖很全面，而兰亭集势专门销售婚纱，在婚纱这种垂直领域，巨头亚马逊的竞争力就显得较弱。这种综合性电商平台的覆盖领域虽然全面，但产品种类的涉及程度还不够深入。

2.1.6 返利导购模式

返利导购模式是指按销售效果分成的一种模式，网站可以理解为一个商品搜索导航，返利网站通过会员的消费记录获得合作商家的返点，再把返点的一部分留下作为公司盈利，一部分返给消费者，如图2-6所示。返利导购目前形态典型的玩家有么么嗖、Hai360、海猫季。这些是技术导向型平台，通过自行开发系统自动抓取海外主要电商网站的SKU，进行全自动翻译，语义解析等技术处理，提供海量中文SKU帮助用户下单，这也是最早做跨境电商平台的模式。与其他广告平台不同的是，返利网站一般会将自身所得佣金的70%通过现金、代金券或积分等形式返还给消费者。除各大B2C网站外，目前不少淘宝网店也会与返利网、一淘网等第三方返利网站达成合作，消费者通过该网站进入店铺并购买商品后可以得到返利，返利金额多在1%~10%。由于淘宝网店基数众多，返利网等网站还专门开设了“淘宝返利”专区。

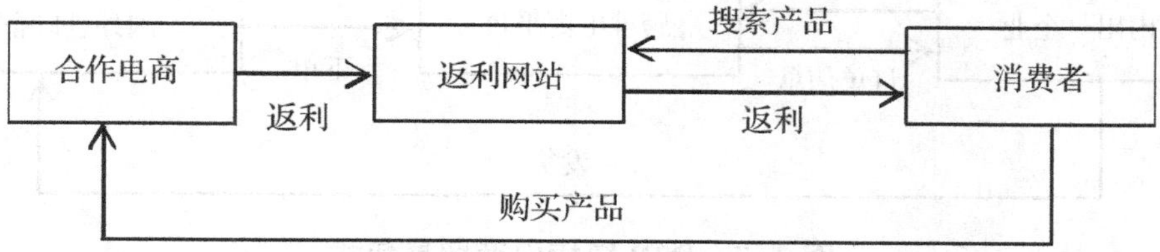

图2-6 返利导购贸易模式

返利导购的优势在于更新颖的运营，提供更多、更有吸引力的UGC、PGC内容，拥有更高的用户关注度和活跃度，提供更多面向产业链各环节厂商的产品，且与各个电商具有议价能力。导购返利模式具有成本小、风险低、能盈利的特点，进入门槛低，短期内还会有人入场，长期来看，竞争会更加激烈。返利网站的商业模式虽然“看起来很美”，但让部分商家增加了不必要的推广成本。很多消费者会先有购买需求，再通过复制地址的方式去返利网站搜索，通过返利网站的入口购买商品，实际上并没有为商家新增流量，这些问题也遭到不少商家的投诉。而且这种方式造成了流量的重复计算，商家还要为重复流量付出额外费用。

返利导购网站若只是一味地盲从、效仿，只能以失败告终。返利导购网站需从客

① 张婧．亚马逊海外直邮引领跨境电商进入大选品时代［J］．计算机与网络，2016，42（17）：10-11.

户利益出发，做好客户体验、提高客户忠诚度和满意度，才能扩展自己的发展空间，从而在激烈的竞争中最终存活下来。随着移动互联网的迅速发展，在中国特殊的市场环境下，口碑传播是影响力最大的，返利导购网站需加强与外界的沟通，在规范自身的同时建设好正面的品牌形象。返利导购网站应更注重能够带给商户的价值，而优化市场成本及服务质量就是一条升级的途径，对于导购类网站来说，在搜索功能逐步受限的情况下转为向消费者提供增值服务会是一个不错的选择，比如在消费者购买时提供购物攻略、搭配方案等服务，不仅方便了消费者的购物体验，同时也降低了退换货概率，间接减少了商家的销售成本。

2.2 跨境电商出口模式

2.2.1 企业到企业（B2B）模式

B2B 模式即 Business to Business（企业到企业）模式，如图 2–7 所示。B2B 模式是指国内外贸企业与国外进口企业之间通过互联网平台进行交易、支付结算，通过跨境物流运送商品、完成交易的一种活动。B2B 模式在我国起步时间长达十多年，由于前期动力不足，很多企业的电商化程度依旧停留在 21 世纪初，近年来爆炸式的订单增长倒逼上游企业加速电商化转型进程，以适应激烈竞争的市场环境，再加上现阶段出现的多项利好及国家的政策支持，这使得 B2B 拥有巨大的发展潜力。代表平台有阿里巴巴国际站、敦煌网。

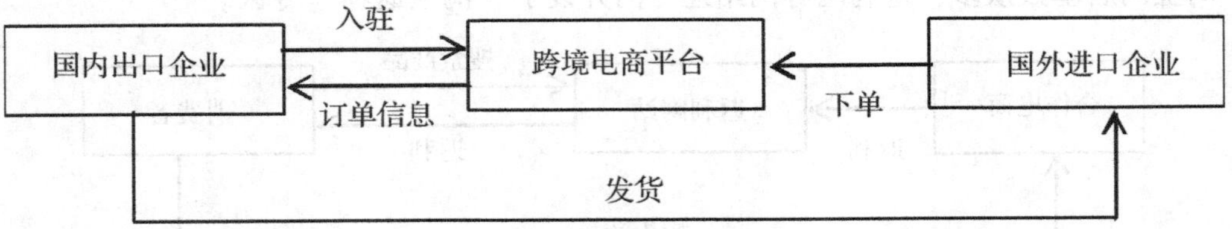

图 2–7 B2B 跨境电商贸易模式

B2B 模式的优势是市场认可度高，拥有海量的国外采购商，例如阿里巴巴 B2B 平台截止到 2017 年上半年，国内供应商已达百万级别，且国内采购商有 1200 万，国外采购商数量高达 1.5 亿，采购商数量远远多于供应商数量，海外买家遍布全球。① B2B 平台打造更完善的供应链服务体系，中小企业能够以更便利、低成本的方式共享配套资源，提高交易效率，中小企业不再需要实地参展进行产品的推广，极大地节约了推广费用。B2B 平台解决国际贸易市场中的信息不对称问题，无论是买方还是卖方，尤其对中小型外贸企业来说，寻找合适的贸易伙伴，需要耗费极大的成本。外贸企业可以通过 B2B 平台发布产品信息，搜寻产品需求，深入了解进口国市场，不仅能更方便地获得进口企业的信息，还可以获得当地消费者的需求和市场动态。通过 B2B 平台，中小型外贸企业可以直接参与市场竞争，一方面，企业可以直接获得来自于进口国的市场需求反馈，有助于企业主动根据市场需求调整产品的研发和生产，改变过去的被动

① 李泽东．电子商务发展对我国国际贸易影响的实证研究［D］．浙江理工大学，2016.

生产；另一方面，直接参与市场竞争有助于企业加强品牌意识。当出口企业直接进入市场竞争，在生存压力之下，倒逼他们建立自己的品牌，尤其在发达国家市场上，消费者非常重视企业的品牌影响，这将促进中国企业转型升级，树立品牌意识。

B2B 模式的劣势是出口电商市场竞争激烈，尤其是近两年 B2B 跨境电商处于野蛮生长的探索期，大量的供应商入驻，行业竞争激烈。消费品主要集中在 3C 电子产品、服装服饰、户外用品等热销且利润空间大的品类。工业品主要是钢铁、塑料、煤炭等标准化急需去产能的行业品类。众多供应商都在 B2B 跨境电商平台上销售，存在大量的替代品，产品同质化现象严重，最后被迫进行价格竞争，导致整个品类甚至整个行业利润空间被压缩，刺激了假冒伪劣产品的出现。

2.2.2 企业到个人（B2C）模式

B2C 模式即 Business to Customer（企业到个人）模式，如图 2-8 所示。B2C 模式是指出口企业与海外消费者之间通过第三方跨境电子商务平台进行信息发布或信息搜索完成交易的服务。B2C 模式下又分为自营平台和开放平台两种形式。自营平台是指 B2C 平台对其经营产品进行统一生产或采购、产品展示、在线交易，并通过物流配送将产品投放到最终消费群体的行为。代表的自营平台有兰亭集势，代表的开放平台有速卖通。兰亭集势采用自营模式向海外商家销售国内商品，以国内的婚纱、家装、3C 产品为主，凭借其在供应链管理和产品推广方面的创新取得了一定的市场规模。速卖通是将订单、支付、物流等融于一个平台，帮助国内供应商处理面向全球终端零售和消费者的小额外贸订单，为中小企业增加利润。

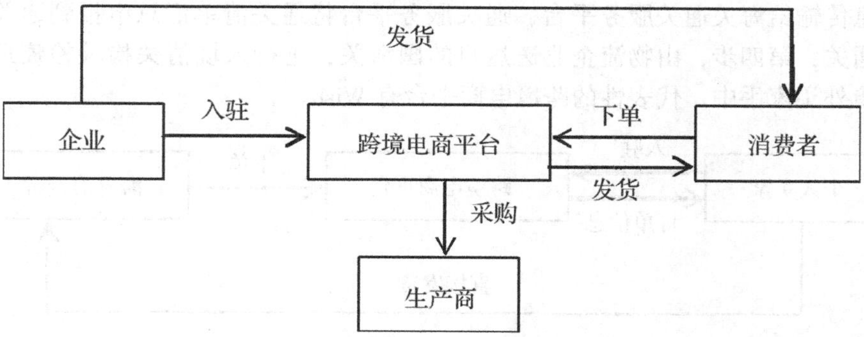

图 2-8 B2C 跨境电商贸易模式

B2C 模式下的自营平台有先进的供应链管理，平台直接从产品制造商进货，降低了公司的采购成本，有效缩短了供应链的长度，此外，直接与厂家开展合作也有效降低了销售定制化产品的成本。自营模式的企业运用大数据有效降低了商品的库存压力，其库存周转速度领先于同行业者，大数据运用提高了企业的营利能力和市场竞争力。这种独特的供应链管理模式使其销售自由品牌和贴牌产品成为可能，可以凭借其平台优势和海外市场，和国内生产厂家合作，生产贴牌产品和定制化的自由品牌产品，这种从厂商直接进货的供应链管理模式帮助平台更好地与制造商开展合作。自营模式下的平台在垂直类商品的经营上有更强有力的市场影响力，且更易定制化。劣势是商品品类有限，综合性较弱，相对于综合性平台的流量没那么大。

B2C 模式下的开放平台可以帮助中小企业更好地运营跨境电商，打破了传统国际贸易流动性差及沟通不便的障碍，商家也可以实时了解产品效果和消费者心理，及时改进产品。B2C 模式下的跨境电商的发展促进了国际贸易沟通环节的简化，沟通渠道由窄变宽，呈现多元化的发展趋势，方便无出口经验的商家操作，降低了企业从事出口业务的准入门槛，活跃出口贸易，增加了出口额；缩短跨境贸易的周期，提高了我国对外贸易的质量和效率。① 这种 B2C 开放平台的劣势在于中小企业缺少成熟的供应链管理模式，物流把控力度不强，货物的寄送时间较长，且资金周转较慢。平台上的产品品牌影响力不大，靠价格吸引客户，但此时物流费用就占据了很大比例，影响了消费者的体验。

2.2.3 个人到个人（C2C）模式

C2C 模式即 Customer to Customer（个人到个人）模式，如图 2-9 所示。C2C 模式是指跨境电商平台将国内会员（卖家）提供的商品或服务信息直接向全球发布，并帮助双方完成在线交易，其服务对象主要是个人客户。C2C 模式基本流程一般涵盖四个步骤：第一步，国内个人卖家在跨境电商平台进行注册，经过认证后，就可将产品或服务在跨境电商平台上进行展示，标示产品、价格、配送方式等信息，海外买家可在跨境电商平台上，在线对商品和服务进行筛选后，下单购买；第二步，海外买家需要通过跨境支付机构进行在线支付，由在线支付机构将货款打入国内卖家的海外账户；第三步，完成了线上交易后，国内卖方还需要将产品交付给跨境物流企业进行配送，由物流企业将产品送到出口地海关，同时跨境商务平台将收集到的订单、物流、支付三单信息传输给海关通关服务平台，通关服务平台将通关清单汇总申报到通关监管平台进行通关；第四步，由物流企业送达目的国海关，进行入境清关检验检疫后，送达最终的境外买家手中。代表性的跨境电商平台有 Wish。

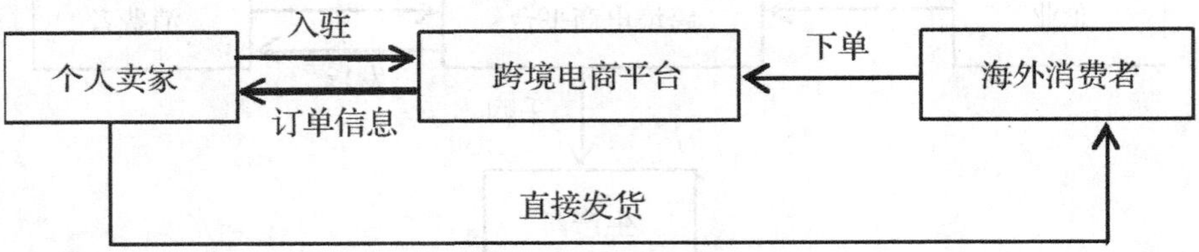

图 2-9 C2C 跨境电商贸易模式

当前 C2C 跨境电商增长速度快，原因在于其具有明显优势。其一，利润空间大，可跳过不少中间环节，实现较短的渠道，从而赚取最大利润。其二，能很好地把握市场需求，直接面对消费者，可以更好地把握市场需求。其三，市场广阔，C2C 模式可不受地域限制，可以面向全球两百多个国家和地区销售。

但 C2C 模式的劣势也很明显，供应链控制弱，有可能存在假仿货，且物流较慢。C2C 跨境电商准入机制宽松，商户的身份由跨境电商平台进行验证，信息来源不完整，很多进入跨境电商平台的中小商家和个人无营业执照，跨境电商平台对商品的质量无

① 于文菁．跨境电子商务对我国国际贸易的影响及对策研究［D］．山东师范大学，2016.

法进行监管，商品的质量没有保障。其次，C2C 跨境电商交易纠纷难以解决，由于跨境电商货物存在小额、高频、分散的特点，很难通过程序复杂、代价昂贵、费时长的传统诉讼程序解决，导致海外买家的权益很难得到维护。此外，C2C 跨境电商产品同质化现象严重，跨境电商平台的热销产品会在短时期内被迅速模仿抄袭，这大大加剧了产品的同质化竞争。由于价格就是海外消费者考虑的最主要因素，对于卖家而言，中国跨境电商卖家想要增加产品的销量时，只能进一步压低产品的价格来吸引到更多的客户，从而同质化引发恶劣的价格战。①

2.2.4 代运营模式

代运营模式是指代运营商直接与企业签约合作，在跨境电商平台上代其运营产品，如图 2-10 所示。典型玩家有飞鱼电商、宝尊电商等。代运营网站需要深入了解品牌商需求，更准确洞悉市场变化趋势，以更灵活多样的运营手段提升用户的购物体验与忠诚度。

图 2-10 代运营跨境电商贸易模式

由于市场营销、成本控制及消费者服务等方面影响着跨境电商经营者的盈利水平和持续经营能力，使得出口跨境电商经营者在走出国门时面临严峻挑战。跨境电商代运营作为专业化的电子商务服务业，致力于为客户（企业）提供信息发布、在线下单、信用认证、合同、在线支付、物流配送、在线客服和售后服务等部分或全部服务，帮助客户实现信息资源的整合与共享，并最终实现信息流、资金流、商流和物流的整合和高效运转。跨境电商代运营以不同的模式推动相关企业实现出口跨境电商的运营，从而有效解决跨境运营中存在的问题。

以速卖通、敦煌网为代表的出口跨境电商平台为广大企业提供了一个快速进入国际市场，扩大商品销售的渠道，但是出口跨境电商平台也向这些企业提出了更高的要求。出口跨境电商平台的成功取决于具体电子商务运作流程顺畅和决策效率，代运营商可以帮助跨境电商经营者更加稳健地实现商品跨境销售、实现企业发展和利润提升的目标。然而出口跨境电商刚起步，代运营商同时需要积极投入更多的精力和资源迅速成长自己，构建自己的优势，帮助出口跨境电商经营者实现走出国门、走向世界的目标。

代运营网站有着早期优势，容易进入市场，成本更低，拥有丰富的 SKU，方便搜索，而劣势在于中长期缺乏核心竞争力，库存价格实时更新等技术要求高，一些早期以此为起点的公司已纷纷转型。

① 胡玥．跨境电商出口模式发展研究［J］．全国商情．理论研究，2016（14）：10-11.

2.3 跨境数字贸易模式

2.3.1 eWTP（世界电子贸易平台）模式

eWTP 模式即 Electronic World Trade Platform（世界电子贸易平台）。它是由私营部门发起、各利益攸关方共同参与的世界电子贸易平台，旨在促进公私对话，推动建立相关规则，为跨境电商的健康发展营造切实有效的政策和商业环境。eWTP 可帮助全球发展中国家、中小企业、年轻人更方便地进入全球市场、参与全球经济。eWTP 跟阿里现有的淘宝全球购、阿里国际站、全球速卖通等跨境电商平台不同，它是一个全球性贸易网络平台，eWTP 需要国家的政策支持，打破贸易壁垒，不是个人的平台，而是企业对企业，国家对国家的平台。eWTP 的设想将构建全球网上贸易平台，将更加有助于企业加快国际化步伐，更好地实现买卖全球的设想。

eWTP 的优势在于能够大幅减少贸易成本，降低中小企业参与全球价值链的门槛。另外，其在线支付工具将提供快捷的支付方式，对中小企业的现金流和营运资本产生积极影响。所以这一模式如若实施良好，将会被应用到更多发展中国家和最不发达国家。通过物流、支付、通关、大数据方面的创新，政府的支持，和企业界进行合作，使小企业在全球化中受益。该平台能将世界自由贸易门槛降到最低，带来世界贸易的互通、文化融合等众多利好。

eWTP 也存在现实的障碍，虽然互联网无国界，但各国对互联网还是有着监管，各国贸易壁垒很难通过互联网来轻易消除，这涉及经济、文化等各方面，想要推进此设想的实施可谓道路异常曲折，该设想的实现要基于各国对互联网经济的依托与认识，有实现的想象空间，并非易事。

2.3.2 内容分享/社区资讯模式

内容分享/社区资讯模式是指用户通过在跨境电商平台进行笔记晒单来获取积分，跨境电商平台根据商品被加入心愿单和点赞的数据销售相应商品，用户可以直接在跨境电商平台里下单购买或者通过积分兑换，如图 2-11 所示。典型玩家如小红书，通过内容引导消费，自然转化。小红书以购物分享社区起家，它以积累的社区数据驱动精准选品，以社区的口碑推荐获得高转化率；同时，针对用户特点不断加强创新型营销，为社区引流。小红书主要包括两个板块，UGC（User Generated Content，用户原创内容）模式的海外购物分享社区及跨境电商“福利社”。对即将出国的人来说，可以借助这个平台制定自己的购物清单，而暂时没有出国打算的人，可以通过逛社区来增长经验，或者去福利社完成一次“海淘”。

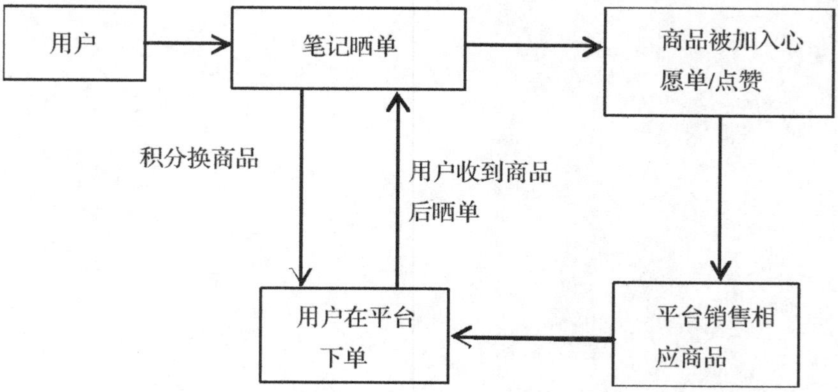

图 2-11 内容分享/社区资讯贸易模式

内容分享/社区资讯模式经历了工具—社区—社区电商的适时转型。该模式的平台以工具型产品起步，以 PGC（Professional Generated Content）为主的购物攻略产生，面向爱好出境旅游及购物的女性用户，为其提供购物指导，主要以日本、韩国、美国等地的旅游人群为主。接着转型为社区型产品，鉴于工具型攻略在反映境外潮流、打折等信息上具有滞后性，社区分享笔记上线，定位于境外购物体验分享，面向具有境外购物习惯的女性用户，以"文字+图片"UGC 内容为主。最后转型为社区型电商，将社区与电商相结合，实行品牌商授权、海外直采、保税仓保货的进口跨境电商自营平台模式，实现信息和商品流通闭环。①

内容分享/社区资讯模式采用 B2C 自营模式，直接与海外品牌商或大型贸易商合作，通过保税仓和海外直邮的方式发货给用户。产品从海外被装入集装箱运到中国后，会进入国内多地的自营保税仓，并在社区上架。这是能保证正品的做法，同时也能保证在进货时拿到有优势的价格。这种模式的优势在于天然海外品牌的培育，流量带到社区转化为交易，良好的购物经验分享社区建设为产品早期转型电商打下良好基础，也有利于提升用户黏度和转化率。跨境电商选品以海量社区 UGC 内容为基础，根据用户购物笔记及受欢迎程度考虑合作品牌、进口商品及进口数量，此模式能迅速对用户需求做出反应，提升用户体验，也能有效降低国内仓库压力。此模式的劣势是缺少强大的供应链能力，在物流、支付及售后方面的把控力度不足。由于跨境电商平台为社区型电商，用户数量比较有限，新用户数量上涨比较缓慢。

健康稳定的社区运营是社区型电商长期发展的优势，购物经验分享用户成为电商功能种子用户。去中心化的经验分享和以此为基础的商品选择有利于加快销售节奏、提升用户黏度。进一步主动挖掘潜在爆品，为用户提供更为精准的笔记和商品推荐是该模式进一步发展的方向。

① 来自艾瑞网 2017 年的 2016-2017 中国跨境电商市场研究报告.

第二篇 专题篇

DI–ER PIAN ZHUANTI PIAN

第三章　跨境电子商务的交易平台

DI-SAN ZHANG KUAJING DIANZI SHANGWU DE JIAOYI PINGTAI

2016-2017年上半年，我国跨境电商逆势而上，实现贸易额稳定增长，成为未来贸易增长的驱动力。跨境电子商务交易分为进口和出口，涉及跨境电商交易产业链中后端的业务需要物流企业和国际贸易的相关部门处理，因此与跨境电子商务交易配套的服务平台亦随着跨境货物和商品数量的增长实现服务功能完善，服务能级提升。

3.1　中国跨境电子商务出口平台

3.1.1　跨境电子商务出口平台现状

跨境电子商务出口平台实现为入驻企业和个人提供物品销往境外的通道。跨境电子商务出口平台企业呈现稳中有变：老牌跨境电商平台地位稳定，后起之秀平台不断冒出。

速卖通、亚马逊与Wish经过三年的突围战，进入跨境电商出口平台第一梯队。目前，这些老牌跨境电商大平台阵营整体稳定，有eBay、Wish、速卖通和亚马逊四家。新兴的跨境电商出口平台表现比较优异的企业如小笨鸟、针对中东市场的B2C平台Jollychic（公司名称简称“执御”）、壹零客（YiLinker）等发展势头强劲。2016年，小笨鸟平台公司注册会员超36万多家，SKU已达100多万种，同时拥有美国、俄罗斯、巴黎、英国等分公司和海外运营中心，商品销往全球45个国家。2016年，Jollychic有1000家供应商，每天上新500个款式，APP用户量达1000万，销售额的95%来自中东地区。壹零客团队200多人有丰富的世界500强企业海外运营管理经验、全球视野，公司拥有4大平台、5大服务措施可以完全解决跨境贸易的壁垒，与出口厂商、贸易公司、实力卖家携手掘金东南亚。

3.1.2　主要跨境电子商务出口平台动态

随着国家政策支持和市场环境的变化、企业间的竞争和合作运营策略的实施及新兴跨境电商出口平台的出现，如何选择适合企业自身的平台成为摆在国内跨境电子商务出口平台企业面前的难题。随着“一带一路”倡议的实施，跨境电商迎来发展良机，外贸企业如何定位、开拓市场，也成为企业发展电商出口的关键命题。国内外贸人选择的主要跨境电商出口平台有速卖通、亚马逊、eBay和Wish，选择适合自己特点的平台是一个需要谨慎和认真思考的问题。

（一）速卖通（AliExpress）平台

2017年4月初，速卖通宣布其卖家超过1亿，覆盖全球220个国家，涵盖18种语言，无线端销售占比高达59.3%；海外买家数突破一个亿，正式开启亿级消费群体新时代。平台商品目前已覆盖全球220个国家。据了解，2016年双十一，速卖通订单量接近36000万单，销量超过10000单的店铺共计366个。速卖通呈现快速增长的趋势，其变革亦同步进行。

1. 速卖通品牌店铺管理换新规

2017年6月7日，速卖通连发3条公告，对数据线行业品牌、婚纱行业品牌以及男女鞋行业品牌邀约管理机制发布细则，在综合5月16日品牌封闭管理规则出台后卖家的反应和意见后，新制定品牌店铺升级策略。在店铺升级规则上，给商家把握的余地更充足。

2. 速卖通越来越“天猫”，品牌和商标成刚需

在进行平台全产品商标化的2017年第一季度，速卖通官方宣布计划进行平台全产品商标化，并真正实现“部分类目产品完全商标化”。自2017年2月16日，速卖通宣布对移动电源类目品牌进行封闭管理，内容包括添加商标、商标资质认证以及在售商标属性三方面。3月1日，速卖通宣布对3C及汽摩行业优先启动在线产品的“品牌属性”必须选择商标这一事项。

3. 速卖通保护品牌、支持知识产权和资源倾斜

2017年4月12日，速卖通更新知识产权新规：针对侵权行为将不再区分是否投诉或者是否被平台抽查，侵权严重违规行为也将不再以分数累计，并实行违规成立者关闭账号（侵权情节特别严重直接关闭账号）。此外，速卖通平台也对品牌卖家在流量等方面进行倾斜。4月17日，速卖通宣布上线“Top–Brand”标签产品作为卖家评价工具，“Top–Brand”用于不断加强卖家对于品牌的认知度以及提升店铺信誉和潜在转化率。

4. 速卖通提升用户体验，改变店铺服务考核方式

为了提升用户体验，速卖通3月2日发布2017年商品及类目考核的新标准，对考核时间和考核标准都做了改动。为确保消费者的购物体验，根据消费者评价、售后维权等情况，速卖通对严重影响消费者体验的商品，通过每月“商品服务指标考核”实行退回。考核指标是指“类目过去90天货不对版纠纷提起率”及“类目过去90天DSR商品描述平均分”，考核标准为此前发布的各经营类目的考核标准。在考核日内，以上指标之一不达标，则关闭对应类目的经营权限并下架对应商品。

5. 速卖通实现平台升级和全面商标化

自2016年8月15日，速卖通完成了由C2C平台向B2C平台的转型升级，所有在平台的经营卖家均具备企业身份。截止到2016年年底，企业化已经是100%，所有开店的个体工商户和卖家已经不存在了。

（二）亚马逊（Amazon）平台

2016财年净销售额为1360亿美元，较2015财年的1070亿美元增长27%。

1. 亚马逊全球开店全新上线“制造+”项目

2016年9月27日，亚马逊全球开店“制造+”项目全新上线，旨在帮助中国制造企业搭建开拓全球业务的新渠道，将优质的中国产品直接销售给亚马逊全球站点的近3亿活跃付费用户，为中国制造企业提供全方位服务和优质专属资源，帮助其通过亚马逊“全球开店”，借力跨境电商拓展海外业务、探索全新经营渠道、打造全球品牌。与此同时，亚马逊还提供品牌推广和品牌保护工具，帮助中国制造企业在全球打造自有

品牌，实现“中国制造”到“全球品牌”的全面升级。

2. 亚马逊推出轻小商品物流计划，原配送费减半

2016年10月，亚马逊正式推出物流轻小商品计划，即针对轻小商品的配送解决方案，适用于快速移动的、价格低于10美元（或7英镑）的小商品。该计划对于销售轻小商品的卖家可降低配送成本，同时，参与亚马逊物流轻小商品计划的商品将会拥有Prime标志。

3. 亚马逊北美站变更评论政策

2016年10月3日，亚马逊北美站发布新政策，更新了评论规则，禁止卖家使用免费产品和打折免单方式刷好评，书籍除外，除非使用Vine Program。另外亚马逊推出Amazon Vine项目，参与这一项目的卖家将产品免费发给亚马逊，然后亚马逊再将商品发给Vine reviewer，这类亚马逊官方认证的reviewer在评论上会显示出“VINE VOICE”字样。继美国站后，2016年11月21日、11月22日，亚马逊日本站、欧洲站也全面禁止测评。

4. 亚马逊德国站推出认证翻新项目

亚马逊认证翻新（Certified Refurbished）于2016年10月开放给欧盟客户，现已在德国正式推出，允许当地卖家出售翻新产品。符合条件的产品不得有从30cm之外可见的外观缺陷。一旦商品被批准，产品需要经过再加工、检验、修理、测试、重新包装、重新销售并加上1年保修条款。要符合亚马逊德国站认证翻新的资格，所有参加此项目的德国卖家必须满足亚马逊的退货政策、翻新指南和保修条款。

5. 亚马逊美国站豁免USPS发货交易费用

使用亚马逊美国站上的“Buy Shipping”工具购买USPS发货标签，就可以免交发货交易费用（Shipping Transaction Fees）了。对于没有关联Stamps账户的用户，发货交易费用为每个标签0.07美元。

6. “Amazon Business”在亚马逊英国、中国推出

注册为“Amazon Business”的卖家可以显示数量折扣和优惠，提高B2B销售业绩；激活增值税（VAT）计算服务，自动开具增值税发票并显示增值税专用价格；获得“Business Seller”称号以增加知名度；得以利用新的费用结构：客户购买的单位越多，推荐费（Referral Fee）就越低。2016年12月8日，亚马逊“Amazon Business”正式向中国卖家开放。2017年4月6日，亚马逊宣布在英国推出B2B平台“Amazon Business”，在零售的基础上扩大业务规模，以吸引企业买家，进一步挖掘英国电商市场。

7. 亚马逊英国站推出“Now Its Summer”促销

亚马逊英国站推出了一项个性化购物服务“Now Its Summer”，其能根据顾客地理位置和当地天气情况，以优惠价格向亚马逊的顾客提供特定的产品。“Now Its Summer”商店涵盖了在过去四年夏季受欢迎的产品，包括防晒霜、太阳镜、人字拖、电视节目、书籍、音乐和雨靴等。亚马逊希望这种针对天气变化的促销活动能有助于购物者了解英国夏季采购的时间和价格。

8. 亚马逊上线新功能“My Mix”，为消费者定制个性化商店

亚马逊悄悄上线了一项新功能“My Mix”，为消费者个性化推荐可能喜欢的产品。

这项功能出现在亚马逊的“有趣的发现”（Interesting Finds）页面中。“有趣的发现”是亚马逊2016年推出的一个页面，类似于一个商店，用户可以在这里发现亚马逊全网站中好玩的产品，它的前身是“Amazon Stream”，亚马逊把这个页面打造成人们发现新奇产品的地方，从而刺激消费。

（三）eBay平台

2016年全年，eBay的商业平台共促成了数十亿笔交易，总GMV达到840亿美元，收入90亿美元。eBay在持续经营的基础上取得了庞大的经营利润收益和自由现金流，分别为28亿美元和22亿美元。eBay还通过回购其普通股向股东返还了30亿美元的资本。2017年，eBay第一季度净营收为22.17亿美元，比去年同期增长4%。

1. eBay正式上线换货和调货管理选项

2016年10月，eBay的换货（REPLACEMENT）和调货（EXCHANGE）管理选项，面向所有卖家正式上线。提供换货（REPLACEMENT）和调货（EXCHANGE）选项将有助于提升卖家和买家的售后体验，减少来回的沟通，帮助卖家可以更加快速地解决买家的请求，并提高顾客忠诚度。

2. eBay正式上线促销刊登批量上传和修改功能

2016年11月28日，eBay正式上线促销刊登批量上传和修改功能。促销刊登是一种付费广告工具，可帮助卖家吸引更多买家并获得竞争优势。只有当买家点击广告并且购买物品时，才需要支付广告费。且广告将会从卖家的刊登中自动创建，很容易使用。

3. eBay结束免费刊登额促销

2016年12月，eBay官方发出通知，免费刊登额促销活动于2016年12月31日结束。eBay在2017年春季卖家更新中曾公告，eBay将增加店铺促销力度，将基础店铺和高级店铺卖家的每月免费刊登配额增加一倍。

4. eBay产品动态内容将停用

因为动态内容会妨碍买家在移动端购买物品，导致加载时间延长及增加安全漏洞，进而对用户体验产生负面影响。2017年6月7日，eBay将限制卖家在UK、DE、FR、IT、ES的桌面端的物品刊登中使用动态内容。2017年6月26日，eBay将限制卖家在US及其他站点的所有设备端的物品刊登中使用动态内容，默认情况下，动态内容将不再显示。

5. eBay上线全新品牌计划“焕彩购物车”（Fill Your Cart With Color）

eBayCBT消息：eBay上线全新品牌计划“焕彩购物车”。“焕彩购物车”计划充分利用人工智能和机器学习技术，让消费者访问每一个类目时，都会收到量身定制的购物建议和独一无二的商品清单，让每个买家都拥有一个属于自己、不同于旁人的eBay市场。

（四）Wish平台

2016年，Wish平台GMV增幅100%，营收增幅超过200%，推广费用降低80%，注册用户超过3.3亿，日活跃用户量超过700万。

1. Wish实现F轮融资5亿美元

移动购物应用Wish在2016年11月寻求最新一轮的5亿美元的融资，融资后将拥有10亿美金的现金流。2017年5月17日完成F轮融资5亿美元，估值达30亿~50亿美元。Wish平台主打低价商品，更注重商品的发现，App类似商场，在手机窗口展示消费者可能想要的产品。Wish首席执行官Szulczewski表示，平台从中国发货配送时间长达数周，商品时常破损，此番融资将计划用于减少配送时间，提高物流效率。

2. Wish平台极高退款率的商户有被暂停经营的风险

为了给Wish消费者提供更好的购物体验，商户应向顾客提供高品质的产品，并保持店铺低退款率。自2016年12月19日起，退款率极高的商户将有被暂停经营的风险。具有不可接受的高退款率的商户将承担全部退款责任，直到退款率有所改善。可接受的退款率是8%或者更低。只有少数几个具有不可接受的高退款率的商户会受此政策影响。

3. Wish发布五星计划

2017年3月30日，在杭州举办的Wish星耀卖家峰会，发布了"Wish五星计划"。以"星工厂、星青年、星服务、星卖家、星技术"为内容的"Wish五星计划"，从人才培养、供应链打造、服务保障、平台运营、技术支持等全方位助力中国企业掘金海外市场。

（五）敦煌网平台

敦煌网已实现140多万家中国供应商在线，4000万种商品，覆盖全球230个国家和地区的1000万买家，每小时有10万买家实时在线采购，每1.6秒产生一张订单。

1. 敦煌网政策变动，经营范围调整

自2017年1月6日起，敦煌网商户主营范围将调整为十三大类，所有商户将按照新的经营大类规则选择经营范围。

2. 敦煌网公布2017年四大战略

3月11日，由敦煌网主办的2017APEC中小企业跨境电商峰会上，敦煌网发布"国内下沉""国外下沉""大贸服务一体化、平台化""进出口双向打通"四大战略，与海量企业卖家共同实现转型升级。"国内下沉"旨在通过深耕产业专业市场、建立城市特色馆等，帮助卖家对接国内的优质B类货源，同时将更多优质产业、优质产品带到国外；"国外下沉"战略，利用平台优势加强中国企业与海量买家的链接，敦煌网已经在匈牙利迈出第一步——开设"海外数据贸易中心"匈牙利展馆；"大贸服务一体化、平台化"战略将贸易链条各个服务环节整合，搬到线上，对接政府"单一窗口"，为外贸企业降低成本，提高效率，提供一站式外贸服务；"进出口双向打通"战略，让企业卖家将中国产品卖到中东，同时进口产品卖给中国消费者。

3. 敦煌网启动"王牌卖家"计划

2017年5月9日，敦煌网宣布启动2017年度"王牌卖家"计划，面向社会和敦煌网平台招募优质企业，从资源分配、流量倾斜、品牌支持三个维度入手，帮助平台优质卖家实现跨越式发展，打造中国"王牌"企业，对接海量海外B类买家并进一步拓展全球B2B市场，实现品牌出海、品质出海，平台的优质商户将直接获益于该项目。在大力扶植优质企业卖家的同时，敦煌网"王牌卖家"计划，也提供了让卖家发挥自身能量的空间与平台，从根本上激发卖家潜力，最终实现平台与卖家互相促进的良性发展局面。

3.2 中国跨境电子商务进口平台

3.2.1 跨境电子商务进口平台现状

数据显示，2016 年中国跨境电商进口交易规模 1.2 万亿美元，同比增长 33.3%，占跨境电商交易总额的 17.92%。中国产业信息网认为，近年来中国进口零售电商平台相继成立，推动中国进口零售跨境电商交易规模持续稳步增长，进口零售跨境电商在进出口跨境电商交易规模中占比将不断提升。

跨境电商进口平台企业随着市场环境变化和企业竞争生态加剧，一些平台企业退出，同时一些新的平台企业进入跨境电商进口市场，例如：洋桃派、跨境通 22 亿元收购优壹电商、洋鼹鼠、宝妈环球、踏浪者等跨境电商进口平台。但是跨境电商进口平台第一阵营的电商企业地位依旧稳定，分别是天猫国际、淘宝全球购、京东全球购、网易考拉海购、唯品国际，销售份额占总进口平台总额的 65%，如图 3-1 所示。

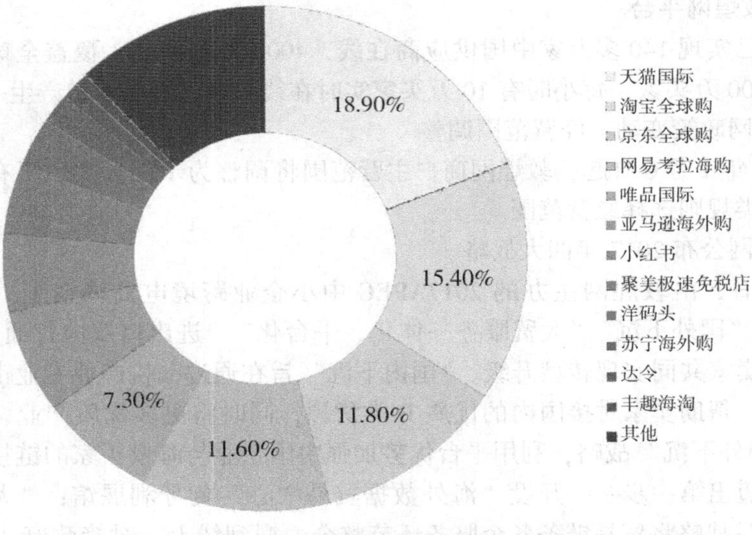

图 3-1 跨境电商进口平台市场份额占比

数据来源：Analysis 易观

2016 年第 4 季度各厂商对市场的争夺依然激烈，阿里巴巴旗下的两个跨境平台天猫国际和淘宝全球购分别以 18.9%和 15.4%的份额占据第一位和第二位。在年底促销活动中都有大动作的京东全球购和网易考拉海购分别以 11.8%和 11.6%的份额排在第三位和第四位，以上 4 个跨境平台占据了行业中国内企业交易总额的近六成，是整个市场的主导领先者。

3.2.2 主要跨境电子商务进口平台动态

（一）天猫国际平台

1. 2016年天猫国际跨境零售额第一

2016年12月21日，天猫国际官方披露一份2016年成绩单：2016年总成交额依然保持市场规模第一，保税、直邮订单总量双双保持第一身位，来自63个国家和地区，覆盖3700个品类、14500个海外品牌，其中80%以上是第一次进入中国市场。购买用户层面，天猫国际2016年突破了4000万人次，是中国市场唯一一个跨境电商平台的购买用户超过4000万人的平台。天猫国际6月18日零点过后开场仅7分钟成交额破亿元。

2. 天猫国际调整2017年度各类目服务费

2017年1月3日，天猫国际发布《天猫国际2017年度各类目技术服务费调整通知》。通知显示，部分二级类目技术服务费费率大幅上调，上调幅度为50%~900%，最高涨10倍。孕妇装/孕产妇用品/营养类目下部分二级类目技术服务费费率下调60%。运动/瑜伽/健身/球迷用品、珠宝/钻石/翡翠/黄金、电子/电工、家装主材、汽车/用品/配件/改装、孕妇装/孕产妇用品/营养、玩具/模型/动漫/早教/益智、特价酒店/特色客栈/公寓旅馆八大类下的所有二级类目技术服务费费率均统一为同一标准，变更后费率从2%到5%不等。

3. 天猫国际“晚到必赔”服务规范全面调整

2017年6月天猫国际发布公告表示，为进一步全方位考核店铺的运营和服务能力，给消费者营造体验更好的网购环境，天猫国际对“晚到必赔”服务进行升级，服务从原来覆盖全部保税商品拓展为覆盖全部跨境商品，同时对《“晚到必赔”服务规范进行调整》。买家在天猫国际上购买“晚到必赔”标识的商品，商家未在服务承诺时效内送达，商家向买家支付人民币20元的违约金。

4. 日本品牌与天猫国际共创全球原产地溯源计划

2017年5月25日，阿里巴巴集团CEO在东京宣布，天猫国际将联手包括日本在内的全球优质品牌推动“全球原产地溯源计划”，意味着未来天猫国际的每个商品都有自己的“身份证”。目前天猫国际全平台已实现物流全链路可溯源，下一步还将利用阿里巴巴集团的区块链等先进技术以及大数据来跟踪进口商品在整个供应链体系流向，包含生产、流通、运输、通关、报检、第三方实验室检验等相关环节有效信息，让国内消费者可以更放心购买。

5. 天猫正式推出“天猫出海”，赋能国内商家“一店卖全球”

6月12日，天猫在“天猫618”之前宣布“天猫出海”项目正式推出，赋能国内商家“一店卖全球”，进入海外新蓝海市场。天猫方面表示，“天猫出海”是以天猫作为主引擎，利用阿里巴巴核心电商板块20亿种商品，依托过去十几年打造的涵盖交易、支付、物流、营销、数据、技术等方面的新经济基础商业设施，将天猫生态模式逐步成功复制并落地到东南亚、印度以及全球市场，提高当地电商效率，服务海外消费者。

6. 天猫国际国家和地区馆已达 17 个

2017 年 6 月 19 日，阿里巴巴集团董事局主席马云和美国密歇根州副州长 Brain Calley 达成共识，在密歇根州设立第一个天猫海外馆，至此，天猫国际在全球开设了 17 个国家和地区馆，密歇根州是天猫国际的海外第一个以地方行政区划为主体设立的主题馆。

（二）京东全球购平台

1. 京东全球购增长提速

Analysys 易观发布《中国跨境进口零售电商市场季度监测分析 2016 年第 4 季度》，数据显示：2016 年第 4 季度，京东全球购在第 4 季度跨境进口零售电商的市场份额占比为 11.8%，稳居行业前三。2016 年第 2 季度，京东全球购在中国跨境进口零售电商市场整体份额占比与行业第一的差距为 20 个百分点。第 4 季度，京东全球购在中国跨境进口零售电商市场整体份额占比与行业第一的差距缩小为 7 个百分点，业务增长势头强劲。2016 年“618”，根据京东全球购提供的数据，全球购用户比去年同期翻了一番，自营客单价比去年同期增长超过 30%。

2. ASDA 全球购官方旗舰店正式入驻京东全球购

2017 年 4 月 12 日，沃尔玛旗下的英国著名超市品牌 ASDA 全球购官方旗舰店正式入驻京东全球购。ASDA 一直占据英国零售市场前列，此次入驻京东全球购，是沃尔玛与京东战略合作的又一成果。

3. 京东上线“京东售全球”业务

京东于 2017 年 6 月 9 日正式上线“京东售全球”业务，届时，全球 200 多个国家和地区的用户都可在京东商城主站购买商品。“京东售全球”业务先期准备了几十万个高品质自营商品 SKU 和几百万第三方商家的丰富商品供全球消费者选择。“京东售全球”业务上线以来，已经有来自美国、法国、澳大利亚、加拿大、新加坡等 10 个不同国家和地区的消费者下单购买商品。

4. 京东 3.97 亿美元收购时尚购物平台 Farfetch 股权

Farfetch 是英国时尚电商，集成了 17 个国家的 250 间独立时尚专卖店的网络购物平台，面向国际市场。2017 年 6 月 22 日，京东集团宣布，与时尚精品购物平台 Farfetch 建立战略合作伙伴关系，创建全国奢侈品网购首选平台。此项战略合作将融合双方的优势资源。京东的物流、互联网金融和技术能力以及社交媒体资源，与 Farfetch 在全球奢侈品领域的领导能力相结合，共同为消费者提供更高端、更流畅的品牌消费体验。

（三）网易考拉海购平台

1. 网易考拉海购驱动网易高速增长

据网易财报数据显示，2016 年全年网易邮箱、电商及其他业务的净收入为 80.46 亿元人民币（11.59 亿美元），同比增长 117.5%。与此同时，2016 年第 4 季度邮箱、电商及相关业务，在网易公司中的整体占比达到 20.5%。尤其是网易考拉海购在“双 11”“黑五”和“双 12”期间的出色表现，加速提升了关键业绩数据和市场占比规模。从 2016 年全年同期来看，电商及相关业务的整体占比同比大幅上升至 21.07%，2016 年同比增速也远高于游戏业务和广告服务的增幅。

2. 网易考拉海购斥资100亿元招募微店主

2017年1月，网易考拉海购推出“微店主招募计划”，在全国范围内招募个人店主，协助网易考拉海购销售平台上的海淘产品。该计划主要在微信上进行推广，店主主要职责是帮助平台销售海淘产品，除获得销售收益外，还可以邀请自己的微信好友成为店主，以获取奖励收益。

3. 网易考拉海购商城由网易推手项目取代

“网易考拉海购商城”是基于考拉海购推出的社交电商项目，2016年12月开始试运营，用户消费一定金额成为店主后，推广网易考拉海购上的商品以获取佣金。该商城项目已于2017年6月6日19点正式停止。针对消费者对社交零售还存在不信任问题，“网易推手”项目强调零门槛操作，任意一次不限金额的消费即可获得普通用户30天的“推手资格”。另外，“网易推手”的在售商品都来自网易考拉海购和网易严选。

（四）唯品国际平台

截至2016年12月，唯品会已经在全球11个国家和地区拥有11个分支机构，设立1600多名的买手团队为3亿会员服务，将全球市场变成中国消费者的百货商场。唯品会在跨境业务的一系列运作，得到了消费者和第三方机构的认可。唯品会唯品国际在Analysys易观发布《中国跨境进口零售电商市场季度监测报告2016年第2季度》报告中居自营型跨境进口零售电商第二名；在互联网周刊发布《2016年度中国跨境零售类电子商务排行榜TOP20》位列榜单第三。

唯品会首席财务官杨东皓表示：自2016年5月将跨境电商业务升级为“唯品国际”以来，截至2017年5月跨境电商业务已占到唯品会全部业务的5%，虽然数字看起来并不大，但因唯品会总业务量较大，所以绝对量并不小。

3.3 中国跨境电子商务配套服务平台

3.3.1 跨境电子商务服务平台分类

按照跨境电商服务平台面向的对象不同，支撑跨境电商运行的平台可分为三类：跨境电商通关服务平台、公共服务平台、综合服务平台，是从三个不同层面出发建设的平台。通关服务平台对应的是海关，公共服务平台对应的是政府，综合服务平台对应的是企业。三个平台之间相互联系，形成信息数据之间的统一交换和层层传递。同时，跨境电商平台内部也离不开大数据平台的支撑，为电商业务部门提供预测未来产品需求量和完成线下商品的补货供给。在服务平台的支撑下，跨境电子商务活动实现顺利实施，各部门之间无缝连接完成跨境商品的进出口，整个流程活动如图3-2所示。

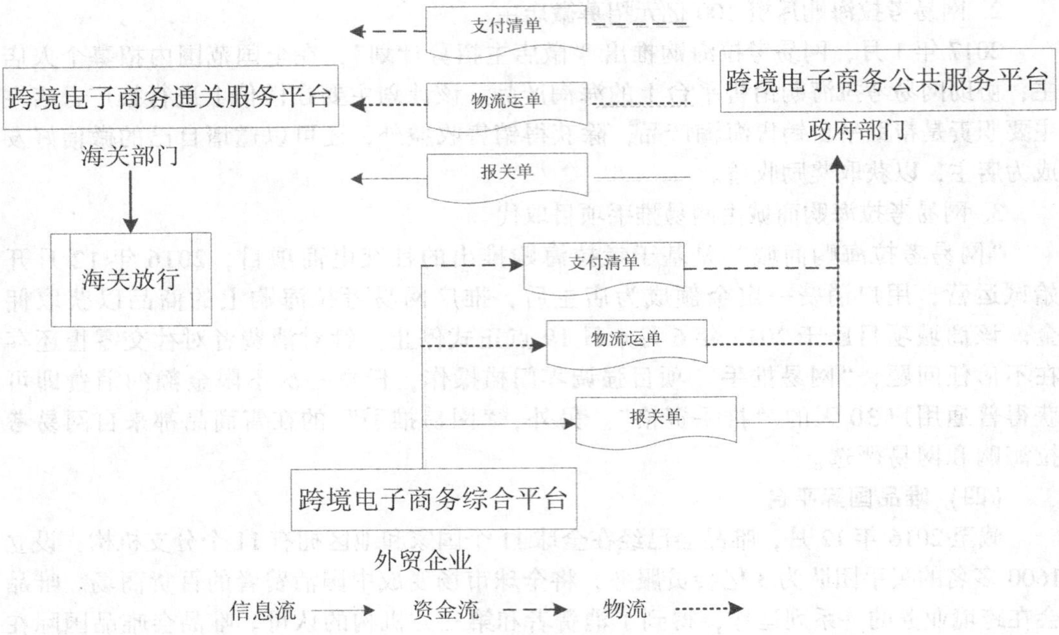

图 3–2　跨境贸易电商运作流程

三类服务平台按照其服务对象、监管部门以及建设意义的不同，进行总结对比，如表 3–1 所示。

表 3–1　跨境电商服务平台功能对比

服务平台	跨境电商通关服务平台	跨境电商公共服务平台	跨境电商综合服务平台
服务对象	传统中小型外贸企业、跨境进出口电商企业	传统中小型外贸企业、跨境进出口电商企业	传统中小型外贸企业、跨境进出口电商企业以及卖家
监管部门	海关总署、地方海关	国检、国税、外管局、商委或外经贸委等政府部门及银行结汇等	国检、国税、外管局、商委或外经贸委等政府职能部门
建设意义	通过企业数据与海关数据进行匹配，达到监管统计目的	在政府各职能部门之间形成了一个交集圈，也在政府与外贸企业之间搭建了一座沟通的桥梁	为中小企业和个人卖家提供代理服务，包括金融、通关、物流、退税、外汇等方面
典型平台	深圳市跨境贸易电子商务通关服务平台	上海跨境电商公共服务平台	上海跨境贸易电子商务综合服务平台

3. 3. 2　跨境电子商务通关服务平台

2014 年 7 月，由海关总署牵头的“海关总署跨境电商通关服务平台”正式上线。

该平台可满足海关跨境电商零售出口新型监管模式，实现电商平台企业、支付平台企业、物流平台企业运营系统与海关总署中央电子口岸的系统对接，以及电子口岸与电商企业、相关政府部门的信息共享，帮助跨境电商企业实现阳光化通关，更加快速便捷地进行结汇退税。2015年2月国务院印发了《落实“三互”推进大通关建设改革方案》，目标是为落实“推动内陆同沿海沿边通关协作，实现口岸管理相关部门信息互换、监管互认、执法互助（三互），强化大通关协作机制，推进‘单一窗口’建设，全面实施关检合作‘三个一’（一次申报、一次查验、一次放行），为其他贸易方式试点探索可复制、可推广的大通关新模式”。2015年博鳌亚洲论坛上海关总署署长于广州表示海关将按照“一带一路”倡议部署，改善边境口岸通关设施条件，加快边境口岸“单一窗口”建设。同年3月，李克强总理提出要创新大通关协作机制，加快跨区域、跨部门大通关建设，推进全国一体化通关，由“串联执法”转为“并联执法”，积极推进国际贸易“单一窗口”。

至此，各城市的跨境电子商务通关服务平台纷纷对接国际贸易“单一窗口”。“单一窗口”建设，将电子口岸建设成为共同的口岸管理共享平台，简化和统一单证格式与数据标准，实现申报人通过“单一窗口”向口岸管理相关部门一次性申报。口岸管理相关部门通过电子口岸平台共享信息数据，集海关、检验检疫、国税、外汇、商务、交通运输、工商、公安、金融、信保等部门信息于一体的信息综合服务平台，实现政府部门之间“信息互换、监管互认、执法互助”，实现与企业、监管单位的双向数据交互和申报协同。跨境电商企业只要对接网上“单一窗口”，只需一次申报，就能在“单一窗口”平台办完所有申报流程。减少了进出口货物通关环节，提高口岸通关效率，降低企业贸易成本，促进企业进出口贸易便利化，在一个平台上就能实现跨境电子商务进出口全模式通关业务流程。

3.3.3 国内主要城市跨境电商服务平台

杭州作为全国首个跨境电商“单一窗口”平台成功运营后，诸多城市也纷纷将跨境电商的通关服务平台对接国际贸易“单一窗口”，成为跨境电商的通关服务平台。2016年1月15日，国务院发函（国函〔2016〕17号），同意在天津市、上海市等12个城市设立跨境电子商务综合试验区。上述12个城市纷纷将跨境电商模块整合到国际贸易“单一窗口”平台，实现跨境电子商务的“单一窗口”建设。

（一）杭州跨境电子商务综合试验区“单一窗口”平台

自2015年3月杭州获批全国首个跨境电子商务综合试验区以来，杭州跨境电商发展始终保持领先地位。2017年第一季度，杭州跨境电商进出口总额达18.24亿美元，其中出口13.52亿美元，同比增长21.78%，占杭州外贸出口的13.98%；2016年，杭州跨境电商出口额达60.60亿美元，同比增长166.7%；进口20.52亿美元，同比增长72.3%，占全市外贸出口总额的12.49%。

与此同时，杭州已有超过6000家企业上线经营，“单一窗口”注册备案已达7000家，累计有超过4000家企业在线上接到新客户和新订单。“单一窗口”汇聚28个政府部门超过1.2亿条监管数据，已开发应用超过30种的功能模块。目前，综试区线上“单一窗口”已与阿里巴巴、中国制造网等多个跨境电商平台对接，亚马逊、Wish等全球四大主流跨境平台正在积极对接中。综试区线下建成13个园区，面积达到323万平方米，集聚了2188家企业。

（二）深圳国际贸易“单一窗口”平台

2015年深圳市政府印发《深圳市开展跨境贸易电子商务通关服务试点指导意见》，意见指出，深圳将依托本市跨境电子商务通关服务平台，搭建全市跨境电子商务“单一窗口”，目前，深圳跨境电商通关服务平台已经对接国际贸易“单一窗口”。“单一窗口”平台为跨境电子商务提供了跨境电商模块，2016年平台企业开户达到734家，2016年跨境电商进出口总额26307.01亿元。

（三）宁波国际贸易“单一窗口”平台

2017年以来，宁波跨境电子商务发展整体平稳。1–5月，跨境电商出口额20.44亿美元，进口额22.20亿元（约3.22亿美元），同比分别增长53.58%和6.21%。作为全国第二批跨境综试区之一，宁波2017年将推动可提供150多项服务的“单一窗口”，与海关、检验检疫局等监管系统以及跨境电商企业、支付机构、物流企业、外贸综合服务平台系统对接，实现“一点接入”、企业一次申报，关检部门集中查验、联合放行。在平台已有1200多家上线企业的基础上，力争到2017年年底上线企业总量突破2000家。目前，在宁波国际贸易“单一窗口”平台已设跨境贸易模块。

（四）广州国际贸易“单一窗口”平台

据广州市海关统计，2016年全年广州跨境电商进出口总值达146.8亿元人民币，同比增长1.2倍，占全国跨境电商进出口总值的29.4%。其中，跨境电商出口86.5亿元，增长1.5倍，占全国跨境电商出口总值的36.3%；进口60.3亿元，增长83.2%。进出口贸易额均居全国首位。目前，国际贸易“单一窗口”平台已设跨境电子商务板块，2015年平台入驻的跨境电商企业共达879家。完善网购保税进口和直购进口业务流程，配合海关和检验检疫局监管要求增加三单（订单、运单、支付）申报和三单预比对功能，实现申报数据的相互验证。加强与线下园区系统的对接，增加总运单申报、入区申请、到货确认、理货报告等跨境电商物流信息服务。通过平台建立海关与检验检疫局的闸口联动和流水线一机双屏联合查验共同监管的模式，按照“三互”的精神实现跨境电商的口岸快速通关。

（五）郑州市跨境贸易电子商务服务平台

2016年，郑州市跨境贸易电子商务综合试验区“单一窗口”在河南保税物流中心试点，河南保税物流中心在企业端+海关+检验检疫局的基础上，叠加商务、税务、工商、外汇、金融、保险、邮政、财政、交通、工信、公安等部门，建设“单一窗口”平台。2016年，郑州跨境电商进出口交易额为64亿元。截至2017年2月平台已入驻跨境电商企业1100余家。

（六）上海跨境电子商务公共服务平台“单一窗口”平台

2016年上海跨境电子商务公共服务平台共服务1020家支付企业、跨境电商企业及仓储物流服务企业，平台全年累计订单完成1155万单、交易额约25亿元，同比增幅分别达到500%、600%。

未来上海将会继续全力保障包括保税出口、直接出口在内的各类跨境出口模式落地；通过打通邮快件与示范园区的“梗阻”环节，实现渠道与区域物流通畅；继续加强与外汇管理部门、税务部门对接，在公共服务上全面实现“一点接入”；还将继续积极帮助传统企业适应“互联网+外贸”新环境，帮助企业开拓新市场，拓展B2B新模式。

（七）天津跨境电商信息化综合服务平台

截至2017年4月底，天津跨境电商业务已经累计完成61.7万单，交易额1.33亿元，业务规模占天津全市80%以上，北方跨境电商高端聚集区初现雏形。目前在保税区备案的各类跨境电商试点企业已达77家，其中电商企业31家、仓储企业10家、快递企业11家、支付企业9家、报关企业16家。

天津跨境电商平台包括海关通关管理平台、检验检疫监管平台和综合服务平台，各平台通过专线互联互通，并与海关、检验检疫相关管理系统、公安身份认证系统、查验现场的线下设施和企业管理系统联通，形成一个多系统对接、多层数据交换的信息化管理和服务平台。电商企业、仓储企业、支付企业、物流企业以及报关企业通过对接平台，实现了“一次申报”“一次查验”“一次放行”，成为服务企业开展跨境电商业务的“单一窗口”。

（八）青岛跨境电子商务综合试验区服务平台

2016年6月13日，青岛跨境电子商务综合试验区线上线下平台正式启动。依托山东电子口岸，青岛综试区“单一窗口”平台在构建完成“一次备案、关检申报、退税结汇、查询统计”四大基础功能模块的基础上于2016年4月上线试运行。截至8月中旬，全市已有42家企业与跨境电商“单一窗口”进行系统对接，10多家企业完成对接调试，跨境电商B2B、B2C出口和保税、直购进口均实现实货走单。

（九）大连跨境电子商务综合试验区“单一窗口”平台

2016年10月12日，大连跨境电子商务“单一窗口”正式开通。“单一窗口”综合服务平台是综试区的数据交换枢纽和综合管理服务平台，具有政务和综合服务双重功能。平台坚持“一点接入”原则，建立完善数据标准和认证体系，依托“单一窗口”综合平台，互联互通海关、检验检疫局、国税、外管等政府管理部门，以及电商、物流、金融、保险等企业主体，实现“信息互换、监管互认、执法互助”，做到“一次申报、一次查验、一次放行”。平台为跨境电子商务相关企业和个人提供物流、金融、综合服务代理等服务，为综试区营造高效、便捷、规范、公平的服务环境，推动大连乃至东北地区贸易便利化、规范化。

（十）苏州跨境电子商务综合试验区“单一窗口”服务平台

2016年4月11日上午，苏州跨境电商综合试验区建设暨“单一窗口”上线启动。“单一窗口”做到数据“一点接入”，海关、检验检疫局、国税、外汇、工商等部门的数据互联互通和信息共享，为跨境电商企业、支付企业、物流企业和消费者个人提供各类信息备案、发送、审核和反馈在线服务，实现跨境电商业务办理的无纸化、电子化和自动化。

2016年12月5日，苏州跨境电子商务综合试验区“单一窗口”平台向苏州工业园区海关申报出口日本，成为了苏州首单通过跨境B2B模式试点出口的货物。此次试点标志着苏州跨境电子商务综合试验区“单一窗口”平台支持的模式从此前的B2C向B2B延伸，同时实现了苏州跨境电商进出口全模式业务申请一口受理、数据一次递交、审批并联进行、结果一口发布。

（十一）重庆跨境贸易电子商务服务网

2014年6月17日，重庆市跨境贸易电子商务公共服务平台（简称“服务平台”）正式上线，重庆市跨境贸易电子商务进入实际运行阶段。新版本的服务平台进一步简化了监管流程，减少了审批环节，提高了通关效率，平均每票订单比过去节约通关时间20分钟，节约费用约15元。

网站对入驻重庆的跨境贸易电子商务企业及其相关企业提供链接入口，对各个商家热销商品进行展示。企业通过该网站登录服务平台开展系统对接业务，消费者可以通过该网站选择中意的电商平台和相应商品，并能够对个人消费额度和税单进行查询，能够通过产品包裹单条形码来验证商品的真伪。重庆跨境贸易电子商务服务网为跨境贸易电子商务企业和广大消费者提供一站式服务，真正实现了“跨境购物、E点即成”。

（十二）合肥跨境电子商务综合试验区“单一窗口”平台

2016年7月跨境电商综合试验区“单一窗口”公共服务平台通过了国家海关总署联调联试，首批测试订单从美日韩等地海外仓陆续运抵合肥。跨境电子商务“单一窗口”平台作为跨境电子商务信息综合服务平台，可实现一次申报、一次查验、一次放行。电子商务企业通过“单一窗口”就能向海关、检验检疫局、税务、外汇管理等监管部门提交相应的信息和随附单证，并提供各类信息备案、发送、审核和反馈等在线服务，在一个平台上就能实现跨境电子商务进出口全模式业务。

（十三）成都跨境贸易电子商务公共服务平台

2016年2月29日，成都跨境贸易电子商务公共服务平台正式上线，为入驻平台的跨境电子商务企业提供“单一窗口”“一站式”通关、检验检疫、减税和外汇服务。平台分两部分：一是跨境电商的通关平台，目的是与海关、检验检疫局、外管和国税、公安（身份证验证）监管部门进行数据对接，通过平台数据整合，进行数据传输；另一个是跨境电商公共服务网，面向线上企业，例如电商、支付、物流企业，提供相应的服务。

第四章　跨境电子商务与跨境物流

DI-SI ZHANG KUAJING DIANZI SHANGWU YU KUAJING WULIU

跨境物流是指以海关关境两侧为端点的实物和信息有效流动和存储的计划、实施和控制管理过程。在跨境电子商务交易过程中，跨境物流作为完成产品最终交付的重要环节，是跨境电子商务的重要环节。2016 年全球快递业务同比增长 44.9%，2017 年上半年国际及中国港澳台地区业务量累计完成 36 亿件，同比增长 29.2%；进口货物物流总额 10.5 万亿元，增长 7.4%；2017 年 1-8 月进口物流总额同比增长 10.6%，增速仍保持平稳，比 2016 年同期提高 3.6 个百分点。进口物流总额增速放缓受到了基期抬高等因素影响，2016 年上半年进口物流需求基数较低，到下半年开始逐渐提升，进口物流需求稳中趋缓。

跨境电商成交的商品主要通过三种方式进出境：货物方式通关、快件方式通关和邮件方式。跨境电子商务的物流模式多为国际邮政小包和国际快递等传统物流模式，也涌现出海外仓、边境仓、国际物流专线、保税区和自贸区物流、集货物流、第四方物流等新兴物流模式。外贸电商（B2B）主要通过货物方式通关，即进出口企业与外国批发商和零售商通过互联网线上进行产品展示和交易，线下按一般贸易完成的货物进出口，国内大型电商平台目前在一定程度上仍旧通过货物方式通关，海外仓也通常采用货物方式通关；跨境零售（B2C 和 C2C）则多数通过邮件方式和快件方式通关，特别是未成规模的小型平台和个人消费者基本都采用这种方式。

4.1　跨境电商物流的界定

跨境电商（Cross-Border E-Commerce）又称为跨境贸易电子商务，是指分属不同关境的交易主体（个人或企业），通过电子商务平台达成交易、进行支付结算，并通过跨境物流送达商品、完成交易的一种国际商业活动。跨境电商的交易主体分属不同国境，交易平台是互联网络，需要通过跨境物流实现货品的运输，是一种国际商业活动形式。中国跨境电商专指交易主体设在中国境内，从事跨境交易活动的电商企业。

作为跨境电商服务的物流形式，跨境电商物流是伴随着跨境电商的发展而成长起来的。它是指位于不同国家或地区的交易主体通过电子商务平台达成交易并进行支付清算后，通过跨境物流送达商品进而完成交易的一种商务活动。

4.2　跨境电商物流模式

4.2.1　跨境电商出口物流模式

目前跨境电商出口物流主要有五种模式，五种模式的基本情况以及优势劣势详见表4-1。

表 4-1 跨境电商出口物流模式

模式名称	详细描述	优势	劣势	所需时间	典型示例
邮政包裹模式	通过邮政渠道形式进行递送	渠道广，价格较便宜	运输时间长，丢失率高	7~10 天	E 邮宝、航空小包、e 速宝
国际快递模式	四大商业快递巨头通过自建的全球网络，为网购中国产品的海外用户提供物流服务	速度快、服务好、丢包率低	价格昂贵，并且价格资费变化较大	2~3 天	DHL、TNT、UPS、联邦
海外仓储模式	先将货物存储到海外仓库，然后根据订单情况进行货物的分拣、包装以及规模化递送	物流成本较低、发货速度快、灵活的退换货方案	运营成本高	1~3 天	出口易、递四方、四海盈商、飞鸟国际
专线物流模式	通过航空包舱方式或铁路专线运输到国外，再通过合作公司进行目的国的派送	价格比商业快递低，速度快于邮政小包，丢失率也比较低	国内的揽收范围相对有限、服务不如快递物流		美国专线、欧美专线、澳洲专线、俄罗斯专线、中欧班列
国内快递的国际化服务模式	指 EMS、顺丰和“四通一达”在国际领域所提供的服务	速度较快，费用比四大国际快递巨头低	覆盖的海外市场比较有限	2~7 天	EMS、顺丰、“四通一达”

（一）邮政包裹模式

邮政包裹模式主要通过邮政渠道形式进行递送。邮政网络基本覆盖全球，比其他物流渠道都要广。这也主要得益于万国邮政联盟和卡哈拉邮政组织（KPG）。因此，目前跨境电商物流还是以邮政的发货渠道为主。

据不完全统计，中国跨境电商出口业务 70%的包裹都通过邮政系统投递，其中中国邮政占 50%左右的份额。新加坡邮政等也是中国跨境电商卖家常用的物流方式。

中国邮政速递物流跨境电商产品有 e 邮宝、e 速宝，线上下单，上门揽收或客户自送，利用邮政渠道清关，主要路线参考时限 7~10 个工作日。

优点：得益于邮政网络基本覆盖全球，邮政小包比其他任何物流渠道都要广。由于邮政一般为国营，有国家税收补贴，因此价格较便宜。

缺点：首先，运输时间长。小包的 80%以上的包裹都是超过 30 天递送。碰到旺季时期，这个时间将有可能无限延长。其次，丢失率高，如果不是挂号件无法进行跟踪，如果需要跟踪，就需要用挂号件，卖家不愿增加挂号费等成本。因为以私人包裹方式出境，无法享受正常的出口退税。

（二）国际快递模式

国际快递模式主要由 UPS、Fedex、DHL、TNT 这四大国际快递巨头包揽，这些国际快递针对不同的客户，根据国家地区、货物重量、体积大小选用不同的渠道进行包裹速递。国际快递通过全球自建的网络、强大的 IT 系统和国际化信息系统为支撑，对信息的提供、收集与管理有很高的要求。

优点：速度快、服务好、丢包率低，尤其是发往欧美发达国家非常方便。例如使用 UPS 从中国寄包裹到美国，最快可在48 小时内到达，TNT 发送欧洲一般 3 个工作日可到达。

缺点：价格昂贵，并且价格资费变化较大。假如一个 2kg 的包裹发送到美国，使用邮政小包只需要 160 元人民币左右，而使用国际快递要 200～260 元人民币，两者之间存在很大的价格差。在跨境电商拼价格、拼物流的加速度、拼服务的背景下，商家会比较物流方案。国际快递对产品要求高，特殊类产品基本上不能递送，因此该物流方案市场份额较小。

（三）海外仓储模式

海外仓储（简称“海外仓”）模式是结合跨境电商特点，卖家先将货物存储到海外仓库，然后根据订单情况进行货物的分拣、包装以及规模化递送。它能提供海外的快速递送专业渠道，拥有精准的海外库存管理，灵活的销售策略及决策支持。

优点：海外仓是从海外库房发货，只需 1～3 天送达客户，物流成本较低。解决了小包时代成本高昂、配送周期漫长的问题。除此之外，还有灵活可靠的退换货方案，海外客户的购买信心高。发货周期短，发货速度快，可帮助卖家拓展销售品类。

缺点：运营成本较高。库存周转快的热销单品适合海外仓，否则容易压货。它对卖家销售什么产品，还有在供应链管理、库存管控方面要求更高。

目前海外仓为业内较为推崇的物流方式，如 eBay 将海外仓作为宣传和推广的重点，推出万邑通（Winit）美国仓、英国仓、德国仓。出口易、递四方等物流服务商也大力建设海外仓储系统，不断上线新产品。速卖通、大龙网等国内大型跨境电商企业提前运筹海外仓布局和云仓储管理系统。

（四）专线物流模式

专线物流指通过航空包舱方式或铁路专线运输到国外，再通过合作公司进行目的国的派送。货物送达时间基本固定，运输费用比快递物流便宜，同时保证“海关双清”（完成出口清关和进口清关）。

优点：集中大批量货物发往目的地，通过规模效应降低成本，价格比商业快递低，丢失率也比较低。在时效上，专线物流稍慢于商业快递，但比邮政包裹快很多。清关方面专线物流是专家，仅对于某一国家或地区的跨境电商是较好的物流解决方案。

缺点：在国内的揽收范围相对有限，覆盖地区有待扩大。专线物流在国内线路能保证时效，但货物到国外以后如果使用邮政小包，可能会出现递送延迟。如果客户退货，普通专线物流很少有这样的服务，服务也不如快递物流。

市面上最普遍的专线物流产品是美国专线、欧美专线、澳洲专线、俄罗斯专线等。也有不少物流公司推出了中东专线、南美专线、南非专线等。跨境铁路运输则有中欧班列（China Rail Way Express），其按照固定车次、线路、班期和全程运行时刻开行，运行于中国与欧洲及“一带一路”沿线国家间的集装箱铁路国际联运列车。

（五）国内快递的国际化服务模式

国内快递的国际化服务模式主要是指 EMS、顺丰快递和“四通一达”（圆通速递、中通速递、申通速递、百世汇通、韵达快递）在国际领域所提供的服务。在这其中，

“四通一达”中申通和圆通布局较早，但也是近期才发力拓展。比如美国申通在2014年3月才上线，圆通也是2014年4月才与CJ（希杰）大韩通运合作。而中通、汇通、韵达则是刚刚开始启动跨境物流业务。顺丰的国际化业务则要成熟些，目前已经开通到美国、澳大利亚、韩国、日本、新加坡、马来西亚、泰国、越南等国家的快递服务，发往亚洲国家的快件一般2~3天可以送达。

在国内快递中，EMS的国际化业务是最完善的。依托邮政渠道，EMS可以直达全球60多个国家，费用相对四大快递巨头要低。此外，EMS在中国境内的出关能力很强，到达亚洲国家是2~3天，到欧美则要5~7天。

优点：速度较快，费用比四大国际快递巨头低，并且，EMS在中国境内的出关能力强。

缺点：由于并非专注跨境物流业务，缺乏国际物流运作经验，对市场的把控能力不强，覆盖的海外市场比较有限。

4.2.2 跨境电商进口物流模式

跨境电商环境下的进口物流模式主要包括直邮模式和转运模式。其中，直邮模式又分商业快递直邮和两国快递合作直邮，转运模式有阳光海淘和灰色海淘。具体跨境电商进口物流模式分析如表4-2所示。

表4-2 跨境电商进口物流模式

模式		模式1	模式2	模式3	模式4	模式5
内容		商业快递直邮	两国合作直邮	转运公司参与寄递	报关企业参与寄递	灰色转运
流程	揽收	国外快递	国外快递	国外快递	国外快递	国外快递
	出口国境内物流	国外快递	国外快递	国外快递	国外快递	国外快递
	出口国清关	国外快递	国外快递	国外快递	国外快递	国外快递
	跨境物流	国外快递	国外快递	转运公司、国际货代	转运公司、国际货代	转运公司
	进口国清关	国外快递	国外快递	国内快递	报关企业	利用非法途径规避
	进口国境内物流	国外快递	国内快递	国内快递	国内快递	国内快递

4.3 中国跨境电商物流的发展现状

目前，中国跨境电商物流的发展情况如下。

一是邮政体系主导地位逐渐被打破，其价格优势进一步缩小。跨境电商物流主要配送产品为数码产品和配件以及服装等轻便产品，原因是这些产品通过邮政体系配送比较方便。但随着跨境电商的快速发展，一些有实力的企业开始试水海外仓，试图通过与国际物流巨头开展战略合作解决相关物流问题，彻底改变了以国际小包为主的邮政体系主导地位。邮政体系也因不接受平邮等政策，价格优势逐渐被削弱。

二是海外仓业务份额增长较快。鉴于跨境电商物流产品种类丰富，以家居产品为代表的大件、重件等产品比例不断增加，已经难以通过航空运输方式进行物流配送，采取消费者所在国海外仓方式配送货物显然成本更低。易趣、亚马逊等国际电商巨头也积极鼓励中国卖家使用海外仓发货，以确保用户体验，进一步推动海外仓快速发展（沈丹阳，2015.08）。

三是跨境物流与跨境电子商务发展速度上的不匹配。跨境电子商务在我国发展速度惊人，从2011年交易额为1.6万亿元，到2015年交易额达到6.5万亿元，贸易规模增长速度更是不断加快。面对如此大的物流吞吐量，现有的跨境电商物流无法满足跨境电商的需求。在实际运作中，常常会出现快递积压或爆仓等现象，这些问题在购物旺季的时候会显得尤其突出。也就是说，我国跨境物流未能满足日益增长的跨境电子商务交易量的需求。

4.4 中国跨境电商物流存在的问题

近几年来，中国的跨境电商市场一直处于一个较为快速的发展趋势，而对于跨境电商企业来说，跨境物流一直是一个巨大的挑战，也是一直制约整个跨境电商行业发展的瓶颈。由于跨境电商物流的服务区域分散，物流成本高，全球各地的物流环境、海关以及文化和经济发展水平程度参差不齐，做跨境电商物流比做国内物流难度要大很多。目前，我国跨境电商物流存在的最主要问题有以下四点。

（一）物流成本高

一般来说，物流成本占总成本的30%~40%。而国内的物流发展落后，无论是使用以上的哪种物流模式，中国跨境电商的物流成本都要远高于这个比例。另外，由于涉及跨境贸易和跨境物流，产业链中的国内物流、国内海关、国际运输、国外清关、国外报关等几大环节操作难度与风险都更高，这些都在无形中增加了中国跨境电商的物流成本（张夏恒，2015.05）。

（二）跨境电商物流运输配送时间过长

根据Focalprice的客户满意度调查，发现客户对跨境电商最大的抱怨集中在物流方面，而物流周期长又是客户抱怨的重点。跨境贸易自身的特点使得物流的产业链和环节更长，两端国家的揽件及配送，加上中间段清关、检验检疫和运输环节，导致跨境电商物流周期要远远长于国内电商物流。尤其在清关和检验检疫方面，由于国家之间的不同程序及对商品质量的不同鉴定标准使得跨境电商物流的周期更长了。跨境物流的周期久已成为制约中国跨境电商发展的一道屏障（欧阳明慧，2016.06）。

（三）退换货物流难以实现

退换货也是困扰中国跨境电商的一大难题。电子商务的自身特点导致退换货比例高，跨境电商物流环节多、物流周期长、风险大更容易出现退换货的情况，如商品质量的问题、商品丢失的问题、海关清关和检验检疫方面的问题、配送地址错误等情况都会造成退换货的发生。但是由于跨境电商物流成本和物流时间等方面原因，导致消费者的退换货流程难以顺畅实现，这对各国的消费者，尤其是在欧美发达国家的“无理由退货”的消费习惯和文化熏陶下的消费者而言是难以忍受的。

（四）物流信息难以全程追踪

在国内电商物流体系中，全程追踪包裹已成为各商家的基本要求，但跨境电商物流全程追踪包裹基本不能实现。在国内阶段基本都能实现信息追踪，但很多包裹出境后，就难以追踪了。只有境外段物流配送处于高度信息化水平，并能够同国内段物流配送实现对接，才能解决包裹的跨境追踪。这主要是因为大部分国家的物流系统信息化水平不高，我国电商物流企业无法与其他国家物流企业建立物流信息共享网络，进而无法为配送出国的物品提供追踪服务。

4.5 中国跨境电商物流的解决方案

针对中国跨境电商物流存在的问题，我们提出如下解决方案。

（一）加大国家政策支持力度，促进跨境电商物流发展

出于发展跨境电商配套一体化需求，应从国家层面出台扶持政策，促进跨境电商物流发展。一方面由于跨境清关和检验检疫对跨境电商物流的成本和运输时间有极其重大的影响，因此对于出口方面的跨境电商物流国家应给予政策上的鼓励和配合，可以为其设立专门的服务窗口以缩短海关清关和检验检疫的时间；另一方面，由于跨境物流涉及跨境的存储、运输、关税等问题，因此需要一个较为完整的物流体系，完善的基础设施，因此需要国家制定相关的政策进行扶持。

（二）提升跨境电商物流企业信息化水平，提升服务水平

跨境电商物流企业信息化建设必须涵盖跨境物流各节点终端智能设备的所有信息处理环节。一是要提高消费端信息处理与服务水平，通过 APP、网页等信息查询系统，为消费者解决跨境物流全程追踪问题。二是要加强跨境电商物流企业业务系统信息化建设。要在物流运输、储存、搬运、装卸、包装以及资金结算、信息传递等方面，通过建立各种信息处理模块，推进跨境电商物流企业业务流程的规范化、标准化与统一化。

（三）整合行业资源，形成物流联盟

跨境物流由于环节多、周期长导致成本高，加上跨境物流具有小批量、多频次的特点，难以形成规模效用。目前我国从事跨境电商的企业除了邮政外，民营企业资本薄弱，网点覆盖范围小，海关清关难，难以从跨境物流中获取利润。鉴于此，快递企业要想在跨境物流上有所作为，必须要有雄厚的资金实力，如果融资渠道不畅通，可以尝试整合行业资源，多家快递企业之间化竞争为合作，形成物流联盟，这样不仅可以扩大网点覆盖率，还可以形成规模效用，降低单个企业的跨境物流成本。

（四）大力发展海外仓储，提供一体式服务

相对于传统电商物流，海外仓储可以更好地解决跨境物流所面临的困难。第一，海外仓有利于缩短运输及配送周期。企业设立海外仓后，可以提供仓储、分拣、包装和配送等一体式服务，进而使跨境电商能够及时回应当地消费者的消费诉求，通过本土配货、发货，尽快将产品送到消费者手中。第二，海外仓可以实现退换货，充分满足当地消费者的无条件退换货要求。当客户需要进行退换货时，货品可以回流到当地的海外仓，进而规避货品返回国内的跨境通关和物流，不仅使退换货成为可能，也可以避免二次跨境通关和检验检疫、二次长途运输，节省很多的时间与成本。第三，海外仓可以大幅降低跨境电商物流成本。海外仓具有一次性批量运输、批量报关优势，可以有效减少产品报关次数和检验检疫次数，切实降低跨境电商物流成本。阿里巴巴相关统计数据显示，通过设立海外仓，企业大约可以降低 20%的物流成本。第四，能够有效避免汇率、政治等方面的风险。通过海外仓，中国跨境电商可以实现本地化运作，利于打破本地保护壁垒。通过海外仓预存货品，在较大程度上可以降低政治危机所带来的政治风险。本地仓库进行配送，易受到买家信任，降低当地消费习惯和文化所带来的风险。

第五章　跨境电子商务与海关监管

DI-WU ZHANG KUAJING DIANZI SHANGWU YU HAIGUAN JIANGUAN

中国海关不断优化通关模式、监管体系、管理机制和队伍素质。在通关模式方面，实行以企业守法管理为基础的分类通关，进一步提高通关效率；在监管体系方面，着眼提高海关监督管理整体效能，理顺三级事权，发挥一线监管、后续管理、打击走私等各方面力量的作用，加强与外部的沟通协作，建立起与“大通关”相适应的综合性、整体性海关大监管体系；在管理机制上，建立起规范有序、运作顺畅、监督有效的工作运行机制，完善海关决策指挥、组织协调、督办落实、考核评估、监督检查、责任追究等管理制度；在队伍素质方面，提升各级领导干部驾驭复杂局面、掌控管理风险和解决实际问题的能力，强化广大关员的责任心、工作技能和抵御风险的能力①。

5.1　跨境电商海关监管现状与难点

5.1.1　相关政策推进情况

跨境电商的普惠、精准、扁平化，打破了传统外贸的组织形式，为企业提升产业链条、拓展海外市场打开了新路径，2004 年以来跨境电商发展政策经历三个阶段，随着跨境电商业务量的高速增长，给中国海关监管带来巨大的监管压力。

近年来，海关不断升级各项监管措施，相关政策支持力度不断推进，萌芽时期（20 世纪 90 年代-2008 年）跨境电商随着互联网技术的日益成熟，海外华人华侨或海外留学人员为国内亲朋好友少量海外代购而发展起来。由于量少而又零星，除类似于汽车等大宗及特殊商品以外，海关一般是作为个人私用物品而实施免税放行政策。跨境电商海关政策快速发展时期（2008-2013 年）以三聚氰胺毒奶粉事件为契机，以海外奶粉代购为主的海外代购快速增长，在这一时期，中国海关先后推出了五个跨境贸易电子商务试点城市。以杭州海关为例，该关先后推出了“分批出货、集中申报”；设置专门的跨境贸易电子商务“通关服务平台”和“通关管理平台”，实现了园区内海关与电商企业、物流企业、监管场所等的信息互联；高速分拣流水线设备，可以同时完成精确称重、数据比碰和 X 光对比，不到两个小时就可完成海关出境监管等措施，供全国其他海关参考。同时，在有跨境电商监管需求的海关加紧修订与完善跨境电商监管操作规程，加大智能设备的投入与应用，将大数据慢慢融入海关监管的各个环节。政策爆发时期（2013 年至今）中国海关也不断发布新的监管措施，政策呈面状展开。针对跨境电子商务零售进出口非涉税商品实施了集中监管，采用“汇总申报、清单核放”方式；针对以邮寄、快件等方式进出口的货物，实施了分批核放出境，定期将已核放的清单归并形成报关单，并根据相关合作机制通过中国电子口岸将报关单电子数

① 中华人民共和国海关总署 . http：//www. customs. gov. cn/customs/zsgk93/302251/index. html.

据提供给税务、外汇等部门，便利电商企业办理退税、结汇手续；针对“网购保税进口”跨境电商模式，为降低管理风险，避免形成税收政策洼地，海关总署提出试点电商企业必须在境内注册，试点商品限定为个人消费品（国家禁止和限制进口商品除外），购买的数量、金额按照个人自用合理的原则进行管理，每次限值为2000元人民币；以电子订单实际成交价格作为完税价格，参照个人进境物品，对起征点50元以上的按规定征税。夯实跨境电子商务相关企业注册登记工作，企业按照现行海关企业管理规定向当地海关办理注册登记手续后开展相关业务；推动建立跨境电子商务零售进出口专项统计制度，将跨境电子商务零售进出口列入海关统计①。

海关总署发布相关跨境电商政策见表5-1。

表5-1 跨境电商海关总署相关政策

时间	单位	政策名称	意义
2012-12	发改委、海关总署	中国跨境贸易电子商务服务试点工作部署会	郑州、上海、重庆、杭州、宁波作为五个试点城市将“先行先试”。
2013-8	商务部等9个部门	《关于实施支持跨境电子商务零售出口有关政策的意见》	将跨境电子商务零售出口纳入海关的出口贸易统计，提出跨境电子商务零售出口的支持政策以及出口检验、收结汇等6项具体措施。
2014-1	海关总署	海关总署公告2014年第12号《关于增列海关监管方式代码的公告》	海关总署特别针对跨境电商增设了监管方式代码“9610”。
2014-4	海关总署	《跨境电子商务服务试点网购保税进口模式问题通知》	对保税进口商品及金额的规定，规范保税进口运作模式。
2014-7	海关总署	海关总署公告2014年第56号《关于跨境贸易电子商务进出境货物、物品有关监管事宜的公告》	进一步明确对跨境电子商务的监管，区分了货物和物品的概念，对于两者将采用不同的监管方案。
2014-7	海关总署	海关总署公告2014年第57号《关于增列海关监管方式代码的公告》	增列海关监管方式代码“1210”，全称“保税跨境贸易电子商务”，赋予了跨境电商保税进口合法身份。
2015-5	海关总署	《关于调整跨境贸易电子商务监管海关作业时间和通关时限要求有关事宜的通知》	海关对跨境贸易电子商务监管实行“全年（365天）无休日、货到海关监管场所24小时内办结海关手续”的作业时间和通关时限。
2016-4	财政部等11个部门	《关于跨境电子商务零售进口税收政策的通知》	关税暂设为0%；进口环节增值税、消费税取消免征税额，暂按70%征收；个人单次交易限值为2000元，年度交易限值为2万元。

① 钱锦．论跨境电商我国海关监管困境的再突破［J］．现代商业，2017，（01）：73-74.

续表

时间	单位	政策名称	意义
2016-5	海关总署	《关于执行跨境电子商务零售进口新的监管要求有关事宜的通知》	明确了过渡期内跨境电子商务零售进口商品新的监管要求，过渡期为期 1 年，截止期为 2017 年 5 月 11 日（含 11 日）。
2016-10	海关总署	海关总署公告 2016 年第 57 号《关于跨境电子商务进口统一版信息化系统企业接入事宜的公告》	促进跨境电子商务发展，提供便利通关服务，统一整合效率化、信息化系统，构建标准化进出口统一流程。

5.1.2 一体化平台建设

（一）进出境海关监管模式

按照“遵循电子商务规律，发挥电子商务全程数据留痕、可追溯的特性，创新理念和方法，改革通关监管模式，支持和促进跨境电子商务健康、快速、有序发展”的工作思路，海关总署兼顾“管得住”和“通得快”原则，提出零售出口、特殊区域出口、直购进口和网购保税进口四种通关监管模式，配合地方政府搭建的跨境电子商务通关服务平台（即“单一窗口”），建设跨境电商通关管理平台，极大促进了跨境电商的发展。

进口方面：“直购进口”模式中，商品根据消费者订单自海外电商运输至口岸监管场所，海关以“清单核放”方式监管，放行后再由物流企业继续派送至消费者手中。“网购保税进口”模式中，电商企业将进口商品按照“1210”（试点城市）或“1239”（非试点城市）监管方式报关运入海关特殊监管区域或保税物流中心（B 型）内，境内个人下单订购后，海关凭借清单进行核放。“网购保税进口”模式由于物流成本较低，配送效率较高，成为跨境电子商务首选，增幅较大，在进口业务中占较大比重。受“四八新政”税收政策、通关单及食药品备案的影响，网购保税进口业务曾出现急剧下降，在国家出台暂缓执行通关单和准入备案的过渡期政策后，试点城市网购保税进口业务量又继续出现上升态势。

出口方面：“零售出口”模式中，电子商务企业采用“清单核放，汇总审核”的方式通关，解决了中小企业的小包裹出口难题。与传统贸易增幅放缓甚至下降不同，零售出口业务量增长较快，成为经济增长新亮点。“特殊区域出口”模式中，电商企业把整批商品按照一般贸易方式报关进入海关特殊监管区域或保税监管场所，并实现退税；境外订单产生后，海关凭清单核放，出口商品分批运送，企业定期以出口报关单形式向海关申报；目前仅少数城市使用该模式①。

（二）海关税收管理制度

海关税收是国家实施积极财政政策的有力保障，海关税收管理制度的科学性和合理性是一国海关监管机制是否先进的重要标志。跨境电商在各地国家试点的保税区发展的几年中，都采用的是行邮税政策进行缴税，跨境商品“税额 50 元以下免税”，入行门槛极低，各大平台进入飞速发展时期。跨境电商业也一直被认为是国家税收的灰

---

① 海关总署监管司．中国跨境电商发展年鉴（2017）[M]．北京：中国海关出版社，2017：496.

色地带，由于电商的交易速度和交易手段变化较快，在海关监管体系未完全跟上步伐的时候，无法对跨境电商进行有效的监管。另外，之前海关监管部门确认完税价格都是建立在纸质票据的基础上，而跨境电商领域只有网上的交易电子记录，这无疑增加了海关监管的难度。跨境电商行业迅猛发展凸显出了旧海关税收政策存在的不足，跨境电商的低税甚至免税政策，为国内实体销售行业带来了巨大的发展压力。一些跨境电商企业利用政策漏洞偷税漏税，造成税负不均，严重破坏了我国消费市场的公平与稳定环境。为整治这一乱象，规范跨境电子商务的发展，财政部、海关总署、国家税务总局联合发布电子商务零售进口税收政策，跨境电子商务彻底告别“免税时代”。

2016 年 4 月 8 日起，我国海关监管机构对跨境商品交易实施新税政。消费者将不再享有免税权利，购买外国产品都要有一定的税负，彻底告别免税时代。跨境电商税收新政虽然让消费者一时无法接受，但对未来的跨境电子商务产业大有裨益。新政只是结束了原来不规范、暴利的跨境电商时代，使其步入正轨，进入有政府管理的规范时代。关税改革，实则国家在完善税改制度，一方面大多数海外产品的价格提高，会促使一部分消费者把消费目标转移到国内产品，另一方面会使海外产品的渠道经过更加严厉的检查，也就是使海外购产品更加的可靠。关税改革以来，我国进口量仍然不断上升。大多数商家采用直邮进口模式和保税进口模式，受到新政冲击最大的是保税进口模式的商家。

税率新政促进了电商间产生良性竞争，使原来只想赚政策红利，不关注商品品质和消费者服务的商家脚踏实地钻研行业发展趋势，深入了解产业结构，通过缩短海关通关时间，压缩物流成本，尽量将增加的成本自身消化掉，提高行业竞争力。伴随着税改政策的实施，跨境电子商务变得更加正规和合法，避免了之前只征收行邮税时所存在的诸多不合理之处。作为一种新型的跨境贸易形式，国家以制定新税收政策为主要形式，明确了该行业的合法性，促使行业公平稳定发展。

（三）知识产权海关保护

由于各国法律对知识产权的权利穷竭和平行进口问题态度不一，相关商品的国际或区域流通状况不同，再加上不同渠道商品价格差异较大，这就导致跨境采购的进口商品的境外来源较为复杂；有些进货渠道源于国外品牌制造商及其授权工厂，有些商品源于国外折扣店或国外买手，有些商品甚至可能是成色较好的二手商品。由于原材料在全球采购，产品在全球生产，相同品牌和型号商品在质量和工艺上存在不同；甚至不排除通过跨境电商平台购买到假冒、盗版等侵权商品。

知识产权海关行政执法权相对于海关监管、缉私、统计、征税等传统职能而言，是一项新兴的海关行政权力，发端于中美知识产权谈判，中国海关于 1994 年 9 月起正式开始行使海关知识产权行政执法权①。就跨境电商进口货物而言，对其按照进口货物依据《知识产权海关保护条例》进行知识产权执法：个人携带或者邮寄进出境的物品，超出自用、合理数量，并侵犯专利、商标和著作权的，由海关予以没收。依照我国海关规定，进出境旅客行李物品应以“自用合理数量”为原则，超出自用、合理数量的，

① 毕波．知识产权海关行政执法权的配置：现状、问题与对策［J］．学术交流，2017，（01）：106-110.

视为货物。其中，“自用”是旅客本人自己使用、馈赠亲友而非出售或出租等商业行为；“合理数量”是指海关根据旅客的情况、旅行目的和居留时间所确定的正常数量。因此，我国海关有权对经跨境电商平台采购的通过快件渠道进境的物品进行知识产权执法和查验，知识产权权利人应当予以协助。因此，消费者通过跨境电商采购的境外商品通过快件渠道进入关境时，海关需要判断快件物品是否为“合理自用”。对于多数商品，这种判断一方面是确定是否征税的依据，另一方面也是知识产权执法的依据。由“合理自用”范围内的执法豁免成为一种避风港规则，不法分子可能利用跨境电商渠道兜售假冒、盗版产品，并通过邮寄和快件渠道，以“蚂蚁搬家”的方式进出口侵权产品。比起一次性大批量进出口假冒侵权货物，“蚂蚁搬家”的方式更为隐蔽，执法难度更大。

近年来，有关海关部门一直积极围绕互联网跨境领域知识产权保护开展建设。2016年7月，杭州海关与阿里巴巴集团签署知识产权保护合作备忘录，双方将在线索发现、信息互通、资源共享等方面展开一系列深入合作，共同打击跨境贸易中的知识产权侵权行为。2016年11月，威海海关与威海市电子商务行业协会签署《威海海关威海市电子商务行业协会加强跨境电商知识产权海关保护合作备忘录》，关企双方明确将在推进守法自律、加强信息互通、加大案件查处力度、做好保护宣传、建立联系机制等五个方面加强合作。海关也将进一步发挥好进出境监督管理职能，积极引导电商企业加强知识产权保护意识，从而维护跨境电商行业快速健康发展。

5.1.3 跨境电商海关监管难点

总体来看，当前我国海关对跨境电商监管的困境主要体现在：跨境电子商务的迅猛发展与海关监管理念与措施严重滞后。

（一）口岸机构多头管理，协调机制失衡

我国海关、检验检疫局、税务、外汇等机构并非隶属关系，按照各自制度进行口岸工作。不仅信息共享复杂、协同作业困难，交叉业务的执行也不够科学高效，相互之间缺乏协调。现行通关模式下，海关、税务、检疫等政府监管部门，与跨境电商、物流企业之间的信息流动往往是单向的且存在显而易见的信息壁垒。探索一种信息交换共享机制，在电商企业和物流企业之间，以及国家各主要监管部门内部之间共享信息，进一步打破企业与监管部门之间的信息藩篱迫在眉睫。

（二）海关管理系统和“单一窗口”建设不足

我国海关与企业间的管理系统与合作平台建设不够，目前，海关监管部门尚未建成与跨境电商平台无缝对接的信息化系统，对跨境电商进口商品的基本情况，如产品种类、批次、重量、货值、出区包裹等内容以及消费者信息，不能完整、及时、准确地掌握。很多信息需要电商企业给予数据支持，而电商企业往往以商业机密为由拒绝提供，同时也不排除其从自身利益角度考虑，提供不准确或有倾向性的数据的情况。因此，海关难以对跨境电商贸易产品实施全面有效监管。同时现行海关管理模式的主要特征是将货物通关与个人物品通关分开管理。这种监管模式设置初衷和主要目的是监管传统货物进出境，但很难对跨境电子商务进行有效管理，给后者通关造成了很大的不确定性。由于跨境电子商务通常涉及贸易货物和个人物品的双重特性，这给现有海关通关管理模式带来了严峻的挑战。另一方面，由于软硬件配套设施不足，现场关员存在凭借主观经验检测的可能性，容易造成自由裁量权较大和执法尺度不统一的风险，严重的会造成漏查违禁品、危险品、侵权商品等现象，对海关监管的严密性和权威性构成挑战。

另外，我国目前大部分地区推行的仍然是口岸电子执法系统，分为中央与地方两个层级和两个平台，多达三十个网站，尽管上海自贸区试点将“单一窗口”的参与部门从海关、检验检疫局等口岸单位延伸到了食药监、税务、林业等职能部门，但仍与真正意义上的“单一窗口”存在着差距，TFA 所要求的“单一窗口”是指贸易相关资料的一次性提交、一次性申报，而试点中的多部门协调和数据共享问题仍然存在，实质上不同于国际“单一窗口”制度。

（三）海关监管中税款征收存在的问题愈发突出

现行《海关法》关于关税征收的相关规定，是针对传统国际贸易活动制定的，而很多跨境电商物品兼具有货物与非货物特征。按照现行《海关法》就难以准确确定其适用税种，税收征管的属性难以界定。在跨境电商中，由于交易地点突破了空间的限制，特别是在网购保税进口模式下，商品在进境和出区进口环节分别以货物和物品办理报关手续，海关税收征管所适用的法律边界不清晰，导致在征税环节的属性上难以界定。甚至存在同性质商品在进口环节按照物品监管征收行邮税，出口环节则按照货物监管的情况，实际税负水平不一致。B2C 和 C2C 模式的跨境电子商务货物多以个人物品形式报关，享受远低于相关货物关税的行邮税。此外，纳税义务人和税款征收的实现方法难以确定。传统贸易形态中纳税义务人规定明确，但在跨境电子商务中，碎片化的贸易形态导致了海关的监管对象分散。特别是在进口 B2C 模式下，海关监管对象变成了数量众多的网购消费者个体，海关难以对其进行纳税管理，这就大大增加了海关税收工作的工作量与征收难度。

（四）海关与跨境电商法律法规有待完善，透明度有待提高

首先，我国以海关法和关税条例为构架的海关法律制度不够集中，增加了应用难度。目前继续有效的海关执法依据包括：海关法律 2 件、与海关执法相关的法律 34 件；海关行政法规 16 件；海关规章 110 件、海关公告 600 余件、与海关执法相关的其他部门部委文件近 100 件、海关总署制发的规范性文件 837 件。总体表现为数量较大、适用中的相关法律较多，利益相关方对法律法规实际应用效果预见的难度较高，通关政策含糊不清，迄今尚无跨境电子商务的专门管理办法。于是，电商企业往往只好借鉴传统货物通关模式，尝试自行办理通关手续。事实上，由于跨境电子商务量小物多的特点，即使相关电商自觉按照货物通关模式进行通关，逐票通过的现行通关模式将给他们带来不可忽视的时间和金钱成本。此外，各地海关对跨境电子商务物品的通关模式并无统一的标准，这导致相关电商无所适从。

5.2 跨境电商“单一窗口”平台

根据联合国贸易便利化与电子商务中心（UN/CEFACT）2005 年发布的《建设“单一窗口”的建议和指南：提高企业与政府间信息交换效率》，“单一窗口”是指一项设施，让进行贸易和运输的当事人通过单一入口一次性提交标准化的信息和文件，以满足进口、出口和转运的所有管理规定。对于处理大量报关工作的中国海关而言，建立“单一窗口”是提高中国海关跨境电商便利化的重要途径。“单一窗口”可以有效避免企业在海关、检验检疫局等部门间的奔波与信息重复提交。

5.2.1 “单一窗口”政策演进

2012 年，海关启动通关作业无纸化改革试点，同年，海关总署与国家质检总局合作启动“一次申报、一次查验、一次放行”（“三个一”）改革试点，形成了“单一窗口”的雏形。

2012 年 8 月 6 日，国务院印发《国务院办公厅关于电子口岸发展“十二五”规划的通知》（国办发〔2012〕第 41 号）。《电子口岸发展“十二五”规划》明确了建设国际贸易“单一窗口”的重要性及其战略意义，即“单一窗口”建设已成为国际组织及各国政府推动贸易便利化、促进国际贸易发展的重要手段。加快推进电子口岸建设，实现具有中国特色的“单一窗口”工程，既是我国积极应对经济全球化和区域经济一体化、有效参与国际经济合作与竞争的客观需要，也是提升贸易便利化水平、促进对外贸易稳定平衡发展的必然要求。

党的十八届三中全会《决定》指出：改革市场准入、海关监管、检验检疫等管理体制；推动内陆同沿海沿边通关协作，实现口岸管理相关部门信息互换、监管互认、执法互助。

在有关部门协调下，2014 年 2 月 21 日，上海依托电子口岸率先开始建设国际贸易“单一窗口”试点。同年 3 月，李克强总理在《政府工作报告》中指出，要“全面推广国际贸易‘单一窗口’”。同年 6 月，“单一窗口”在上海上线，取得了一定的成绩，试点工作成功。国务院要求“加快推广上海自由贸易试验区‘单一窗口’建设试点经验，条件成熟的地区可探索建立与区域发展战略相适应的‘单一窗口’”。

2014 年 12 月，国务院落实“三互”推进大通关建设改革方案要求：推进“单一窗口”建设，将电子口岸建设成为共同的口岸管理共享平台；研究建立口岸风险布控中心；落实世界贸易组织《贸易便利化协定》；制定口岸工作条例。

2015 年 4 月 17 日，国务院发布《国务院关于改进口岸工作支持外贸发展的若干意见》，该意见要求：积极推进国际贸易“单一窗口”建设，依托电子口岸公共平台，推进国际贸易“单一窗口”建设，加快推进形成电子口岸跨部门共建、共管、共享机制。推动“单一窗口”共享数据标准化，完善和拓展“单一窗口”的应用功能，进一步优化口岸监管执法流程和通关流程。该意见再次提出了国际贸易“单一窗口”的建设目标：2015 年底在沿海口岸、2017 年在全国所有口岸建成“单一窗口”。

2015 年 5 月，中共中央、国务院关于构建开放型经济新体制的若干意见提出：提高贸易便利化水平，强化大通关协作机制，实现口岸管理相关部门信息互换、监管互认、执法互助。加快国际贸易“单一窗口”建设，全面推行口岸管理相关部门“联合查验、一次放行”等通关新模式。依托电子口岸平台，推动口岸管理相关部门各作业系统横向互联，建立信息共享共用机制。探索开展口岸查验机制创新和口岸管理相关部门综合执法试点，加强口岸检验检疫综合能力建设，完善产品质量安全风险预警和快速反应体系。

2016年3月17日公布的《中华人民共和国国民经济和社会发展第十三个五年规划纲要》正式把全面推进国际贸易“单一窗口”列入“十三五”规划，这对于国际贸易“单一窗口”建设具有重大意义，为检验检疫、商务、口岸等部门推进“单一窗口”建设确立了基调。

2016年7月11日，国家质检总局印发《质量监督检验检疫事业发展“十三五”规划》。该规划认为，“十二五”时期，“三个一”“三互”和国际贸易“单一窗口”建设深入开展，并明确提出“促进外贸健康发展”，加强与口岸相关部门“三互”协作，加快推进国际贸易“单一窗口”、一站式作业、一体化通关措施，加强口岸管理相关部门间的信息共享共用，推动落实世界贸易组织（WTO）《贸易便利化协定》，提升贸易便利化水平的发展目标。并以智慧质检工程为抓手积极推动建立“单一窗口”“三互”等大通关信息共享交换平台。

2016年7月14日，商务部印发《商务发展第十三个五年规划纲要》（商综发〔2016〕224号）则明确提出把“加大贸易便利化改革力度，全面实施国际贸易‘单一窗口’和通关一体化，推进大通关建设”作为完善货物贸易管理体制的重要保障措施。

2016年10月，海关总署印发《国务院口岸工作部际联席会议办公室关于印发〈国家口岸管理办公室关于国际贸易“单一窗口”建设的框架意见〉的通知》（署岸函〔2016〕498号），该框架意见中提出了国际贸易“单一窗口”建设的指导思想、建设目标、基本原则、总体布局、建设内容、建设阶段和保障措施，还提出了《推进国际贸易“单一窗口”数据协调与简化建议书》。该框架意见对指导国际贸易“单一窗口”建设具有一定的意义。

海关总署2016年11月23日印发的《国家口岸发展“十三五”规划》（署岸函字〔2016〕111号）明确了“单一窗口”建设的推进主体、国家电子口岸和地方电子口岸的分工、“单一窗口”的推进过程。《对外贸易发展“十三五”规划》（商贸发〔2016〕484号）把“加快电子口岸建设，推广国际贸易‘单一窗口’建设，建立标准体系”作为“提高贸易便利化水平”“积极履行世界贸易组织《贸易便利化协定》”的重要措施。此外，《电子商务“十三五”发展规划》把“建设‘单一窗口’平台”作为“电子商务综合管理平台建设行动”的重点。

《促进电子商务发展三年行动实施方案（2016—2018年）》（发改办高技〔2016〕2632号）要求实施“跨境电子商务综合通关提速工程”“建立和完善跨境电子商务海关、检验检疫、支付、追溯、税收等管理制度，推进跨境电子商务海关、检验检疫、支付、追溯、税收等关键环节‘单一窗口’综合服务体系建设，提高跨境电子商务通关综合服务效率”。

5.2.2　跨境电商“单一窗口”成效分析

经过各方多年努力，“单一窗口”政策逐步经历了政企结合探索—国家顶层设计—“十三五”发展规划—规划执行与落实4个发展阶段。从第2阶段开始，政策发力明显，直接促进了“单一窗口”建设进度与效果提升。截至2015年底，上海、天津、福建、广东、山东、辽宁、浙江、江苏、海南、广西、河北沿海地区11个省（市）国际贸易“单一窗口”均已上线实际运行或开展了系统试点运行。2016年8月2日，国家口岸管理办公室在重庆召开了内陆沿边地区国际贸易“单一窗口”建设工作启动会，确定了重庆市、陕西省、贵州省、江西省、内蒙古自治区以及宁夏回族自治区6个省（区、市）作为新增的“单一窗口”试点省（区、市）。可以说，中国国际贸易“单一窗口”建设工作已经启动，并在部分地区取得了初步成效。2017年1月10日，海关总署总结了“单一窗口”的建设成就，认为“单一窗口”建设已取得初步成效：一是提高通关速度，将现有的口岸通关模式由“串联式”变为“并联式”，货物、运输工具的申报项目分别减少了约30%和50%；二是降低通关成本，通过减少企业重复录入数据及多次办理手续两项，企业可节省通关成本达40%；三是提升管理效能，通过部门之间信息共享、协同联动，为“跨地区、跨层级、跨部门”奠定了坚实基础。

以“单一窗口”为特征的跨境电商口岸服务体系逐步成型。各试点城市陆续建成了跨境电子商务“单一窗口”平台，为企业提供备案、申报服务，通过掌握“信息流、物流、资金流”数据，为海关等各监管部门提供在线监管服务，为企业及消费者提供公共信息查询服务。同时，通过信息共享，大数据背景下跨境电子商务信用评价体系构建出现端倪。全国各地跨境电子商务综合试验区综合信息服务平台，在企业端+海关+检验检疫局的基础上，叠加商务、税务、工商、外汇、金融、保险、邮政、财政、交通、工信、公安等部门，建设“单一窗口”平台，跨境贸易企业只要通过一点接入一个信息平台，一次性递交满足监管部门要求的标准化单证和电子信息，监管部门处理结果通过单一平台反馈给申报人，无须再往返多个部门办理手续。“单一窗口”的建设，有部分城市将其融入了国际贸易“单一窗口”平台，作为其中的组成部分，比如广州、天津等，有些城市则单独设立网站，区别于国际贸易“单一窗口”，比如上海、杭州等，部分城市的跨境电商“单一窗口”仍然处于建设之中，比如合肥等。表5-2总结了8个试点城市的跨境电商“单一窗口”的平台名称和域名。

表5-2 部分试点城市跨境电商公共服务平台（线上“单一窗口”）

试点城市	平台名称	域名和网站
上海	上海跨境电子商务公共服务平台	http：//www.shcepp.com
天津	天津国际贸易“单一窗口”	http：//www.singlewindow.tj.cn/
广州	广州国际贸易“单一窗口”——跨境贸易电子商务通关系统	http：//www.singlewindow.gz.cn/swcbec
杭州	中国（杭州）跨境电子商务综合试验区“单一窗口”	http：//www.singlewindow.gov.cn
宁波	跨境贸易电子商务服务中心	http：//trainer.nbeport.com/kjb2c/index.do
郑州	智能E贸易公共服务平台	http：//www.emaoe.com
深圳	深圳市跨境贸易电子商务通关服务平台	http：//www.szceb.com/
重庆	重庆跨境贸易电子商务服务网	http：//www.cqkjs.com http：//www.cqkjb.com

杭州作为首批跨境电子商务试点城市和首个跨境电子商务综合试验区，“先行先

试”地开展探索与改革，逐渐形成“六体系两平台”综试区建设经验和10项可复制推广海关监管措施。河南正在建设与“单一窗口”配套的9个智能仓库，共同构成中心具有自主知识产权的“1+9智能体系”，意味着跨境贸易企业通过“单一窗口”取得各项单证后，进出口货物即可由智能机器人在仓库内分拣、传动、运载，再通过综合查验中心快速化出区，不仅降低了每个包裹的物流成本，还有望实现24小时国内派送①。

5.2.3 跨境电商“单一窗口”建设瓶颈

（一）口岸部门监管、协调和服务能力不足

近些年来，随着我国对外贸易持续、快速的增长，进出境货物量大幅上升，加上由于国际合作和国家发展需要，海关管理职能已经从监管、征税、缉私等传统领域进一步向环保、知识产权、贸易环境维护等现代领域扩展，海关业务管理变得更加复杂，难度更大，但与此相对应的海关的组织机构、装备、人力资源则一直保持低水平增长。海关监管能力已越来越不能适应业务发展的需要：一方面表现在人力资源的不足，另一方面海关管理者的知识结构、基本业务技能也越来越不能适应业务的创新和发展需要。目前试点上线的“单一窗口”实质上是由地方政府主导的，由口岸办协调，但与口岸各部门和单位在层级上相同，既无从属关系，也无法律上的充分授权，致使各个部门对参与过程中自己的权责和任务不是十分明确，缺乏服务导向的新型政府理念，国际贸易软环境亟待改善；另外，外汇管理方式不灵活；物流运输企业、码头企业市场化、专业化程度较低，服务意识不强，这些都成为制约贸易便利化发展的瓶颈。由于“单一窗口”建设涉及部门较多，包括政府监管部门、外贸企业、承运人和服务提供者等，并且海关、检验检疫局、海事、边防等监管部门均为中央垂直管理，各方对推进“单一窗口”建设的必要性、紧迫性尚未达成共识，关注重点和利益诉求也不同，协调关系面多，协调难度大。

（二）信息化建设落后，通关效率低

我国通关过程涉及海关、检验检疫局、海事、边防、码头等多个部门，各部门普遍处于强垂直管理、弱横向联合的模式，部门间数据共享、协同合作程度比较低，企业完成通关流程需要往返多个部门之间，耗时耗力；且通关手续办理是串行的，即只有在前道手续办好后，才能办理后一道手续，任何一个环节的延误都可能导致整个通关过程的延误。以进口通关为例，在数据申报环节，企业需分别通过质检预录入系统（CIQ系统）、海关录入申报系统（QP系统）录入报检、报关信息（报关、报检信息中有50%以上申报内容相同或相似），自身信息化建设存在诸多问题，造成信息重复录入，工作量大，差错率高，尚无法满足“单一窗口”的需要。首先，主干业务系统CIQ2000架构老旧；其次，为了弥补CIQ2000的不足，导致各类补丁式的专门业务系统出现，但缺乏明确统一的标准；此外现有许多业务体系未能充分释放信息技术对业务的驱动力，同时在扁平化管理上的不足，导致对大量事务性工作的代替程度不高②。就查验环节而言，大多数口岸都没有建立海关、质检综合查验大楼，货物在口岸现场不

① 郑州跨境综试区“单一窗口”试点建设启动［Z/OL］．亿邦动力网，2016，03.16.
② 顾建飞．突破“单一窗口”建设的瓶颈［N］．中国国门时报，2015-12-18（003）．

能做到一次移箱、一次开箱、一次查验；同时，口岸查验部门工作时间不统一，不能满足企业对货物的通关要求，又增加了企业通关成本，降低了通关效率。目前，我国口岸的平均通关时间为 2.2 天，而中国香港地区只有 2.5 小时。我国口岸通关效率不高已经成为影响贸易便利化水平提高的关键症结所在。

（三）数据联网监管和信息共享程度低

据统计，目前我国海关需要验核的监管证件共 52 种，实现联网监管的只有 6 种，大多数监管证件仍未实行发证部门与海关的联网数据交换。对于实现数据联网的监管证件、电子数据和纸面单证都可以作为海关验放货物依据，使得信息的交流更加快速、准确和及时，减少了企业办理手续的往返次数。以目前已实现数据联网的通关单为例，企业报检成功后，质检部门将通关单电子数据发送到海关，海关通关作业系统自动比对报关单和通关单数据，比对正常的接受申报，结关后将通关单使用情况反馈给质检部门，既提高了通关效率，也提高了监管效能。而对于未实现电子数据联网的监管证件，企业则需要带纸面单证多次往返，海关官员需要依靠纸面审核单证形式进行验核，需要验核证件纸面格式是否与样本一致，签章、签署人是否与文件规定的备案印章、签署样本一致，还需要比对证件栏目信息与报关单对应栏目逻辑关系是否一致。人工操作的方式已经影响了海关的工作效率，又不能使企业享受到联网监管带来的便利，且对贸易便利化进程起到了阻碍的作用。

相关贸易主管部门信息化建设相互之间缺乏公认的统一平台来促成各系统的互联互通、实现通关信息资源的交换共享，远没有发挥口岸通关信息化管理的整体效能。目前，各部门信息化系统各成体系独立运行，形成了多个信息孤岛，部分单位地盘意识较强，习惯了划片围网的管理模式，缺乏协作、共享意识，降低了信息的使用效率和监管服务效能，也阻碍了“单一窗口”建设的顺利推进。

（四）未与国际惯例接轨

目前，我国现有的海关法律及系统主要是基于传统的有纸贸易而制定的，在当今互联网时代，许多规定已不能完全适用；同时在“单一窗口”新的口岸管理模式下，定位也需要进一步的加以明确，长期以来由于传统层级管理模式过于依赖实验室的支撑以及缺乏系统性持续的人才培养，我国贸易主管部门（海关、检验检疫局、外汇管理局等）、运输部门、银行和保险部门以及其他贸易相关部门之间业务要求和数据标准不一致、不协调，未与国际惯例接轨，增加了我国开展贸易便利化国际合作的难度。国际社会的普遍做法是在“跨部门、多部门参与”的基础上实现流程化的、动态的、环形的通关管理。发达国家在通关管理流程的每一个具体步骤都有新的信息、新的分析、新的评估充实和更新企业的信用账户，真正做到了实施监控与管理。加强贸易便利化的国际合作，我们首先需要各管理部门在业务流程、数据格式等方面实现统一和兼容，从技术层面统一标准，进而才能加强贸易便利化的国际合作，推进贸易便利化的发展。

5.3 跨境电子商务清关服务

清关（Customs Clearance）即结关，是指进口货物、出口货物和转运货物进入或出口一国海关关境或国境必须向海关申报，办理海关规定的各项手续，履行各项法规规定的义务；只有在履行各项义务，办理海关申报、查验、征税、放行等手续后，货物才能放行，货主或申报人才能提货。同样，载运进出口货物的各种运输工具进出境或转运，也均需向海关申报，办理海关手续，得到海关的许可。货物在结关期间，无论是进口、出口或转运，都是处在海关监管之下，不准自由流通。目前，我国国内跨境电商进口业务的通关模式有三种：快件清关、集货清关、备货清关。其中，对集货清关、备货清关的跨境电商企业征收综合税，走BC通关，要求三单统一。

5.3.1　跨境清关服务发展

自2012年以来，跨境电商海关清关服务发展逐渐完善。海关总署2012年初步计划三年内全面推开通关作业无纸化改革，预计2015年全面实行通关作业无纸化。2014年1月，海关总署增列海关监管方式代码“9610”，全称“跨境贸易电子商务”，简称“电子商务”，适用于境内个人及电子商务企业通过电子商务交易平台实现交易。2014年8月，海关实行三单对接，以“清单核放、汇总申报”方式办理电商进口货物报关手续；同月海关总署增列海关监管方式代码“1210”，全称“保税跨境贸易电子商务（保税电商）”。2015年5月，海关对跨境贸易电子商务监管已实行“全年（365天）无休日、货到海关监管场所24小时内办结海关手续”的作业时间和通关时限要求。为此，海关内部建立了各部门、各通关环节联动作业机制，形成高效、合理、科学的通关作业制度，并克服长期以来人手短缺困难，合理调配人力资源。自2016年5月11日起，对跨境电商零售进口有关监管要求给予一年的过渡期，即继续按照试点模式进行监管，海关总署出台58号公告规定。自2017年7月1日起，海关通关一体化在全国实施，企业可以在任意一个海关完成申报、缴税等海关手续，实现申报更自由，手续更简便，通关更顺畅。通过“一次申报、分步处置”，在口岸排查安全准入风险后，货物即可放行，放行后海关实施征管作业，从而大大加快货物通关速度。通过企业“自报自缴”，海关税收征管作业后置，进一步缩短货物通关时间，降低贸易成本，也有利于强化企业申报责任。按照跨境电商业务类型分类海关通关方式比较见表5-3。

表5-3　跨境电商通关监管模式

<table>
<tr><th>跨境电商类型</th><th>网购直邮进口</th><th>保税进口</th><th>一般出口</th><th>保税出口</th></tr>
<tr><td>监管方式代码</td><td>无</td><td>1210</td><td>9610</td><td>1200</td></tr>
<tr><td>通关监管模式</td><td colspan="2">清单核放、税款担保、集中纳税、代缴代扣</td><td colspan="2">简化申报、清单核放、汇总统计（5000元货值以下）
清单核放、汇总申报（5000元货值以上）</td></tr>
<tr><td>海关通关监管系统</td><td>快件通关系统</td><td>跨境电商通关管理平台、H2010和快件通关系统</td><td colspan="2">跨境电商通关管理平台、H2010和快件通关系统</td></tr>
</table>

各个城市地区海关清关发展在稳步进行并推向全国。杭州海关先后推出15项优惠政策及“全年365天无休，货到海关监管场所24小时内办理海关结关手续”的服务承诺。自2015年海关检验检疫局两方执法人员启动“一机一台”：使用同一X光机、同

一屏幕对进境旅客行李物品进行机检、审像①，并站在同一检查台前实施协同查验，旅客只需接受一次联合检查，通关时间大大缩短。2016 年 12 月 1 日，郑州海关联合中国邮政速递物流股份有限公司河南省分公司推出“互联网+关邮 e 通”网上通关系统，包括“互联网+全程查询”“互联网+补充申报”“互联网+电子缴税”“互联网+快捷退运”等功能，将国际邮件通关的主要业务全部“迁移到线上”。收件人通过互联网平台 PC 端和移动端即可完成查询、申报、缴税、退运等有关国际邮件通关业务②。

5.3.2 “三互”通关建设成果

1. 沿海口岸建成“单一窗口”的工作目标基本实现。建立了中央和地方统筹推进“单一窗口”建设工作机制，在国家层面开展了申报数据协调与简化工作，形成统一的数据元目录③并在上海应用。上海、广州、福建等地“单一窗口”上线运行，服务功能不断完善。

2. “一站式作业”在部分地区和领域取得实效。关检合作“三个一”已经全面推广到全国所有直属海关和检验检疫部门。关检 X 光机“一机两屏”作业模式推广到全国。辽宁丹东、广东东莞寮步等陆运口岸，大连、珠海横琴国际邮轮中心等旅检现场，实行了多部门“联合查验、一次放行”。福建厦门、广东虎门等海运口岸实施了海关、边检、海事等部门联合登临运输工具监管，“一站式作业”给企业带来实实在在的好处。

3. 信息共享共用机制基本建立。制定口岸单位数据共享和使用管理办法，推动跨部门联网综合应用项目上线运行，成员单位间日均交换单证 140 万笔。完善进出口企业综合资信库建设，交通运输部、环境保护部、农业部、海关总署、税务总局、工商总局、质检总局等部门实现 550 余万条企业资信信息的共享共用。

4. 口岸通关模式更加高效便捷。海关总署在区域通关一体化覆盖全国 42 个直属海关的基础上，2016 年 6 月 1 日又在上海启动了全国通关一体化改革。质检总局推进检验检疫一体化改革，全国 35 个直属检验检疫局核心数据库正式实现联网互通。海关总署、质检总局推进通关无纸化、报检无纸化，目前海关 99% 涉证报关单已实现许可证件联网。公安部取消机组人员前往国签证，简化邮轮及其载运人员出入境等手续，在 38 个口岸建成并启用 657 条旅客自助进出境通道。

5. 积极探索口岸安全联防联控。公安、海关、税务、质检、工商等部门就反恐、反偷渡、打击骗退税、查处逃避检验检疫等方面加强机制合作，形成监管合力。财政部支持 64 个口岸追加预算购置口岸检查设备。大连地区海关、边检、检验检疫局和海事部门加强口岸风险防控，建立信息联合研判机制，共享信息资源，联合处置风险；深圳、珠海边检总站在 8 个口岸入境通道建设“亮灯”提示系统，同海关共同打击走私行为。

---

① “审像”是海关通过设备对实时传输来的扫描图像进行审查，用非侵入式查验、智能判图、图像分析完成一项查验.

② 郑州海关推行“关邮 e 通”邮件“线上”通关，海关总署，2017，03，21.

③ 数据元目录：海关业务基础数据元目录。元目录通过充当对于其他目录服务的单个访问点，为不同的目录服务提供了一种交换数据的方式，也可帮助组织内部或商业伙伴之间建立的目录命名方案中的差异问题.

第三篇 实务篇

DI-SAN PIAN SHIWU PIAN

第六章　跨境电子商务的网络营销

DI-LIU ZHANG KUAJING DIANZI SHANGWU DE WANGLUO YINGXIAO

跨境电商是一个令众多企业兴奋的业务领域，它为小型企业和企业家敞开了大门，而网络营销是以现代营销理论为基础，借助网络、通信和数字媒体技术实现营销目标的商务活动，是跨境电商企业整体营销战略的一个组成部分，在科技进步、顾客价值变革、市场竞争等综合因素促成下呈现出一些新的特点。这些特点包含整合营销、搜索引擎优化、平台营销等，其中，整合营销是一种对各种营销工具和手段的系统化结合，根据环境进行即时性的动态修正，以使交换双方在交互中实现价值增值的营销理念与方法。搜索引擎优化是一种利用搜索引擎的搜索规则来提高目前网站在有关搜索引擎内的自然排名的方式。SNS 营销指的是利用这些社交网络进行建立产品和品牌的群组、举行活动、利用 SNS 分享的特点进行病毒营销之类的营销活动，如美国的社交网络服务网站 Facebook，全球职业社交网站 Linkedin，社交网络及微博客服务网站 Twitter，图片社交平台 Pinterest，视频网站 YouTube 等，主要工作是通过激发互动，从互动中增加用户对产品或品牌的好感，并且激发或提升用户的购买意图。

6.1　整合营销

跨境电商整合营销（Integrated Foreign Trade Marketing）是以跨境电商企业的自有跨境电商营销型网站为核心的营销模式，以国外买家的需求和习惯为基准进行营销渠道整合，保证海外买家能通过多种途径准确获得跨境电商企业的产品信息的一套营销方法。

跨境电商整合营销通过搜索引擎营销、B2B 服务平台营销、邮件营销、社会化媒体营销等网络营销方式，结合传统的国际展会、行业杂志、产品目录等营销方式进行全方位营销，以取得更好的综合营销效果。

根据 2012 年 3 月 Econsultancy[①] 与 Adestra[②] 联合发布的报告，全球营销市场中 SEO（搜索引擎优化）投资回报的优评（31%）和好评（48%）率最高，有近 80%；电子邮件营销的投资回报优评（23%）和好评（47%）率有 70%。在这些数字化营销渠道中，按搜索点击付费（PPC）（56%）、联盟营销（44%）、社交媒体（44%）、移动营销（41%）、线下直接营销（36%）和在线展示广告（28%）等好评度都只占了很小比例，在线展示广告投资回报率好评度只占了 28%，远远低于 SEO（79%）和邮件营销（70%）。

图 6-1 展示的这些网站的访问量在全球都是排名前列的，巨大的访问量可以带来相对较高的点击量。因此，在选择营销网站时，访问量无疑是一个重要的指标。当然，如果跨境电商企业经营的是某类商品或针对的是某个受众群或某个地区，则可以选择

① 著名数字营销与电子商务社区平台．

② 企业级电子邮件营销技术解决方案提供者．

行业或地区垂直类网站。

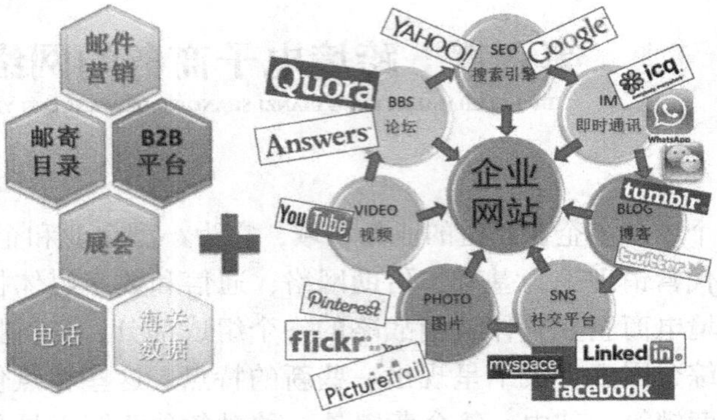

图 6-1　跨境电商整合营销

社会化媒体营销是利用社会化网络进行产品和网站推广的一种新的营销方式，它是在电子商务应用迅速发展的基础上产生的一种新的营销手段。社会化媒体营销与传统的 B2B 平台营销以及搜索引擎营销的最大不同点，也是社会化媒体营销的优势，是它的交互性和快速传播性。

社会化媒体营销最大的特点在于精准营销，能将信息精确、快速地传递给潜在的消费者。同时，社会化媒体营销所传递的信息不再只是清晰的广告形式，而是甚至不会让用户察觉到的形式。例如可能是微博上的一条分享，可能是对某一家饭馆或店铺的称赞，被更多的用户看到之后，产生了想去这家店铺的冲动，这种情况也被称为口碑营销。

用户黏性和用户活跃度无疑是社会化媒体营销平台成功与否的最重要的两个标志，一个好的社会化营销方案通常包括五个方面要素：关联、共鸣、创意、娱乐和弹性。

关联：一个好的广告必然要与其目标受众的生活有关联，才能引起兴趣，如果与目标受众没有任何关联，那么这个方案从一开始就会失去意义。

共鸣：当产品在与消费者沟通时，是否能够与消费者产生共鸣则是至关重要的。好的产品的信息甚至可以驱使消费者去创造自己的内容，那么这个方案可以说已经成功了大半。社会化媒体的互动功能为共鸣提供了必要的基础环境。

创意：互联网的特点决定了消费者可以有选择地去浏览信息。在这样的环境下，通过各种创意吸引消费者的眼球，才能保证信息不会被淹没在互联网的信息海洋中。

娱乐：有趣的内容才会吸引消费者。能让消费者感到有趣、好玩或者吃惊，是社会化媒体营销成功的一个关键因素，它会提高广告信息的转发和分享比例，从而达到更大范围的营销效果。

弹性：弹性的意义在于针对不同的消费者传递不同的信息。因地制宜，根据消费者的不同环境、背景乃至年龄、性别来改变内容，从而扩大广告的受众面。

6.2　搜索引擎优化

跨境电商企业将自己的产品信息展示给国外的进口商最常用的手段是选择国外进口商通常使用的搜索引擎做推广。除了垂直领域的搜索引擎外，最常用的搜索引擎无疑是谷歌（Google）。谷歌的搜索引擎对关键字相关信息的展示方式有自然排名和竞价排名两种形式，前者是根据谷歌的搜索引擎排名规则对某个关键字的搜索结果进行排名；后者是谷歌根据广告主的出价和质量得分来进行排名。因此，广告主要获得自己的信息展示排名靠前的结果，一是通过一定的手段优化自己的信息展示排名，二是通过购买合适的关键字以获得排名靠前的展示机会。

谷歌 AdWords（谷歌关键字排名广告）是一种在 Google 搜索结果页展示的关键字广告。当谷歌广告用户的潜在客户通过一定的关键字进行搜索时，广告用户企业网站的页面连接广告将展示在搜索结果页的左上部和右下部，如图 6-2 所示。

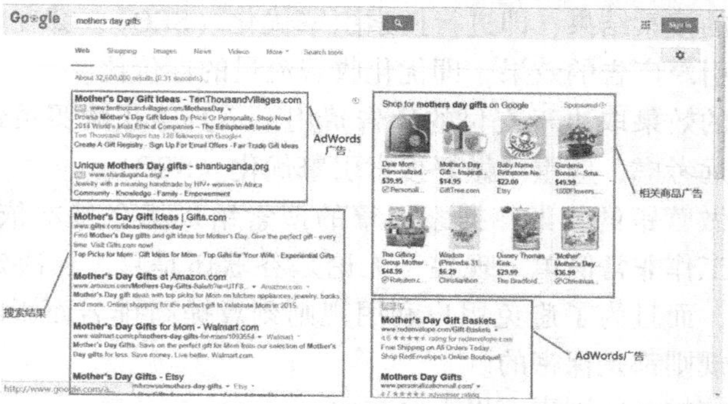

图 6-2　谷歌搜索页面

Google AdWords 采用免费展示，按点击量付费的收费模式，即按每次点击费用（CPC）定价。广告用户只需按预定的价格支付点击费用，没有被点击就不用付费。不同的广告用户可以为同样的关键字出不同的 CPC 价格，出价较高的广告通常会被展示在更好的位置。但这并不是绝对的，因为谷歌的排名是根据广告评级系统自动完成的。广告评级是“出价”和“质量得分”两部分综合计算的结果。质量得分取决于关键字的相关性、着陆页（Landing Page）的质量、广告的点击率（已根据广告的网页排名进行了调整）以及其他一些因素。对于不同类型的广告系列，出价和质量得分所起的作用可能略有不同。

谷歌也允许用户按“展示次数”或“转化次数”出价。前者是按在 Google 展示位置（包括谷歌广告联盟成员的网站）定位广告上获得的展示次数（即广告的显示次数）进行付费，展示以 1000 次为一个单位，即千次展示费用；后者是针对交易或注册类网站等，按点击后实际交易或注册等转化成功的次数进行付费。广告用户可以预先将谷歌的广告费用存入指定账户；也可以通过预先设置的银行卡在费用产生后进行自动支付，无须预存到指定账户。

除了 Google AdWords，Google 广告客户的广告还有机会展示在 Google 广告联盟（Google AdSense）成员的搜索网站、内容网站和其他产品上。利用 Google AdSense，企业可以在全球 Google 和众多合作伙伴网站上推广产品和服务。

Google AdSense 是由 Google 公司推出的针对网站主的一个互联网广告服务。此广告传播程序可自动抓取客户网页的内容并投放到与该客户的受众和网站内容相关的发布商网站上进行广告。只要有人在发布商网站上点击 AdSense 广告，站长就将根据点击量获取相应的收入。对具有一定流量的网站而言，这是一个快速简便的将网站流量转化为收入的方法。

跨境电商企业在搜索引擎上发布信息的目的是让对自己产品和服务感兴趣的客户轻松找到相关信息。目标买家在 Google 上进行搜索，相关关键字将引导其链接到跨境电商企业的网站。主动搜索的浏览者往往是带有强烈意向的客户，因此，搜索结果将带来更多的成交机会。由于每次点击都会增加广告主的成本，因此，要尽可能地避免浏览者误点。浏览者误点的原因往往是广告主的关键字选择不当。因此，需要尽可能地做到精准投放。

企业利益最大化在搜索引擎营销方面主要体现在：①充分利用免费的搜索引擎服务，优化搜索引擎的搜索结果，即进行搜索引擎优化（SEO）；②在购买搜索引擎付费服务时，优化搜索引擎广告的效果，即优化收费流量的性价比。

由于收费流量的效果取决于支付的广告费用，一旦停止购买关键字，新增流量会骤降。因此，从长远考虑，应重点做好搜索引擎优化（SEO）。

利用搜索引擎做营销的初期，搜索引擎的搜索结果排名基本依据关键字的频率，因此，当时的优化工作非常简单。现在，无论是谷歌还是百度，决定搜索结果排名的因素有数百个之多，而且为了避免用户利用规则刻意提高排名而影响搜索效果，搜索引擎服务商的排名规则都是保密的。

总体而言，影响排名的因素有以下两方面。

①内部优化状况：被搜索网站内部的信息相关性、更新频率、信息布局等。

②外部优化状况：外部各类著名网站链接到该网站（反向链接）的次数、搜索引擎所展示该网站链接的点击次数等。

优化搜索引擎收费流量的性价比，需要注意两方面的问题：一是选择精准的关键字和推广对象，以避免无效的点击；二是以尽可能小的差价，排在相同关键字竞争对手的前面。其中第二点谷歌已经为广告用户做了考虑，在计算广告费用时，Google 会考虑排在后面的广告的广告评级（以 Google 搜索页上的广告为例，后面的广告是指排在被点击广告之后的第一个广告），并且只会收取超过其广告评级所需的最低出价金额（向上舍入最接近的分位）。因此，无论广告用户的出价金额是多少，都只需支付超越后一名广告用户所需的最低金额。要提高谷歌搜索引擎收费流量的性价比，首先要提高广告评级中的质量得分。影响质量得分的因素主要如下。

- 关键字的过往点击率：关键字吸引以往用户点击的频率。
- 显示网址的过往点击率：显示网址以往被点击（不局限于某个关键字）的频率。
- 账户历史记录：账户中所有广告和关键字的总体点击率。
- 目标网页质量：网页的相关性、透明度以及浏览的方便程度。
- 关键字/广告相关程度：购买的关键字与广告的相关程度。
- 关键字/搜索相关程度：购买的关键字与用户的搜索内容之间的相关程度。
- 地理位置效果：账户在账户所定位的区域范围内的成效。
- 广告在某个网站上的效果：广告在目标网站及类似网站上的效果。
- 目标设备：搜索者使用的设备类型不同，质量得分也不同。

另外，在优化关键字、降低无效点击、防止误点的同时，在网站建设方面需要注意以下两点。

1. 提高网站打开速度：网站的打开速度是访客对网站的第一印象，如果打开很慢的话，网站还没有完全打开，访客就已经关闭页面了，从而导致推广费用居高不下。所以应该配合公司技术人员好好检查服务器和网站打开情况，加快网站的打开速度，提高访客的抵达率以优化收费流量的性价比。

2. 优化推广页面：推广页面（着陆页）是访客进入网站的首个页面，也是对网站的第一感觉，如果这个推广页面的结构、设计、内容、排版都很不合理的话，对后期的转化影响很大，推广费用自然就会变得很高，所以一定要合理地设计着陆页，对访客进行有效的引导，才能提高转化率和降低推广费用。

6.3　SNS 平台营销

SNS 是社交网络服务（Social Network Service）的英文缩写。社交型网站为产品营销提供了广阔的渠道，比较初级的方式是在社交网站的页面上做简单的页面广告，这种网络营销效果有限，成本也比较高。而通过用户对产品信息的分析和评价等交互活动，却能够带来比页面广告更加精准，也更加宽阔的营销渠道。

如果说 Google AdWords 的主要功能是在“收割需求”，即广告主通过购买 Google 关键字，对已有购买意图，并在 Google 上搜索产品的用户进行需求拦截，并获取订单。那么以 Facebook 为代表的社交网络上的广告主则是在“创造需求”，因为登录社交平台的用户往往并没有购买意图，而是在与他人交流后才产生了购买欲望。因此，社交网络的广告主的主要工作是要通过激发互动，从互动中增加用户对产品或品牌的好感，并且激发或提升用户的购买意图。

6.3.1　Facebook

目前 Facebook 营销的手段主要有丰富企业 Facebook 专页、吸引关注（赞）、病毒式营销以及 Facebook 广告。

Facebook 专页营销的目的是为企业网站或活动带来更多的流量和人气。因此，衡量企业 Facebook 专页是否成功的标准是该专页的被关注度、用户活跃度以及转换率，如图 6–3 所示。

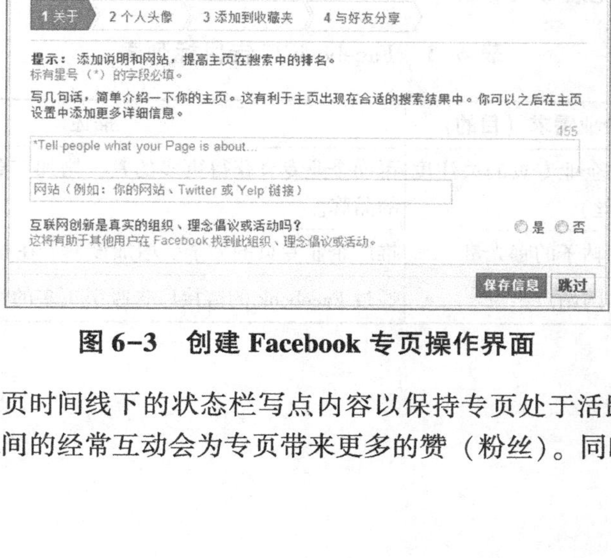

图 6–3　创建 Facebook 专页操作界面

建议经常在专页时间线下的状态栏写点内容以保持专页处于活跃状态，持续更新信息以及和粉丝之间的经常互动会为专页带来更多的赞（粉丝）。同时为了更好地使用

Facebook，建议建立一些群组，这样可以更好地进行内容过滤，有针对性地进行更高效率的营销。

活跃的企业专页会带来更多的赞（粉丝），以下这些行为可以更有效地增加粉丝。

- 提醒你的粉丝点击 Like 和 Share 按钮；
- 在每篇博客的底部加入 Facebook 和 Twitter 的 URL；
- 更多地针对话题讨论，而不是某个特定的品牌/领域；
- 寻求运用照片、比赛、活动、优惠等形式与粉丝互动；
- 开发 APP 鼓励粉丝分享内容，充分利用 APP 的“发送给好友”功能。

另外，还可以用图片和视频点亮专页，使页面内容和信息的传递更直观和直接。找到最能满足专页粉丝兴趣的 Facebook 应用，利用合适的应用增加粉丝。还可以通过各类社会化媒体平台引导潜在的用户成为专页的粉丝，比如 RSS、YouTube，以及其他社交网站。利用个性化优惠码进行促销，或者用些可自设的徽章/标签奖励用户，鼓励粉丝给予专页一贯的支持，以增加用户黏性。

和谷歌的搜索引擎广告的出价类型相似，Facebook 共有四种不同的出价类型，企业应该根据自己的广告目标选择合适的出价类型。

- 千次展示成本（CPM）：此出价类型最适合用于吸引用户查看广告。
- 单次点击成本（CPC）：此出价类型最适合用于吸引用户点击广告。
- 优化的千次展示成本（oCPM）：此出价类型最适合用于将广告展示给最可能对广告采取行动的用户。例如，最有可能赞企业专页或点击一个企业链接的用户。
- 每个动作成本（CPA）：此出价类型可用时，最适合用于吸引用户对广告采取行动。例如，赞企业专页或点击一个链接。

广告组合的预算是企业愿意花费的最大金额。在 Facebook 上做广告的费用取决于受众和预算的多少。预算可以按日设置，也可以按总预算设置。如果采用总预算，设置的金额将是广告组合投放期内花费的最大金额。

Facebook 广告能够帮助企业达到多种不同的广告目的，最常见的广告目的是为企业网站导流量（点击量），即在 Facebook 广告页面建立与企业网站地址（URL）的链接。因此，企业在 Facebook 上创建广告时需要根据自己的广告目的选择相应的目标，具体目标及目的详见表 6-1。

表 6-1　Facebook 广告目标列表

目标	企业需求（目的）	描述
专页赞	增加企业专页的关注度（粉丝）	帮助企业专页获得更多的赞，增加广告受众，并构建企业的品牌。
专页帖子参与度	增加帖子的曝光量	推广企业专页的帖子，增加该帖子在相关用户前的曝光量。
网站点击量	增加网站点击量	通过 Facebook 的链接广告吸引更多的用户访问企业网站。

续表

目标	企业需求（目的）	描述
网站转换	提高网站转换率	对于有用户注册、交易等网络行为需求的网站，通过 Facebook 广告提高用户由浏览行为到具体网络行为的转换。为了便于跟踪和确认真实的转换行为，企业需要先在一个网站的特定页面的代码中放置转换像素（跟踪代码片段），然后才能创建广告。
应用安装	提高应用安装量	吸引用户安装企业所发布的移动或桌面应用软件。
应用参与度	提高应用用户数	吸引用户使用企业的桌面应用程序。
活动响应	增加活动人气	发布活动信息，提高响应度，增加企业的活动参与人数。
领取优惠	推广优惠	提供优惠信息，让更多的用户到企业的网上商店进行兑换，需要预先准备好领取优惠的页面。

Facebook 广告设置的过程非常的人性化，一方面在可以做广告的位置，譬如：专页、专页帖子、活动页面、优惠页面等，都有直接进入相应广告设置的推广按钮；另一方面，即使从 Facebook 首页的"创建广告"按钮进入，也只需要三步即可完成设置。并且鼠标移到每个操作位置都会有相应的说明和解释。

企业在 Facebook 上刊登了广告后，如果想追踪因广告而在网站上实现的转换率，可以在网站上创建一个转换追踪像素（Conversion Pixel）。企业可以使用转换追踪像素工具创建一个 JavaScript 代码片段放在转换目标的转换页面上。例如，如果企业想要追踪自己的电子商务网站的销售结账信息，就可以把转换追踪像素镶嵌在用户完成结账后看到的结账确认页面代码中。每当用户的浏览器中加载该页面时，这一代码就会告诉 Facebook 发生了转换事件。然后 Facebook 会将该转换事件与广告的投放对象或点击了广告的用户群进行对应，这样 Facebook 就能为投放广告的企业提供信息，帮助企业了解在广告上的投资回报情况。

6.3.2 Linkedin

如果说 Facebook 是跨境电商 B2C 推广的大餐，那么 Linkedin 就是跨境电商 B2B 推广的盛宴。不同于 Facebook 的大杂烩，Linkedin 作为专业的商业社交网站，不仅提供"个人主页"，方便个人与其他志同道合的商务人士进行私人交流。同时，Linkedin 还有"公司主页"，帮助企业提升业绩。

Linkedin 非常重视内容营销，企业可以通过发布与专业相关的内容来吸引潜在的客户。为了帮助广告客户进行更有效的内容营销，Linkedin 在 2014 年推出了两个工具：Content Marketing Score 和 Trending Content（见图 6-4）。前者帮助企业衡量自己内容的有效性和行为，并且可以用同行业数据进行比较分析。当然，光评分不改进毫无意义。所以后者就可以告诉你什么是潮流指向，让你可以紧贴市场动向，发布最合客户胃口的内容。

图 6-4　Content Marketing Score 和 Trending Content 工具

Linkedin 会员套餐按用户需求的不同分为“领英高级账户”“征才方案”“求职方案”和“销售方案”四类，每类又包含 3 个不同层次的套餐。其中“销售方案”的 3 个套餐分别是“销售标准版”“销售增强版”和“销售旗舰版”，每个套餐包含不同的服务内容和年费标准。

Linkedin 的广告投放也需要设置广告预算、投放目标和广告形式等内容，但是与 Facebook 的营销对象按地区、年龄、性别和兴趣来划分不同，Linkedin 利用其人力资源信息方面的优势，按“职业头衔和职能”“行业与公司规模”以及“资历”来划分。因此，Linkedin 更适合 B2B 营销。

6.3.3　Twitter

以微博作为载体进行营销，带有各种图片和文字的信息容易使客户产生兴趣和共鸣，再加上营销人员的新鲜创意，使得微博营销的效果越来越受到企业等各类用户的欢迎。跨境电商企业的产品内容微博被客户或潜在的客户认可，因而进行了信息分享，那么又是一个非常好的口碑营销的案例，这样的案例积少成多，将会给企业带来不可估量的财富。

用 Twitter 做推广营销，首先我们需要注册 Twitter 的账号。注册账户非常简单，只需输入用户姓名、邮箱地址、设置的密码和登录用的用户名即可。作为营销目的的账号需要足够多的关注者，因此，接下来就是如何用最短的时间吸引更多的高质量的关注者。所谓高质量的关注者是指和企业营销内容相关的潜在的客户，为了避免引入大量无关的关注者，千万要慎用带有引诱性的关注送礼品或抽奖之类的活动，除非你的目的是发展大量粉丝后，利用该微博账户替他人做广告并收取营销费用。

Twitter 营销管理工具 TweetAdder 可以帮助使用者找到合适的关注者，在这个软件的 Tweet 搜索（Tweet Search）界面，只要输入搜索的关键字、区域、使用语言等即可搜索出 Twitter 上符合条件的账户，就可以马上或随后关注他，这样有可能对方也会反过来关注你。

Twitter 营销还可以借助名人效应，你可以关注 Obama，Lady Gaga 等名人。在名人的 Twitter 账户发布帖子的第一时间进行回复，后面会有很多人回帖，你排在前面，会有很多人点开看你。每次你都在前面，会有很多人关注你。为了保证关注者的质量，在名人选择上应尽可能注意与本企业产品属性的相关性。

热点事件是网民特别关注的，一旦出现热点事件，大家都会通过微博搜索相关信息。因此，如果能够在第一时间抓住热点事件，并和企业产品、品牌进行挂钩或联想，那将是一次很好的博取眼球和增加粉丝的微博营销机会。

为了提高 Twitter 账户管理和营销的效率，可以使用第三方软件进行管理和操作。

譬如使用 TweetingMachine，这是一款能够帮那些在 Twitter 上大量发布和接收信息的市场营销和客服人员减负的工具。其具体做法包括：一次性输入内容并设定发布间隔时间后，自动定时发布信息；自动关注那些已经关注了你的人；自动将 Blog 或网站中的内容发布到 Twitter；为 Twitter 账户的私信设定自动回复；每小时按预设的关键字在 Twitter 中搜索符合条件的人并将其加为好友。再譬如 Twilitcs，它可以帮你生成短网址，而值得一提的是它的统计功能，在短网址发布后，你可以得到实时统计的点击量以及谁、什么时候、用什么浏览器点击等详细信息。据说这项服务还会整合进 Google Analytics 的一些功能，在 Twitter 上进行市场推广的人员可利用其更好地进行分析。

6.3.4 Pinterest

与视频分享营销更多的是展示与商品相关的故事不同，图片分享营销则直接定位在展示美轮美奂的商品本身。在图片分享营销领域最成功的案例无疑是创办于 2011 年的 Pinterest。

与 Facebook 和 Twitter 依赖社区好友和粉丝关系分享内容不同，Pinterest 侧重“乐趣图谱”，图谱由人们按照话题收集起来的图片组成，而不是依赖“关系”。

Pinterest=Pin+Interest，即把感兴趣的东西用图钉钉在面板上形成图谱。仅一年的时间，Pinterest 的全球综合访问量排名就位列第 38 位，迅速攀升的流量证明了 Pinterest 商业模式的成功。

Pin：将喜欢的图片钉在页面上。

Repin：当看到自己喜欢的图片时，用户可以将图片再次钉在自己的面板上。

Share：用户可以从一些购物网站和社交网站中，挑选自己喜欢的图片，钉在自己的面板上，与好友进行分享。

Bored：用户可以按照不同的兴趣和主题对图片进行分类。

这四个要素可以发挥出网站的巨大传播优势，用户分享的图片可以来自几乎任何途径，当然也包括供应商的产品图片展示，如果企业将需要宣传的信息，以独特的创意嵌入图片和简单的文字描述，图片被用户分享之后，得到的营销效果将不可估量。

6.3.5 YouTube

YouTube 是目前世界上最大的视频分享网站，利用视频进行产品信息展示并不是新概念，视频中包含着比图片更加丰富的信息，从简单的商品介绍到基本的企业状况展示，都能够给观看者带来更立体的印象。当然，单纯的产品展示并不能带来很好的营销效果，特别是 B2B 服务平台上的一类商品，对于普通用户来讲根本谈不上兴趣。

对于跨境电商企业来说，YouTube 上也是商机无限。已经有大量的商家利用视频的分享和传播能力在进行大量的营销推广。尽管对视频的描述性文字只有标题、描述、标签和链接等简单的内容，但对于营销推广而言已经足矣。只要在相关内容中留下网站地址和联系方式就能够达到营销的目的了。当然，营销效果的好坏，关键取决于内容能否引导来足够的被观看量，并将观看量转化为企业网站的流量。

YouTube 上视频源的热度反映了 SNS 的传播热度和广泛度，也就是所谓内容的原创性和价值性。视频的介绍、标签，和应用人、发布人的一些资料和情况，都可以用来体现来源（URL，链接文本等），而且一旦具备了转载性，那将对视频的排名起到十分重要的作用。

相对比较适合在视频网站上做广告的产品有计算机、通信、消费类电子产品及女性用品，例如化妆品、服饰等，以及其他新奇特产品。视频不要太长，以短视频为宜；视频内容方面，不要太无趣，客户不感兴趣的视频内容是达不到推广目的的。还有一个很关键，那就是视频的评论，其负面评论就像淘宝网的差评一样，对视频发布人是一个很致命的伤害，而要避免负面评论的出现，就得保证产品的品质。

YouTube 上还有一个很实用的工具，那就是 YouTube Analytics。这是个登录状态下才能使用的功能，发布人可以通过这个功能分析受众的特征、流量的来源以及黏度，通过这些分析可以去不断完善视频的质量。如果在网店的商品详情页放置视频链接按钮，直接链接到 YouTube 上该产品的视频文件，那么其营销效果应该是“1+1>2”的典型案例。

除了利用免费分享视频达到营销效果外，跨境电商企业如果需要也可以在视频网站上发布广告，推广企业的产品和形象。或者利用广告推广已上传的视频，通过视频再推广企业和产品。跨境电商企业利用 YouTube 给产品或者品牌做推广，给跨境电商企业带来的直观利益就是流量和口碑，但流量和口碑并不是全部，企业产品和服务的品质才是维系客户的关键，YouTube 只提供渠道。

第七章　跨境电子商务的支付与结算

DI-QI ZHANG KUAJING DIANZI SHANGWU DE ZHIFU YU JIESUAN

2016 年中国跨境电子商务交易规模达到 6.7 万亿元，跨境电子商务的发展促进了跨境支付产业的快速增长，跨境电商与跨境支付呈现出参与主体纷繁复杂、应用领域不断扩展及电子支付工具层出不穷的发展态势。

7.1　跨境贸易结算方式

跨境贸易是交易主体进行跨国境的商品交换的过程，为保证交易的顺利进行，贸易主体一般都会在交易进行前对支付与结算的方式进行选择，以尽可能地避免汇率变化、贸易主体所在国货币制度及外汇管理差异等可能会影响货款安全顺利交付的问题。在跨境贸易中，支付结算方式通常分为现汇结算和记账结算。

7.1.1　现汇结算

现汇结算是由贸易双方通过银行汇兑，每笔交易单独结清。在跨境贸易中，现汇结算通常采用的支付方式有两种：①属于商业信用的，包括汇付、托收方式；②属于银行信用的，包括信用证和银行保证书等方式。此外，还有政府信用和国际组织提供的信用等。

（一）信用证 L/C（Letter of Credit）

信用证是目前国际贸易付款方式最常用的一种付款方式，这是买方要求开证银行签发的文件，证明银行承诺在卖方符合跟单信用证具体规定的情况下，向卖方支付指定金额。信用证可以说是一份有银行担保的销售确认书。信用证可以作为担保物，拿到银行去贷款，为卖方资金周转提供便利，也就是“信用证打包贷款”，但是在实际操作中，信用证有的时候也不是那么保险，原因是信用证中可能会存在很难让你做到的软条款，造成人为不符点，如图 7-1 所示。

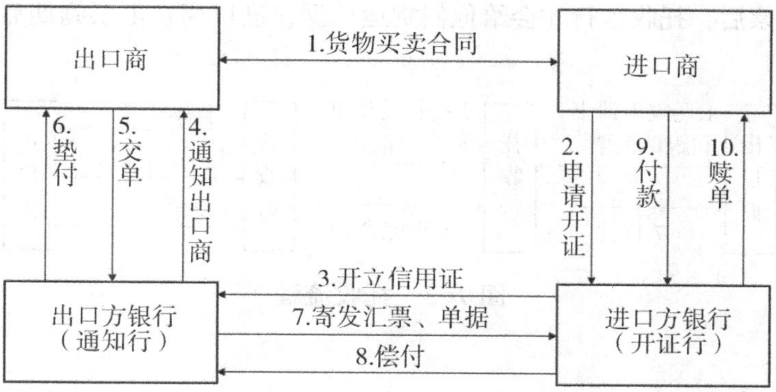

图 7-1　信用证流程

（二）汇付

汇付是付款方通过银行将应付款项汇交收款方的支付方式。汇付一般分为电汇（Telegraphic Transfer，T/T）、信汇（Mail Transfer，M/T）和票汇（Remittance by Banker' s Demand Draft，D/D）。电汇又可以分为前 T/T 和后 T/T。前 T/T 就是合同签订后，先付一部分订金，一般都是 30%，生产完毕，通知付款，付清余款，然后发货，交付全套单证。这种方式在欧美国家出现的比较多。最为多见的是后 T/T，一般流程为：收到订金，安排生产、出货，客户收到单证复印件后，付余款；卖家收到余款后，寄送全套单证。信汇是指汇款人向当地银行交付本国货币，由银行开具付款委托书，用航空邮寄交国外分行或代理行，办理付出外汇业务。信汇的操作程序与电汇大致相同，所不同的是汇出行同意汇款人的申请，不用电报而以信汇委托书或支付委托书加其签章作为结算工具，邮寄给汇入行，委托后者凭以解付汇款。后者核验签章相符后，即行解付，亦以借记通知给汇出行划账。票汇是汇出行按汇款人的申请，开立以其分行或代理行为付款行的银行票据（汇票、本票、支票）给汇款人，由汇款人自己把汇票寄给收款人或自己携带，凭票到付款行领取汇款的一种方式。它的特点是汇入行无须通知收款人前来取款，而由收款人凭票领取汇款。同时收款人在必要时，可按汇票的规定手续背书转让，有流通之便利，如图 7-2 所示。

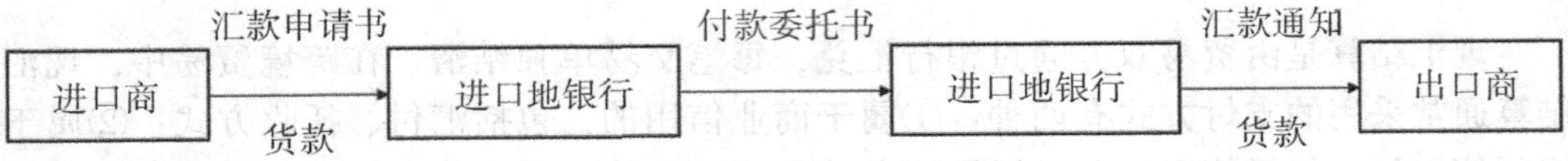

图 7-2　汇付流程

（三）托收

托收是由卖方根据发票金额而开立汇票，从而委托银行向买方收取货款的一种结算方式。托收分为光票托收和跟单托收，在大多数情况下，人们采用跟单托收作为付款方式。跟单托收又可以分为付款交单（Documents against Payment，D/P）和承兑交单（Documents against Acceptance，D/A）。付款交单是指进口商在付了货款后才会得到货运单据。它又可以分为即期付款交单（Documents against Payment at Sight，D/P Sight）和远期付款交单（Documents against Payment after Sight，D/P after Sight）。承兑交单是指进口商承兑汇票后，托收银行才会给他们货运单据，进口商在汇票到期后要兑付汇票，如图 7-3 所示。

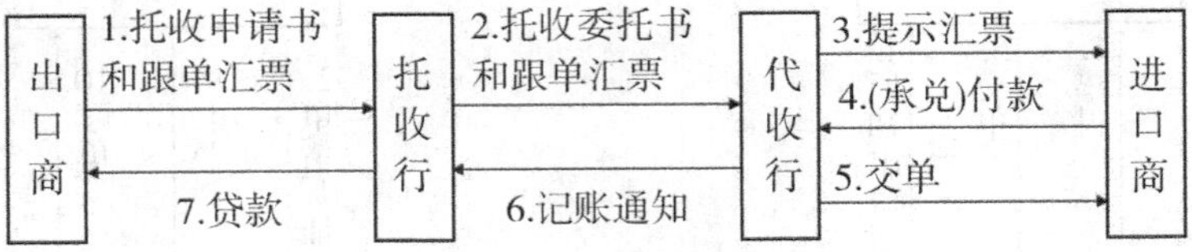

图 7-3　托收流程

（四）混合方式

由于各支付方式在某些方面各有优缺点，因此在国际贸易业务中，可根据需要，例如不同的交易商品、不同的交易对象、不同的交易做法，将两种以上的结算方式结合使用，会更有利于贸易的顺利进行与货款的安全交付结算。常见的不同结算使用的形式有：信用证与汇付结合、信用证与托收结合、汇付与银行保函或信用证结合。

7.1.2　记账结算

记账结算是根据两国政府间签订的贸易支付协定，由双方国家银行或其他指定的银行相互开立“清算账户”进行的结算。记账结算使用的货币，根据不同情况，使用对方国家货币或使用第三国货币。这种账户有计算利息的，也有不计的；有定期进行结算的，也有为保证贸易顺差一方的利益，规定在协定执行中双方账户所能保有的最高差额，即信用摆动额，当超过时，超额部分即需计收利息，或可以兑换货币或商品进行偿付。偿付的办法可以是经一方提出要求立即偿付，个别的也可以经双方商定，分期或延期偿付。中国在与苏联、东欧国家贸易中所采用的记账结算办法是：贸易账户在每年年终进行清算，差额可以转入下年度的贸易账户或按照双方协商同意的办法处理。

7.2　跨境电商支付主要方式与平台

近年来我国跨境电子商务的迅速发展彻底颠覆了传统的购物方式，而传统的线下支付方式，如信用证、电汇和托收等，由于其结算周期较长、结算手续较为复杂等问题，在线上支付时鲜少有人使用，因此，各种新型跨境电子商务支付方式应运而生，不断发展壮大。跨境电子商务支付是来自不同国境的交易双方以互联网为载体的一种支付手段，互联网和电子商务的蓬勃发展为支付方式的创新和发展提供了广阔的平台。

7.2.1　中国跨境支付发展现状

跨境支付需求不断增加。据监测数据显示（见图 7-4），2016 年中国跨境电商交易规模 6.7 万亿元，同比增长 24%。其中，出口跨境电商交易规模 5.5 万亿元，进口跨境电商交易规模 1.2 万亿元。跨境电子商务的迅猛发展加快了跨境支付产业的建设，目前的支付市场竞争激烈，各类支付工具优势各异，在跨境电子商务交易过程中选择一个合适的支付工具对交易主体而言至关重要。

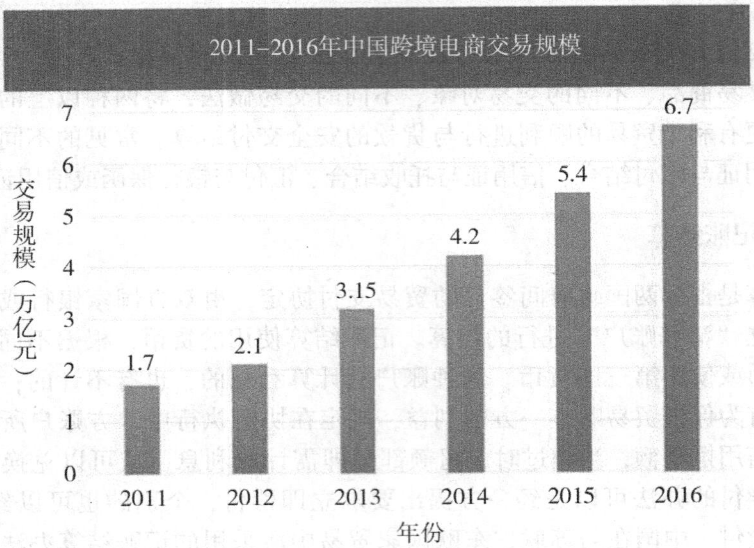

图 7-4　2011-2016 年中国跨境电商交易规模

数据来源：中国电子商务研究中心

跨境支付政策逐渐放宽。2016 年实行的《非银行支付机构网络支付业务管理办法》，商务部、中央网信办和发展改革委三部门印发的《电子商务“十三五”发展规划》，“一带一路”倡议，2017 年国家外汇管理局制定的《支付机构跨境外汇支付业务试点指导意见》等政策及措施都给我国的跨境支付产业带来了发展机遇。随着中国进出口贸易在全球市场重要性的提升和跨境电商的快速发展，我国跨境支付市场进入了新的发展阶段，政策监管也顺应市场需求进行了积极的调整。总体来说，我国央行和外管局等监管层面相继出台的政策都表现出积极态度。一方面，开放跨境支付市场准入，丰富跨境支付参与企业，多家第三方支付企业获得许可；另一方面，主导跨境支付城市试点方案落地实施，推动我国跨境电商以及跨境支付市场的发展。在政策的扶持下，跨境支付市场逐步成为第三方支付行业争夺的下一片蓝海市场。

跨境支付规模不断扩大。根据 CNNIC（中国互联网络信息中心）发布的数据显示，截至 2016 年 12 月，我国网民规模达 7.31 亿，互联网普及率达到 53.2%，超过全球平均水平 3.1 个百分点，超过亚洲平均水平 7.6 个百分点。移动互联网塑造了全新的社会生活形态，随着智能手机的普及，越来越多的网民选择用手机上网，我国手机网民数量已达 6.95 亿。随着我国居民对海外商品需求量的不断增加，出境游市场的不断扩大以及留学市场规模逐年递增，给第三方跨境支付行业带来了勃勃生机，国内第三方支付机构纷纷开拓跨境电商市场、大力发展跨境支付业务。

跨境支付安全性得到改善。跨境支付系统的建立以及区块链等技术的发展提升了跨境支付的便捷性、多样性和安全性。互联网技术的飞速发展、跨境电商企业对跨境电子支付的不断创新以及跨境物流业的发展都促进了跨境支付在跨境购物、出国旅游及出国留学等领域的广泛使用。近年来，随着跨境人民币业务各项政策相继出台，跨境人民币业务规模不断扩大，人民币已成为中国第二大跨境支付货币和全球第四大支付货币，这必然要求加快建设人民币跨境支付系统，完善人民币全球清算服务体系。①2015 年 10 月上线运营的人民币跨境支付系统（CIPS）一期，采用实时全额结算方式，为跨境贸易、跨境投融资和跨境人民币业务提供清算、结算服务；二期将于 2017 年落户上海。

7.2.2　跨境电商支付方式

从目前支付业务发展情况看，我国跨境电子支付结算的机构是多种多样的，这些机构主要是为跨境电商提供“购付汇”与“收结汇”两类业务。

（一）跨境支付购付汇方式

1. 第三方购付汇支付。这种支付方式是指第三方支付机构为境内持卡人的境外网上消费提供人民币支付、外币结算的服务。其中：一类是以支付宝公司的境外收单业务为典型的代理购汇支付，另一类是以好易联为代表的线下统一购汇支付。两种购汇支付方式主要区别为：在代理购汇类型中，第三方支付企业只是代理购汇的中间人，实际购汇主体仍是客户；统一购汇支付则以支付公司名义，在电子平台后方通过外汇指定银行统一购汇，购汇主体为第三方支付企业，如图 7-5 所示。

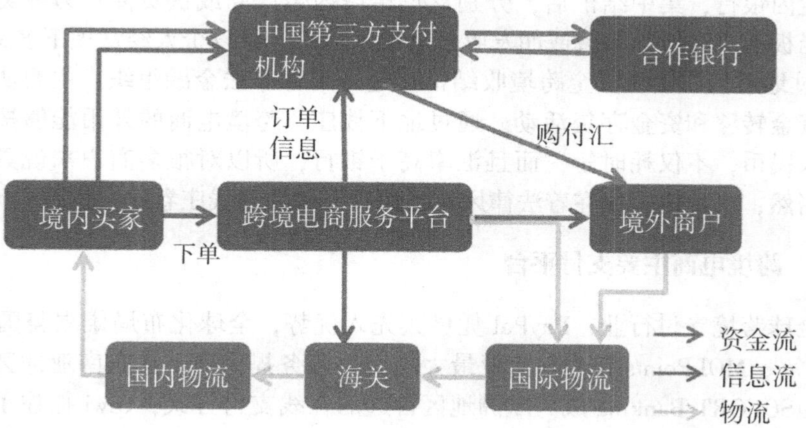

图 7-5　进口电商平台第三方支付机构购付汇业务流程图

数据来源：易观智库

2. 境外电商接受人民币支付。跨境电子支付作为跨境人民币贸易结算体系的新突破口，推进了人民币的国际化，境外一些跨境电子支付公司为了拓展我国巨大的跨境网上支付市场，接受用人民币实现境外网上支付币种。

3. 通过国内银行购汇汇出。即境内客户通过银行网银支付模式直接购汇汇出。

（二）跨境收入结汇方式

1. 第三方收结汇。第三方支付企业为境内企业收到跨境外币提供人民币结算支付服务，即第三方支付工具收到买方支付的外币货款后，由第三方支付企业集中统一到银行办理结汇，再付款给国内卖家。第三方支付工具收入结汇模式信息流，如

① 刘婷婷．第三方跨境电子支付发展及对策研究［J］．现代商业，2016，（33）：28-29.

图7-6 所示。

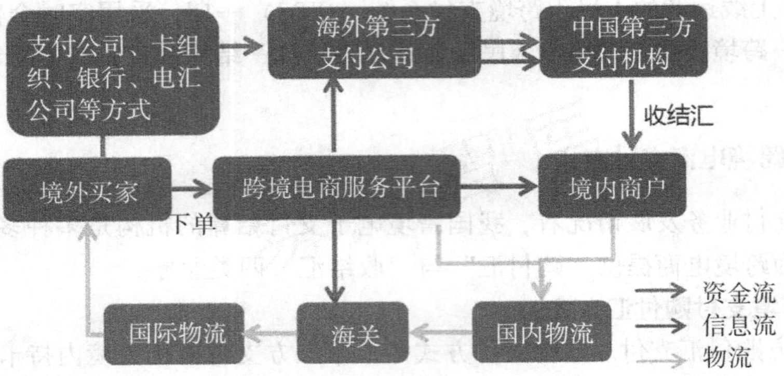

图 7-6　出口电商平台第三方支付机构收结汇业务流程图

数据来源：易观智库

2. 通过国内银行汇款，以结汇或个人名义拆分结汇流入。此种流入方式可分为两类：一类是有实力的公司采取在境内外设立分公司，通过两地公司间资金转移，实现资金汇入境内银行，集中结汇后，分别支付给境内生产商或供货商；另一类是规模较小的个体老板通过在境外亲戚或朋友收汇后汇入境内，再以个人经常项下名义结汇。

3. 通过地下钱庄实现资金跨境收结汇。这是一种非法金融组织，主要从事外汇买卖、跨境资金转移和资金存贷活动。通过地下钱庄，跨境电商的外币能够按照钱庄汇率兑换成人民币，不仅耗时短，而且汇率高于银行，所以对很多商户来说具有很大的吸引力。当然，这种模式存在着法律风险，而且万一遇到钱庄卷款，货款也无法收回。

7.2.3　跨境电商主要支付平台

纵观全球跨境支付行业，PayPal 凭借其先入优势，全球化布局雄踞美国；MOL 旗下的 MOLPay、MOLPoints 作为东南亚最大的支付服务提供商，在东南亚地区拥有强大的竞争力；SOFORT Banking 成为欧洲地区首选的在线支付方式；Qiwi 抓住了俄罗斯及周边地区的发展机遇强势崛起。CashU 成为了阿拉伯地区主流的支付方式；POLi 成为了大洋洲最具竞争力的支付公司；而 Boleto、Paytm 则因地制宜地发展巴西、印度地区的在线支付业务。①

就国内支付业务发展情况看，我国跨境电子支付机构主要有境内外第三方支付机构、银联、银行。其中，由于第三方跨境电子支付成本低、跨境交易安全性高、支付操作便捷易使用等特点，逐渐被广大消费者接受，成为大部分中国居民跨境消费的首选支付方式。2013 年 9 月份，国家外汇管理局公布了包括财付通、支付宝、汇付天下、重庆易极付公司在内的 17 家第三方支付机构获得跨境电子支付的试点资格。国内第三方支付机构开始广泛介入跨境电商在线交易及跨境电子支付业务。截止 2015 年底，获得该资格的支付平台数量为 27 家。直至 2017 年春季，外管局又批准了 3 家机构参与跨境试点。自此，拥有跨境支付资格的支付平台数量达到 30 家，具体见表 7-1。

① 2017 全球跨境支付平台大盘点．智付支付，2017-03-27.

表 7-1 跨境支付企业名单

名称	主要业务	特色业务	地区
汇付天下	货物贸易、留学教育、航空机票以及酒店住宿	定制化跨境支付方案	上海
通联支付	货物贸易、留学教育、航空机票及酒店住宿	保税跨境支付	上海
银联支付	货物贸易、留学教育、航空机票以及酒店住宿	银联国际卡	上海
东方支付	货物贸易	跨境人民币结算、跨境外汇结算	上海
快钱	货物贸易、留学教育、航空机票以及酒店住宿	"海淘"阳光快车道	上海
盛付通	货物贸易、留学教育、航空机票以及酒店住宿	跨境收单	上海
环迅支付	货物贸易、留学教育、航空机票以及酒店住宿	国际卡支付、跨境外汇支付	上海
富友支付	货物贸易、留学教育、航空机票以及酒店住宿	跨境电商收款、结汇	上海
财付通	货物贸易、航空机票以及酒店住宿	财付通美国运通国际账号、支持10种类外币	深圳
易极付	货物贸易	国际卡收单	重庆
钱宝	货物贸易	海外本地支付收款、跨境人民币结算、跨境外汇结算	重庆
支付宝	货物贸易、留学教育、航空机票以及酒店住宿	境外汇款、境外流量包、扫码退税	杭州
贝付	货物贸易、留学教育	结汇、购汇以及跨境人民币支付	杭州
易宝支付	货物贸易、留学教育、航空机票、酒店住宿、国际运输、旅游服务、国际展览	提供基于跨境支付和海关三单合一服务	北京
钱袋宝	货物贸易、留学教育、航空机票以及酒店住宿	跨境旅游服务、跨境电商服务	北京
银盈通	货物贸易、航空机票以及酒店住宿	购付汇/结售汇支付、跨境人民币支付	北京
爱农驿站	货物贸易、留学教育、航空机票、酒店住宿、国际运输、旅游服务、国际会议、国际展览、软件服务	跨境支付	北京
首信易支付	货物贸易、留学教育、航空机票、酒店住宿、国际会议、国际展览、软件服务	国际信用卡支付	北京
北京银联商务	货物贸易、留学教育、酒店住宿	银联国际卡	北京

续表

名称	主要业务	特色业务	地区
网银在线	货物贸易、留学教育、航空机票、酒店住宿	京东跨境物流	北京
拉卡拉	货物贸易、留学教育、航空机票、酒店住宿、旅游服务、国际展览	跨境金融服务平台	北京
资和信	货物贸易、留学教育、航空机票、酒店住宿	暂未开展跨境或境外收单业务	北京
联动优势	货物贸易、留学教育、航空机票、酒店住宿、国际运输、旅游服务、国际展览、通信服务、软件服务	跨境供应链金融、跨境营销服务	北京
连连支付	货物贸易、留学教育、航空机票、酒店住宿、旅游服务	PayPal 合作伙伴	杭州
网易宝	货物贸易、留学教育、航空机票以及酒店住宿	跨境支付	杭州
易付宝	货物贸易、留学教育、航空机票以及酒店住宿	跨境外汇支付业务	南京
新生支付	货物贸易、留学教育、航空机票、酒店住宿、旅游服务、国际展览、国际贸易物流	外卡收单、跨境人民币支付、收结汇	海口
摩宝支付	货物贸易	跨境支付	成都
宝付	货物贸易	国际卡业务、跨境人民币结算、跨境外汇结算	上海
智付支付	货物贸易、国际运输	国际信用卡支付、跨境外汇结算、跨境人民币结算、海关支付单服务、报关报检服务、跨境物流、保税仓、海外仓	深圳
备注：货物贸易单笔交易金额不得超过等值 1 万美元，留学教育、航空机票和酒店住宿项下单笔交易金额不得超过等值 5 万美元。			

数据来源：智付支付

PayPal 作为全球最大的在线支付公司，在第三方支付机构中占据重要地位。目前，PayPal 业务支持 194 个国家，全球活跃用户接近 2 亿，通用货币涵盖加元、欧元、英镑、美元、日元、澳元等 24 种货币。同时，PayPal 还是在线支付行业标准的制定者，在全球支付市场中获得认可，拥有很高的知名度和品牌影响力。中国跨境交易的用户也受此影响，更多地选择了 PayPal。尤其是个人“海淘”用户和跨境 B2C 出口方面，其使用率更高。不过，在跨境支付领域，PayPal 在我国的跨境支付绝对领先地位已经开始遭受挑战。支付宝、财付通、银联支付、快钱、汇付天下等机构凭借国内第三方支付的良好基础，争相采取了各种措施抢占跨境电商支付市场。

在国内，支付宝已成为在线支付的代名词。依托阿里巴巴旗下淘宝、天猫以及天猫国际、1688 等电子商务平台，且支持目前国内绝大部分网商平台，支付宝获得了绝对垄断地位。在中国，支付宝更像是一个现金管理工具、理财工具、支付工具和社交工具的结合体。支付宝的母体蚂蚁金服目前估值已达600亿美元，并考虑在近期上市，这估值与PayPal目前的市值相差无几。在海外，支付宝的扩张之路正在紧锣密鼓地进行中，相继入股了印度支付巨头Paytm，收购了美国汇款服务服务商MoneyGram（速汇金），并与欧洲各国银行建立合作关系。目前，支付宝拥有4.5亿用户，覆盖了全球70个国家和地区近10万家零售商户。

财付通则与美国运通（American Express）合作，其网络支付服务能够借道美国运通，实现在美、英两国Globaleshop等热门购物网站跨境在线购物、支付。快钱则从2012年年初推出适合外贸电商用户的一揽子跨境支付、国际收汇服务方案，通过与西联汇款的合作，实现自动化的汇款支付处理，帮助外贸电商消除繁琐的结汇流程与规避风险。目前，快钱能够支持总量达15亿张信用卡的VISA、MasterCard、American Express、JCB等国际卡支付，为外贸电商提供一体化结汇服务和专业化的风控服务。汇付天下则专注小微企业市场，重点在航空产业链等B2B商务市场，特别是在航空机票支付领域，汇付天下的市场份额近50%。银联的跨境支付起步更早。对于个人用户而言，除了支付宝和财付通外，最为熟悉的跨境支付应用恐怕是银联了，银联跨境支付的核心优势在于庞大的信用卡用户群体，较早地进入跨境支付市场让其拥有丰富的线下应用场景，加上海外提现等应用，让其成为整个跨境支付领域不容忽视的力量。银联卡2004年开通了中国香港、澳门地区服务。目前，银联卡可在中国境外125个国家和地区实现跨境支付，在国内其跨境支付优势明显。

7.3 跨境电商清算模式

国内电子商务交易过程中通过支付宝、财付通、微信支付、网银等方式可以便捷地进行收付款，手续费、到账时间等因素差异都不大。但在跨境电子商务的支付中，不同的跨境收付款方式在金额限制和到账速度等方面有较大差别，各自都有优缺点和适用范围，并且其中还涉及一个很重要的问题——外汇结算。2016年，跨境人民币收付额合计约9.8万亿元，已有近200个国家和地区与中国进行人民币计价结算，结算方式也由传统的柜台结算向跨境电子商务转变。跨境电子商务中的企业或个人在跨境支付时可自由选择使用外币或人民币支付结算，无论选择何种币种结算，都需进行银行清算，根据银行在跨境支付中的清算方式不同，可将外币和人民币跨境支付划分几种不同清算模式。

7.3.1 外币清算模式

现行外币清算模式主要有三种。

第一种是银行系统内外联行往来清算模式，是指该行的国内外分支机构通过在总行集中销账、定期清算汇差，在各自外币账户资金划转来实现资金清算。该种模式的局限是不能满足国内不同开户行之间外汇资金的划转。目前，按来往区域可分为港澳及国外联行往来和全国联行往来。

第二种是单纯的境外代理行清算模式，是指国内和国外的不同银行签订协议、彼此开立账户，采取逐笔清算的方式，实现境外同业间资金往来清算。该种模式的局限是只使用自有系统导致清算范围狭窄及资金到账时间不确定等。

第三种是境外代理行与当地清算系统结合模式，是突破第二种模式只能使用自有系统的一种模式，指借助当地清算系统协助完成。根据境外代理行是否在本国央行或清算中心开户，可以分为直接型交换和间接型交换。直接型交换是指国外的代理行在本国中央银行或清算中心已经开户能直接交换。间接型是未开户的需另委托当地的清算行代为清算。国际货币发行国家的清算系统通常提供本币种的国际银行间清算服务，如美国的联邦电子资金转账系统（FEDWIRE）、英国的清算所自动化支付清算系统（CHAPS）。①

7.3.2 人民币清算模式

现行人民币跨境清算主要有四种模式。

第一种是境内代理行模式，是指境内外银行通过借助 SWIFT 传递跨境支付信息，然后由国内代理行通过大额支付系统进行清算（国内代理行都直接接入了大额支付系统）。该种模式的局限是不能提供离岸人民币清算服务（即付款人、收款人都在海外的情况）。

第二种是境外清算行模式，是指境外参加行在中国香港和澳门地区的人民币清算银行开立人民币清算账户，通过境内结算行和港澳清算行之间完成跨境贸易人民币结算的资金划拨方式。在清算过程中，港澳清算行系统与人民币大额支付系统的对接程度较高，能够实时处理海外 SWIFT 系统报文，清算速度较快，在购汇方面具有较高的灵活性。许多境外分支机构较多的大型商业银行更倾向于采用清算行模式。在清算行模式下，跨境贸易人民币结算的流动必须要通过港澳清算行，风险敞口比较小，便于管理与监管，央行只需要对港澳清算行进行调控即对跨境贸易人民币结算的整体规模进行调控。

第三种是 NRA 账户模式，是指境外企业在境内银行开立非居民机构人民币银行结算账户后，直接通过境内银行行内清算系统和大额支付系统完成人民币资金的跨境清算。采用人民币 NRA 账户模式进行跨境人民币结算可以节约客户划转资金的成本。同时，如果境内、外机构在同一家银行开户，则银行内部转账系统可以为客户资金的调度与管理提供便利。人民币 NRA 账户属于境内账户，相较于离岸账户，没有监管与税收上的优势，因而也就导致了在实际结算中，其人民币结算量相对较小，境外机构开户数量难以实现较大增长。②

第四种是 CIPS 模式。CIPS（Cross-border Inter-bank Payment System）指人民币跨境支付系统，由中国人民银行开发，在 2015 年 10 月，CIPS 系统一期已成功上线，共有 19 家银行参与，而二期有望在 2017 年底建成。主要功能有连接境内、外直接参与者，处理人民币贸易类、投资类等跨境支付业务；采用国际通行报文标准，支持传输包括中文、英文在内的报文信息；覆盖主要时区人民币结算需求；提供通用和专线两种接入方式，让参与者自行选择。前三种交易模式都要涉及第三方银行，系统程序繁

---

① 肖成志，祁文婷．人民币国际化和跨境电子商务对跨境人民币支付清算及国内第三方支付的影响研究［J］．区域金融研究，2016，（11）：54-58.

② 屈庆东．跨境贸易人民币清算体系相关问题分析［J］．对外经贸，2016，（03）：87-90.

琐且效率低，交易的最终都要通过 CNAPS（中国现代化支付系统）结算，但 CNAPS 是用来满足国内银行间结算的。CIPS 系统接入 CNAPS 后，其成员银行之间可以在 CIPS 上进行记账，每天由 CIPS 归总净进出额之后，在 CNAPS 系统上进行最终的款项划拨。CIPS 和 CNAPS 系统相互独立，但互联互通。境内机构可以作为这两个系统的直接参与者，而境外机构将不再与 CNAPS 直接相连，而作为 CIPS 的直接参与者或者间接参与者。CIPS 系统投入使用后，清算行将不再是境外人民币回流的主要渠道和离岸人民币存款的定价基础，这些功能将由 CIPS 承担。同时，也将不再完全依赖 SWIFT 传递报文，金融安全性和独立性将会取得大幅提高。①

① 一张图看懂人民币跨境支付系统 CIPS. 朝钜天下，2017-07-05.

第八章　跨境电子商务中的海外仓

DI-BA ZHANG KUAJING DIANZI SHANGWU ZHONG DE HAIWAICANG

早在2015年5月19日，中国商务部发布了《“互联网+流通”行动计划》，旨在推动流通产业转型升级，打通“最后一公里”，鼓励电商“走出去”，积极参与网络经济建设与国际贸易。为此，行动计划提出通过建设海外仓打造境外物流体系，并提出，在未来1~2年，组织并推动建设100个电子商务海外仓。

海外仓储，简称海外仓，是指国内出口跨境电子商务企业事先在国外自建或者租用仓库，通过海运、陆运、空运或者国际多式联运的方式，先把货物批量运送至国外仓储设施，当国外客户通过互联网下订单后，国内卖家可以在第一时间做出快速响应，及时通知国外仓库进行货物的分拣、包装和派送等项目的一站式服务，确保货物安全准确、低成本地送达国外终端客户。

海外仓是线上渠道与线下实体的连接器、商业物流与政府公共服务的结合体、制造业思维向消费者思维转变的里程碑，在全球商业一体化趋势下，整合了物流、信息流和资金流各节点的跨境供应链新模式。基于海外仓的跨境供应链如图8-1所示。

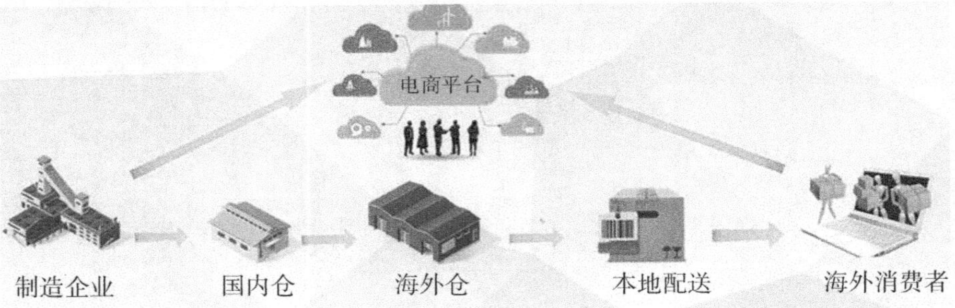

图8-1　基于海外仓的跨境供应链示意图

8.1　我国海外仓的建设模式分析

8.1.1　卖家自建模式

（一）基本定义

卖家自建是由大卖家自己在海外市场建设仓库，从事跨境电商的卖家经过一段时间的运作以后，有了一定的资金与客户群体基础，同时随着跨境电商的迅猛发展，提高物流配送效率刻不容缓。这些卖家就投入资金在客户较为集中的地区自建海外仓，以实现本地发货，提升货物配送速度。

卖家自建这种类型由规模比较大的，有自营海外仓的电商企业转型而来，这类海外仓比较了解跨境电商的情况和需求，对跨境电商的发展趋势也有较为准确的把握，因此这类海外仓往往在市场营销方面做得比较出色。同时，因为它们自身也是电商，所以在其仓库不仅有其他电商客户的商品，也有它们自营的商品。

（二）卖家自建模式优势

能够全盘控制物流环节：自建海外仓模式能保证物流整体环节在自己的控制范围之内，直接控制和负责商品，并为电商客户和消费者提供更加优质的服务。如果海外仓库长期都能得到充分利用，就可以有效降低单位货物的仓储成本，在某种意义上说这也是规模经济的体现。

因为自建海外仓归跨境电商卖家所有，所以卖家能对海外仓实现最大程度的控制，而且有利于与其他物流系统进行协调，从而实现更加灵活地对跨境物流进行管理。同时，也正是由于电商企业是自建海外仓的所有者，所以海外仓的设计和布局也可以以企业自身的情况和商品特点为依据，使得管理更加方便。

仓储及配送价格能够得到有效优化：电商自建海外仓储物流有利于商品的及时发货和迅速配送，从而更好地满足目标市场消费者的需求，同时也能提高消费者满意度，树立良好的品牌形象。除此之外，也有利于提高电商企业的库存周转率，能够及时回收货款，从而保证电商企业有充足的现金流量。电商自建海外仓对消费者、电商平台供应商和跨境商家都大有益处。

自建海外仓模式除了能给电商企业带来便利，还能最大程度表现电商企业的实力。当企业将商品储存在自建海外仓中，能让客户感觉到该企业长期以来经营情况良好，能在客户面前树立实力强、经营十分稳定、可靠的良好形象，从而对企业更加信任并给予支持，这对于企业竞争力的增强非常有利。

能为卖家提供特殊仓库服务：由于自建海外仓隶属于公司的统一管理，因此，能够为卖家提供完善的仓储及售后服务。对于客户需要的产品组装或者产品出现问题需要维修服务以及退换货服务等，自建海外仓均能够反应迅速、妥善处理。这对提升企业形象、提高再订购率都有良好的辅助作用。

（三）卖家自建模式劣势

前期投入大、筹备时间长：自建海外仓的卖家必须有充足的资金、吸收快递行业精英加盟、人才储备以及强大的业务量的支撑。海外仓储占地面积广，仓库建设的资金需求大，且建设所需时间也长，并不是所有的电商都有亚马逊那样雄厚的财力和耐心，可以花费数年投入几亿元资金自建海外仓。

跨境电商若要在海外自行建仓，需要花费很高的成本。以美国为例，一个工人每月基本薪水 3000 美元，一年 3.6 万美金。在中国，仓库工人的成本约为 1 小时 2 美元，而在美国则是 14~15 美元。仓库年租金 3050 美金/平方米。1000 平方米就是 3.66 万美金一年，还不算其他生活费和税费。由此看来，一般中小跨境电商承受不起。海外仓储费用高昂且名目繁多，包括仓储费、入仓费、标签打印费、订单处理费、退件费等，让很多卖家头疼，那些商品利润空间较薄的卖家尤其是不堪重负。

而且电商如果自建海外仓，这必定是一个庞大的资金链，每一个环节都环环相扣，若其中一项出现了问题，必定会牵一发而动全身。并且其投入并不是每一个电商企业都能够承受，不仅需要大量的资金和成熟的技术，而且还需要投入长期的人员管理精力。这对那些财力不够的电商来说无疑是一个不小的风险。

对管理能力要求高：跨境电商的发展速度很快，不同季节对商品也有很大影响，商品促销时需要非常大的库存量，不促销时仓库大面积空置也是浪费，这些问题如果由电商自己解决要耗费大量的人力物力，而且如果电商自身也缺乏仓储管理等经验，很可能在投入大量的资金、技术、人员、精力后仍收效甚微，反而还增加了很多额外成本，得不偿失。

自建海外仓的卖家必须维持良好稳定的业务流量才能运转。而降低物流成本虽然是海外仓最基本的职能，也需要象征稳定业务流量的快速周转率的带动才能实现。因此，如果没有专业仓储管理团队的支持和稳定的业务流量作保障，卖家自建海外仓可能并不会使企业的物流成本下降，但肯定会增加仓储管理成本。

(四) 涉及法务税务等问题

海外仓是为跨境贸易服务的一种物流模式，难以避免要与不同国家区域间的法律和税务制度打交道。法律问题对于海外仓来说是一个难以逾越的痛点，一个没有在当地市场有多年积累的团队，很难从根本上解决跨境贸易中的多品类商品通过本地仓库配送过程中产生的法律和税务问题。而且，这种在海外目标市场建立的仓库，本质上是为跨境贸易提供的仓储服务，也难以避免会受到不同国家法律和税务制度的制约，这对于卖家自建的海外仓来说无疑是个难题。

8.1.2 与第三方合作模式

(一) 基本定义

与第三方合作模式是指跨境电商企业与第三方公司合作，由外部公司提供海外仓储服务的建设模式，这种模式能为电商企业提供专业化的高效服务。这种类型的海外仓设计水平通常比较高，并且能符合一些特殊商品高标准、专业化的运送要求。从事跨境电商的企业事先与提供海外仓储服务的外部公司联系，将货物以集中托运的方式运送至海外目标市场仓库，货物在扫描入库后，就会在海外仓的信息化系统中有所记录，并和跨境电商企业的销售系统相连接，当有消费者下单，当地仓库就会迅速得到指令，从仓库调货并送至消费者手中。这种类型的海外仓建设模式主要有租用和合作建设两种。租用是指直接租用第三方公司现有的海外仓库，利用第三方海外仓自有的信息系统和管理技术对仓储进行管理。电商企业需要向第三方公司支付操作费用、物流费用和仓储费用。合作建设是指电商企业与第三方公司合作建设海外仓，并自行投入设备、系统等。采用这种方式，电商只需支付物流费用，但需要电商企业和第三方公司共同对海外仓的管理和系统完善投入更多的精力。

(二) 与第三方合作模式优势

1. 降低成本，规避风险

第三方海外仓储在帮助电商企业降低运营所需的管理成本的同时，还有助于电商企业减少资产投入，这样能够有效规避一些运营中可能的风险。根据美国供应链及采购协会所提供的数据来看，通过使用第三方海外仓可以降低约13%的资本投入，降低成本3.7%。而客户体验的提升、对物流供应链管理的完善所带来的隐性利润的增加，是数字所无法统计和衡量的。而且，由于第三方海外仓储企业同时处理不同电商客户的大量商品，对货物进行整箱拼装作业后可通过集中运输来节省运输成本。

2. 更专业的管理团队

第三方海外仓储相比电商自建物流更有经验、更专业且更有实力，能够提供更低的成本和更好的服务，所雇用的管理人员往往拥有更具创新性的管理和分销理念、能够帮助电商企业建立效率更高的物流系统。而且，第三方海外仓储的选址具有战略性，能够帮助电商企业更好地扩大海外市场。

根据美国 IDC 公司进行的一项供应链和物流管理服务研究所得出的数据：全球物流业务外包将平均每年增长 17%。欧洲目前使用第三方物流服务的比例约为 20%，美国约为 40%；欧洲有 24%、美国有 33%的非第三方物流服务用户对第三方物流已产生极大兴趣；欧洲 62%、美国 72%的第三方物流服务用户对第三方物流服务的需求有所增加。而中国的第三方仓储物流服务的比例目前仅为 3%左右，与欧美等先进国家的差距十分明显，这是一个挑战也是一个机遇，专业的第三方海外仓储物流服务在我国仍是一块具有无限潜力的新兴市场，具有广阔的发展空间。

物流对企业而言，是继劳动力和自然资源之后的“第三利润源泉”。高效的物流能够帮助跨境电商企业减少人力资源投入，简化经营运作环节，使效率得到提高并有效降低成本，从而增强企业的实力和竞争力。在全球化竞争日益激烈、信息技术日新月异的今天，电商企业之间的竞争将越来越多地围绕物流成本与效率方面展开。把跨境物流这样一个对一些电商企业来说相对薄弱的环节交给对物流管理更专业的第三方公司去完成，有助于电商企业毫无后顾之忧地将精力聚焦于品牌、产品、营销的发展，从而使企业具备更多的竞争优势。

（三）与第三方合作模式劣势

1. 选择诚信的合作伙伴很关键

跨境电商卖家把货物交给第三方海外仓，然后由海外仓将货物从国内运送至海外目标市场仓库。这里面其实潜藏着很多问题，比如货物破损、退换货等情况的处理所引起的第三方海外仓与卖家交涉问题，以及进出口海关报税问题，特别是有些不法分子利用海外仓进行低报、漏报和瞒报等问题容易带来风险。对于卖家来说，一旦把货物交给第三方海外仓，就失去了对货物的实际控制。一旦与海外仓产生争执，就会处于非常被动的地位。因此，选择诚信的海外仓对卖家来说非常重要。

2. 服务商的资质问题

一个行业的快速发展也必将伴随着一些问题的发生。提供海外仓服务的第三方公司有些是传统的物流公司，也有一些由跨境电商的卖家转行而来，因而业务水平和专业素质良莠不齐，提供的服务质量也参差不齐。有时也会出现货物寄错甚至丢失的现象，可卖家能够得到的赔偿往往又十分有限。这种情况的出现可能是因为第三方海外仓储公司的头程运输又外包给了其他公司，在沟通上出了问题。也有可能是因为该第三方海外仓储公司本身管理不规范，没有科学高效的物流管理系统，工作人员也不够细心。总而言之，这样的海外仓储服务不仅给卖家造成无谓的经济损失，也会影响卖家的发货和配送效率，从而使整个跨境电商行业的形象都受到负面影响。

3. 售后与客服问题

使用第三方公司的海外仓意味着卖家将货物全部发给他运输代理，这需要卖家与海外仓之间保持密切的沟通和协调，包括库存的明细、货物的品类、结算费用的标准等。还有一些第三方公司的海外仓，对于货物进仓出仓的信息登记不准确，客户查阅困难，客服态度敷衍，仓库与客服信息衔接不畅。当售出的产品出现问题，需要调换或退货时，第三方公司很难像自建海外仓的企业一样可以提供完善的售后服务。

有时，客户在与海外仓沟通寻求解决方案时，第三方公司为谋取利益，不断要求客户支付解决成本，导致客户为解决问题付出了很多额外支出。因此，对于海外仓这种物流模式在客户心目中的选择价值也会产生极大的负面影响。

8.1.3　一站式配套服务模式

（一）基本定义

一站式配套服务模式就是以海外仓为基础，为电商企业提供跨境物流整体解决方案服务的模式。这种模式基于海外仓，但不局限于海外仓。通过这种模式可以根据不同电商企业的差异化需求，提供在售前环节不同的头程解决方案，并可以提供集物流管理、供应链优化、贸易合规及金融管理服务于一体的、服务透明、质量稳定的整体解决方案，从而帮助跨境电商解决物流、贸易、金融、推广等各方面的难题。

（二）一站式配套服务模式优势

1. 整合资源，优化跨境电商供应链

一站式配套服务模式将海外仓作为现有市场上所有物流运输方案整合的载体，从而形成一站式的整体解决方案。这种类型的海外仓对物流行业资源具有较高的掌控能力，同时对市场也具有高度敏感性，能对数据进行收集和分析，并通过分析数据来帮助跨境电商降低成本，增加赢利。同时，通过整个海外仓在整个供应链的影响力，在解决电商企业物流的基础上，能够整合各类社会资源，从而实现物流信息的共享与社会物流资源的充分利用。

供应链管理涉及物流、商流、资金流、信息流四个维度，与国内电商的供应链管理有所不同的是，跨境电商的供应链管理还会牵涉到进出口流程、各个国家法律法规制度的差异以及跨国事务的管理。这种海外仓模式汇集人流、技术流、信息流、资金流等多重要素，在跨境电商供应链布局中是重要的节点，通过一站式配套服务模式能够整合运输资源，并利用跨境电商供应链上各方的需求和信息的反馈来优化跨境电商供应链。

2. 提供个性化服务，向专业化标准化发展

一站式配套服务模式可以根据不同电商企业情况，为他们量身定做一整套物流解决方案，同时，在跨境物流流程非常复杂的现实状况下，为电商企业提供有效的供应链管理服务和咨询服务，有针对性地满足他们对于物流服务的需求。这种模式不仅为电商企业提供一站式服务，也为消费者提供了本土化服务，使海外仓客户和消费者都可以获得更好的服务体验。

一站式配套服务模式能够克服跨境电商中的物流痛点，并引领跨境物流向专业化、标准化方向发展。这种基于海外仓为服务平台的整体物流解决方案，是一个不断优化升级服务强项，不断调整改变服务弱点的过程。也就是说，这种基于海外仓储为服务平台的跨境物流服务，本身就是一套不断适应乃至不断引领跨境物流的解决方案。

（三）一站式配套服务模式劣势

1. 对服务商的专业要求极高

跨境商品售出需要进行报关、报检、转关、理货、上架、挑选、包装、个人物品申报等一系列工作，需要在合理的物流成本下要求更多品类货物实现高速流转，而整体解决方案的制订是一个系统工程，需要在跨境电商供应链的各个环节都协调匹配，对专业性要求极高。可是目前，中国跨境物流主要还集中在传统的物流运输、配送、货代报关等层面，而一些更加专业性的服务如物流最优解决方案的提出、全面信息平台的展示、跨境金融服务咨询等还难以提供。这对海外仓更专业权威地为客户进行问题解决和方案制定造成了阻碍。

2. 不确定性导致解决方案的专业性受到质疑

一站式配套服务模式为客户提供的整体方案虽然具有针对性，但整套方案主要是通过对客户提供的数据和物流公司自己掌握的资料进行分析制定的，带有一定的预测和不确定性，可市场变化有时是难以预测的，而且一旦有突发情况，原先的解决方案可能不太适用，情况严重的甚至可能全部作废。有时也可能是物流公司自己的分析失误导致解决方案并不适用，可无论是哪种情况导致的解决方案失效，修改制订新的解决方案、重新整合调配资源也都需要时间，可能难以赶上市场的变化，极大阻碍了卖家对跨境物流的有效管理，也会使得这种模式的专业性和可信度遭到质疑。

一站式配套服务模式需要直面当前卖家对实际物流供应链的需求，在跨境物流流程繁琐复杂的现实情况下，根据卖家所售的商品特性和所面向的市场，为其提供有针对性的物流解决方案，目标是为客户提供面面俱到的服务。他们基于海外仓而不局限于海外仓，为卖家提供更具针对性的物流解决建议，有些甚至可以提供针对卖家的短期金融信贷服务。但实际上，单单是解决跨境电商企业和物流企业在作业流程、定价流程和服务流程上产生的冲突就需要花费不少精力，过于强调服务的全面性可能会导致本末倒置，影响物流服务的服务质量，使海外仓应有的主要功能被削弱。

8.2 卖家自建模式的海外仓选址与布局

（一）自建海外仓与销售规模

HYG inc 集团的执行副总裁 Jimmy 在 2016 年针对不同的卖家，做了三轮调研，每次调研的卖家数量为 50 家左右。调研结果显示如图 8-2 所示。

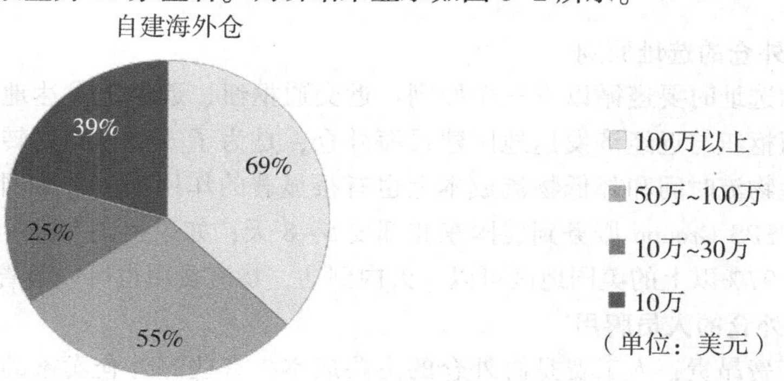

图 8-2 月销售规模与自建海外仓的关系

月销 50 万~100 万美元的大卖家 55%有自建或计划自建海外仓。月销 100 万美金以上的大卖家 69%有自建或计划自建海外仓。39%的受访者是在月销 10 万美金时就开始建仓；25%是在月销处于 10 万~30 万美金建仓。由此可见，在很多卖家眼里，海外仓的选择与销售规模并无太大关系，更多的是与本身的定位有关。

（二）自建海外仓的国家定位

在哪个国家建仓？根据 Geek 的调研报告，自建仓的卖家中有 81%在美国有仓库，50%在德国有仓库，37%在英国有仓库。其中美国仓库的数量在自建仓卖家的所有仓库数量中占比例达 45%。这个数据与海外仓联盟的调研基本一致，联盟针对 45 家服务商 76 个仓库的调查分析，有 43%的仓库是在美国。另外，在计划建仓的卖家中，美国依然是建仓首选，达到 30%的比例，除了欧美，53%的大卖家直指跨境电商的下一个蓝海会在印度，南美、俄罗斯、日本则分别有 13%的卖家看好。调研结果显示如图 8-3 所示。

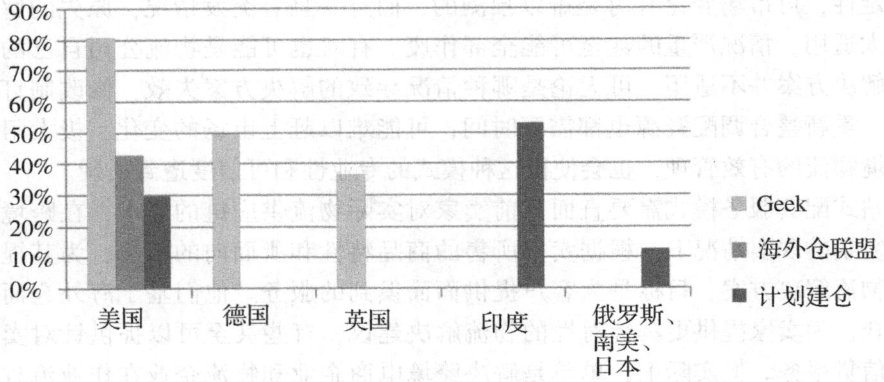

图 8-3 海外仓的国家分布调研结果

（三）自建海外仓的面积选择

建多大的仓库才够用？68%的自建仓库卖家的仓库面积是 1000 平方米以上，18%的在 500~1000 平方米。据调研显示，在调研 23 个服务商的仓库时发现，服务商的平均单仓面积为 2300 平方米左右。所以卖家建仓时，1000 平方米左右的仓库是一个不错的参考。若业务量增长导致对仓库的面积需求增大，可以考虑分仓，提升时效的同时降低派送成本。

（四）海外仓的选址原则

海外仓的选址时要遵循以下三个原则：近交通枢纽、近经济发达地区以及多仓布局。在近交通枢纽与近经济发达地区建设海外仓，是为了方便货物的转运与递送。多仓布局在缩短物流时间和降低物流成本上也有很显著的作用。例如美国市场，美国西部仓库使用 USPS Ground 服务到美国东北部要 5~8 天；如果美国东部、美国西部仓库各一个仓库，97%以上的美国地区可以 3 天内到达，物流费用也可以节省 38%左右。

（五）海外仓的人员聘用

海外人工费昂贵，人工费是海外仓的主要成本，有些海外仓卖家的人工支出成本一度高达 70%，低的也有 30%。一般在海外仓聘请多少员工来运作仓库呢？据调研，

19%的自建仓大卖家有 20 个以上的海外仓员工，37%是 10～20 人，19%是 6～10 人，25%是 6 人以下。

针对 23 家服务商仓库的调研发现，服务商平均单仓员工数为 12 人。可见卖家和服务商对库内员工规模都比较谨慎。海外不像国内，法律对员工的保护相当健全，解聘带来的损失和影响都比较严重。另外，海外人力相对紧张，所以业务增长后，不能过多依靠招人去解决问题，更多要考虑的是提升单人作业效率及对硬件和信息化的投入。

8.3　海外仓的运营和管理

8.3.1　卖家自建模式的运营和管理

结合前面提到的卖家自建模式的劣势而言，跨境电商海外建仓需根据自身规模、特点、需要等多因素考虑来搭建，利用大数据技术对仓库的选址、规模进行分析，决不能盲目投入。

在日常的运营中，自建海外仓可能会遇到以下问题。

（一）呆滞库存

运营海外仓，难免出现呆滞库存。销毁可惜了，转运回国还要支出大笔的费用。要解决呆滞库存问题要注意以下几方面：首先要做好采购计划，预防呆滞库存的产生。实行阶梯费率计算仓储费，达到各部门成本的均衡承担。当出现呆滞库存后，要积极开拓清仓渠道，将损失降到最低。

（二）多仓的统筹管理

从公司的系统层面来说，在建设海外仓之前，就要先行将系统架构建立好。

图 8-4 为某企业海外仓系统架构示意图，它利用云仓平台对海外仓进行统筹管理。特别要注意的是，其 ERP 系统与云仓平台是独立运行的，这是从实际运营中获得的经验。除了利用云仓平台对多仓进行统筹管理以外，还要注意加强跨国团队之间的合作和协调。

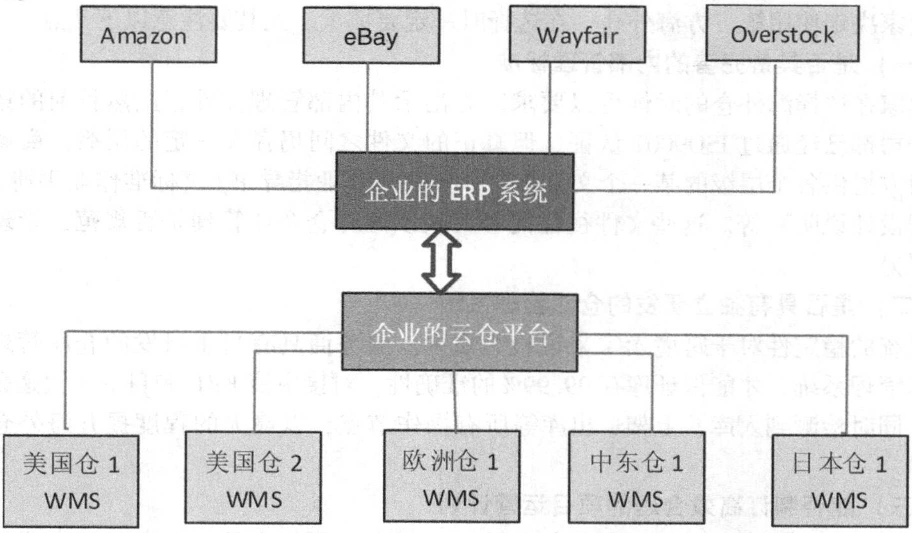

图 8-4　自建海外仓系统架构示意图

（三）进行本土化运营策略

海外仓不仅仅是商品的储存场所，而且是企业实现本土营销、本土配送及售后服务的据点。企业实现本土化运营要积极同当地人员沟通，吸纳本地人才参与运营团队的组建。企业对本地市场进行分析，研究本地民众的消费心理，选用针对性强、接受度高的营销策略，提高产品的知名度。

另外，本地派送费率也是公司运营成本的关键组成部分，某公司运营的成本及利润构成如图 8-5 所示。由图中可以看出，本地派送费占比高达 12%。因此，在本土化运营策略中，降低本地派送费率也是重要目标之一。

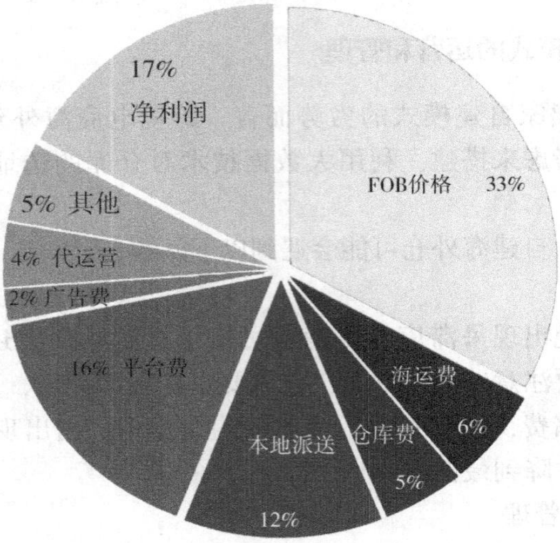

图 8-5 某公司海外仓运营成本及利润构成

8.3.2 与第三方合作模式的运营与管理

当前第三方海外仓良莠不齐，选择应谨慎。当前海外仓市场鱼龙混杂，如果跨境电商卖家决定使用第三方海外仓，在选择时一定要慎重。尤其要注意以下几点。

（一）是否具备完善的内部管理标准

卖家在选择海外仓的时候可以要求对方出示其内部管理文件，虽然目前的第三方物流公司都已经通过 ISO9001 认证，但真正的文件之间仍存在一定的层级，商家可以要求对方提供各个层级的某一个文件查看，比如《作业指导书》《标准作业手册》《商业流程设计说明》等。这些文件往往能够反映该海外仓企业管理是否规范，管理标准是否严谨。

（二）是否具有独立研发的仓库管理系统

系统的稳定性对于跨境卖家来说极为重要。服务商具有自主研发的仓库管理系统及订单管理系统，才能保证库存 99. 99%的准确性，对接主流 ERP 和目的国快递公司及邮局，同时检测到入库、上架、出库等所有操作节点，以最大的程度提升海外仓的服务质量。

（三）能否制订高效合理的项目运营计划

卖家首先对自身的需求要有清楚的认识，对自身所售商品和利润目标有明确的把握。根据卖家的需求，优秀的海外仓企业能够在整体上给出一个未来的运营方案。卖家可以结合自身的需求判断下家是否适合自己及是否具有可行性。

（四）是否具备独立的税务和法律服务团队

在海外设仓难以避免的要与当地的法律和税务部门打交道。只有税务和法律有了保障，卖家才能安心使用海外仓进行跨境销售。而且要确认该海外仓所提供的税务和法律的保障是一视同仁的，要能保障在一个共同的仓储体系中，他的其他客户也同样合法，这才是真正的保障。

（五）能否为卖家解决后顾之忧

海外仓在运营时会遇到各种各样的问题，能够为卖家解决这些问题的服务商，才是值得选择的。例如呆滞库存问题，如果服务商能够提供解决方案，那就是卖家的不二选择了。目前市面上能提供这样解决方案的服务商并不是很多。

第九章　跨境电子商务的信用评价

DI-JIU ZHANG KUAJING DIANZI SHANGWU DE XINYONG PINGJIA

据商务部统计，2017年上半年，十三个跨境电商综试区进出口的规模超过1000亿元人民币，同比增长了一倍以上，跨境电商进出口已经成为我国外贸发展新的增长点。在跨境电商高速发展的同时，也面临管理方式不适应、诚信体系不健全、市场秩序不规范等问题。由此引发了一系列信用问题，制约了跨境电子商务信用体系的进一步完善。从市场的角度考虑，外贸的企业每年以50%以上的速度在增长，国际市场自然有待规范管理。如果一个企业没有信用标识，那么他就不是一个值得信赖的企业单位。

由于跨境电商买卖双方处于不同国家，买家更是很难对卖家的信用做出准确的判断，信用问题一直是我国跨境电子商务发展的瓶颈之一，信用的缺失会引起交易之前的逆向选择和交易之后的道德风险，增加交易成本，降低市场效率，因此信用体系建设刻不容缓。信用评价体系作为信用体系的重要组成部分，以跨境电商出口企业为主体来构建该评价体系是十分必要的，对其进行研究将是跨境电子商务发展的一个突破口。本章基于跨境电子商务信用评价体系的内涵对我国跨境电子商务信用评价体系现状进行分析，其核心部分在于构建信用评价指标体系和信用评价模型，为信用评价指标的选取提供理论依据，为跨境电子商务各项交易活动提供支撑。

大数据的运用是有效构建评价体系的重要手段，大数据的多样性要求评级模型要能驾驭处理多种类型的复杂数据，数据的高速性要求评价模型要具备较快速的数据处理能力，大数据的价值性要求评价模型在数据不完整、不准确的情况下可以进行高价值的预测与评价。为了更好地营造跨境电商贸易氛围、提高贸易交易数量、维护贸易安全，构建基于大数据征信评价体系，利用与大数据匹配的指标赋权方式——模糊层次分析法作为指标赋予权重，在此基础之上建立与大数据匹配的信用评价方式，结合先进的机器进行预测与训练，得出准确完整的评价结果与动态的评价体系，是解决跨境电子商务信用评价的有效途径。

9.1　信用的定义

“信用”一词，既古老又时髦。说它古老，是因为在我们古老的文化典籍中就有许多有关“信”的记载，如“敬事而信”“与朋友交，言而有信”“自古皆有死，民无信不立”等。说它时髦，是因为在今天的新闻媒体、社交网络中，这个词频频出现。无论是商界、学界，还是政府职能部门，人们都在关注信用。在互联网商业领域，“信用”“诚信”“守信”等词汇，更是被再三强调。

虽然在诸多新闻事件、社会问题面前，“言必称信用”，但是说清楚信用是什么并不容易。信用的定义比较多样。《现代汉语词典》给出了三个义项：

①诚实，遵守诺言而取得的信任；

②货币借贷和商品买卖中延期付款或交货的总称；

③信任并重用。

显然，这样解释主要从伦理、经济和管理的角度来进行的。人们常常把英文单词 trustworthiness 和 credit 翻译成“信用”，也就分别对应伦理、经济角度的解释。从金融的角度看，信用不仅是以还本付息为条件的暂时让渡资本使用权的借贷行为，也是这笔借贷资金本身。在货币学家眼中，货币就是信用。

信用概念的含混，既成为信用研究的瓶颈，又可能影响到信用的实践。很多学科都研究讨论“信用”，但基本各自为政，相互不能贯通，容易让人觉得信用难以捉摸。同时，整个信用研究显得零散、纷乱。在实践中，将信用限定到金融领域，就会忽视信用在衣食住行各个生活场景中的作用，弱化信用的价值；反之，将信用泛化到所有生产生活场景，广泛的数据采集会引发公众对隐私的担忧和对信息安全的怀疑。

对信用进行概念界定，需要明确三点认识。第一，信用的概念要能和相似的、相关的概念明确地区别开来。汉语词汇中，与“信”有关的词汇很多，如信息、信任、信赖、诚信、守信、信誉、信心、自信等。信用需要和这些概念明确地区分，不能混用、误用。第二，不同学科之间对信用的概念要有共识，形成一个“信用的跨学科概念平台”。虽然不同学科的信用有自己的侧重点，但它们应有一个交集。这个交集就是信用最为本质和抽象的含义。第三，要纠正一些错误的用法。由于信用概念本身的含混，人们难免会词不达意。在界定信用概念时，不应去适应错误的表达，而是要对其进行纠偏。

从一个广义的角度，对信用作如下定义：信用是订约主体的履约确定性。这一简约的定义，抓住了信用的本质，能够贯通各学科的信用研究，同时也具有十分丰富的内涵。

9.2 信用的作用机制

信用是人类社会存在和发展的最基本要素之一。近代著名哲学家、经济学家休谟认为，人类社会要得以维持，必须遵守三条基本自然法则，即“稳定财物占有的法则，根据同意转移所有物的法则，履行许诺的法则”①。如果这三条基本法则中的任意一条受到破坏，人类社会的和平与安全就会受到威胁。履行许诺的法则，可理解为信用法则。

信用对社会是如此重要，社会自然会演化出一系列与信用相关的行为和规则，我们称之为信用制度。信用制度保障“履行许诺的法则”不受到破坏。在具体的交易活动中，尽可能促进“订约—履约”过程的顺利完成。市场主体的信用的高低，主要和两个因素有关：一是履行交易合同的能力（信用能力），二是履行交易合同的意愿（信用意愿）。只有在市场主体既具备信用能力，又具备信用意愿时，交易才能完成。围绕信用能力和信用意愿，市场中存在着诸多与信用有关的机制，如图 9-1 所示。

---

① 休谟．人性论［M］．关文运，译．北京：商务印书馆，1980：566.

图 9–1　信用贯穿于交易活动全过程

信用贯穿于交易活动的全过程。从需求产生到订立交易合同，再到履行合同和信息反馈，在每一个环节都会涉及信用制度。在交易合同订立之前，市场主体需要搜寻或显示信息，判断交易对手的信用或展示自己的信用。合同订立后，双方会跟踪交易对手的信息，监测信用水平的变化。合同履行之后，交易信息反馈到各方，对交易结果进行记录和保存。

任意一个交易合同，其主体至少有甲、乙两方。双方的权利和义务具有对称性。甲方享有一定的权利的同时，需要向乙方履行合同规定的义务条款。同时，乙方在享受某种权利时，也需要向甲方履行合同规定的义务条款。这种对称性体现了交易的公平和互惠。为了讨论的方便，我们考察甲方先享受权利再履行义务，乙方先履行义务再享受权利这样一种交易情形。① 假设 A 先生（甲方）由于投资需要，向 B 银行（乙方）申请贷款。双方签订借款合同，A 先生向 B 银行借款 50 万元，年利率为 10%，两年后 A 先生向 B 银行一次性还本付息 60 万元。

（一）订约之前阶段

在订立借款合同之前，A 先生的目标是获得 50 万元资金。A 先生要满足自己的这种需要，必须搜寻一个交易对手 B 银行。在 B 银行面前，A 先生提出贷款请求——先享受权利，再履行义务，并且保证履行义务。此时，A 先生的任务是展示自己的信用。对 B 银行而言，是先履行义务再行使权利，B 银行贷出去的 50 万元能够到期收回，是 B 银行关注的核心问题。所以，B 银行会判断 A 先生按借款合同履行还款义务的确定性——A 先生的信用。简言之，双方的任务是：A 先生显示信用，B 银行甄别和评价信用。

对 A 先生而言，其任务是发出信号，表明自己愿意履行义务并具备相应的实力，具有良好的信用，以便获得 B 银行的认同。所以，A 先生提供各种信息来显示自己具有还本付息的能力和意愿。为了显示自己的信用能力，A 先生常常会考虑以下几种方法。

①提供资料，证明自己具备直接还本付息的能力，比如会计报表、收入证明、交易合同、第三方平台付款等；

②提供足额的抵押物品，确保还款；

③提供第三方担保，增强自己的还款能力；

④购买保险，使自身在风险损失面前依旧具备还款能力；

⑤提供自己家庭背景和社会关系信息，从侧面反映自己具备的身份、地位和能力；

⑥主动提高自己的违约责任（如缴纳滞纳金），证明对自身履约能力具有充分的信心。

① 交易合同订立后，无论是先履行义务再享受权利，还是先享受权利再履行义务，都存在是否按照合同约定按时履行义务这一问题．可能一方履约、一方爽约，也可能双方都爽约．当有爽约行为发生的时候，就出现交易纠纷，需要依靠各种制度来保障各方的权益．

A 显示自己的信用意愿，常用的方法有如下几种。

①提供不可撤销的足额的抵押、担保，提供人质等；

②誓言和诅咒，通过违约诅咒来显示自己的履约意愿；

③展示他人（特别是名人）对自己的评价；

④显示自己的历史借贷记录。

在显示自己履约能力和履约意愿的过程中，A 先生具有主动性，有相对的信息优势。此时，A 先生的行为可能有选择性——扬长避短，隐藏那些对自己不利的信息。对 B 银行而言，必须对 A 先生所提供的信息抱谨慎的态度，认真判断 A 先生提供信息的真实性和完整性，如图 9-2 所示。

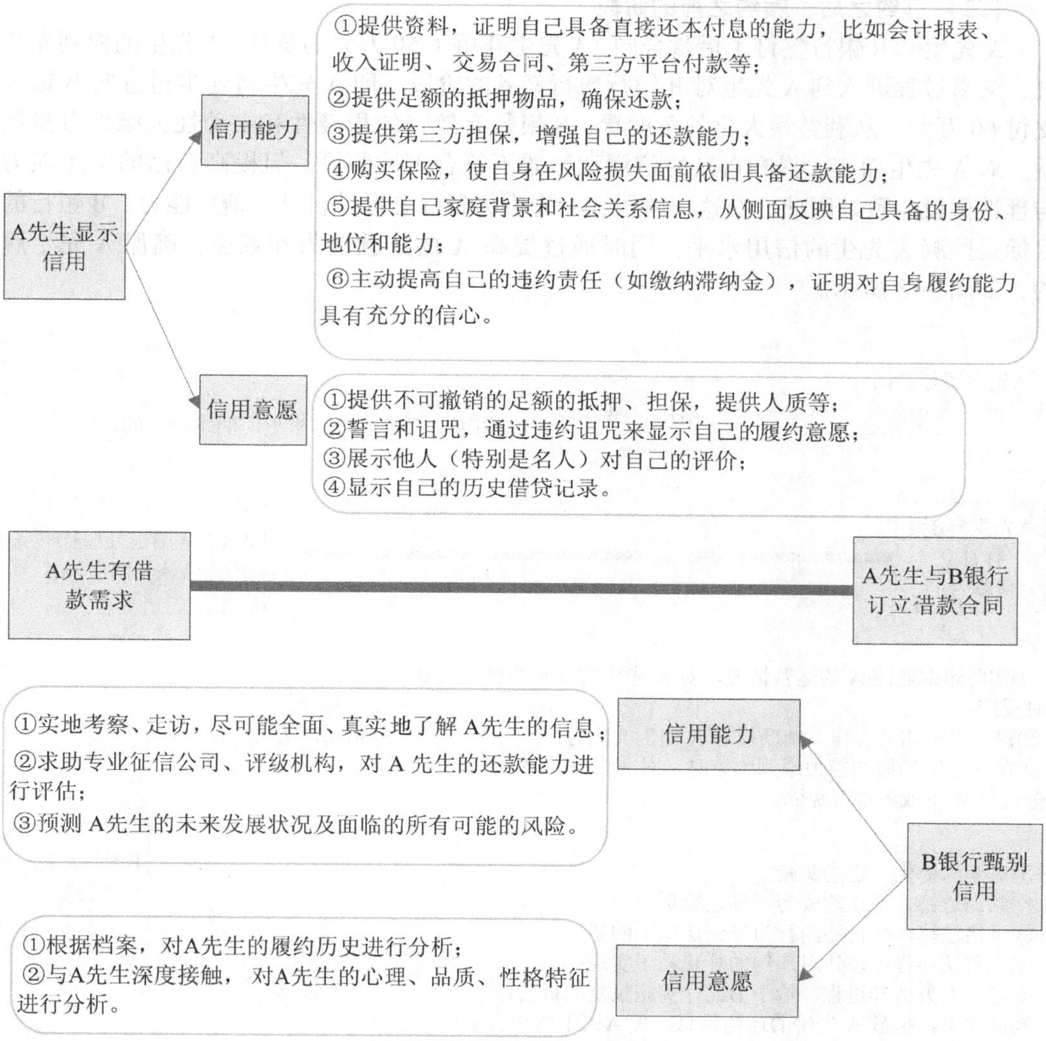

图 9-2　订立交易合同前的信用机制

判断 A 先生的还款能力，B 银行的行为选择有以下几种。

①实地考察、走访，尽可能全面、真实地了解 A 先生的信息；

②求助专业征信公司、评级机构，对A先生的还款能力进行评估；

③预测A先生的未来发展状况及面临的所有可能的风险。

B银行对A先生的履约意愿的考察，可能的行为有：

①根据档案，对A先生的履约历史进行分析；

②与A先生深度接触，对A先生的心理、品质、性格特征进行分析。

B银行对A先生的还款能力和意愿进行甄别后，认可了A先生面对50万贷款时的信用水平。于是，A先生、B银行双方订立借款合同。合同确认双方的权利与义务。（注：交易合同可能是书面的、电子式的或口头的，只要权利与义务关系得以建立，双方都应该去履行。）

（二）订约之后、履约之前的阶段

A先生和B银行签订了借款合同，A先生获得了50万元的贷款。A先生的权利先实现，交易过程进入到A先生对B银行履行义务的阶段。即A先生将连本付息向B银行支付60万元。从利益最大化的角度看，B银行有较强的积极性和主动性去维护自身利益。对A先生而言，提高自己的信用意愿并不符合理性假设，但提高自己的信用能力与理性假设一致。因此，在这一阶段，A先生的目标是提升自己的信用能力，B银行的目标是监测A先生的信用水平，同时通过提高A的还款能力和意愿，确保A先生履约，如图9-3所示。

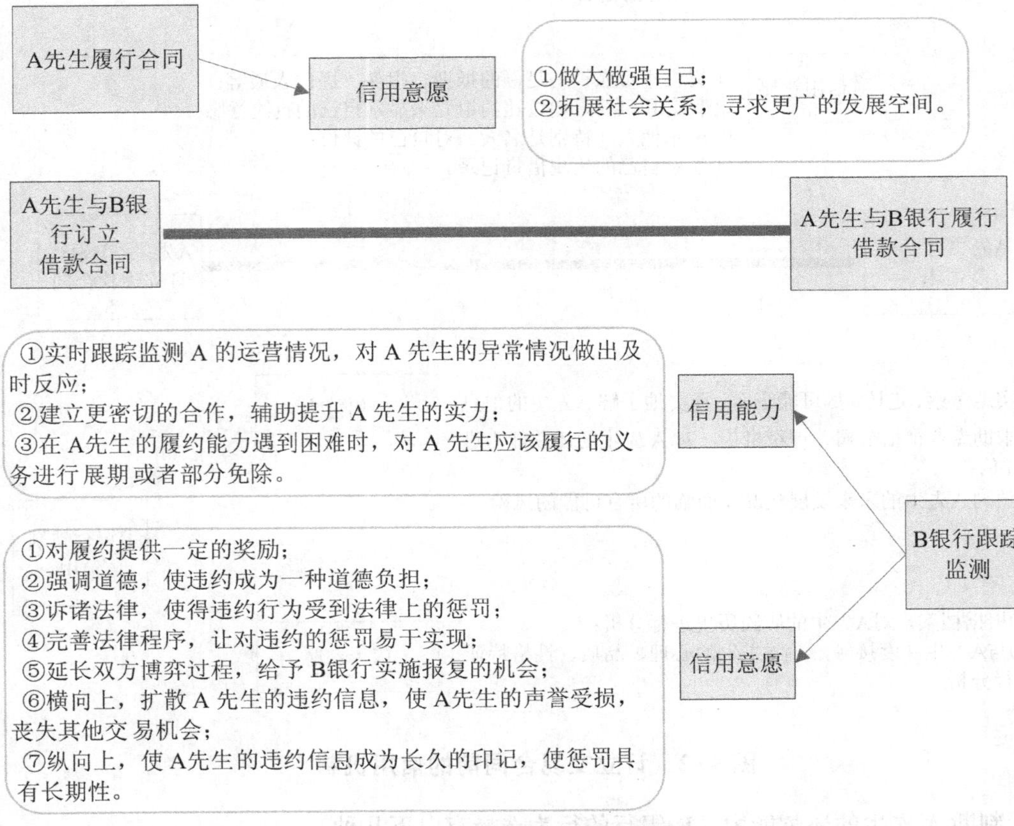

图9-3　订约之后、履约之前阶段的信用机制

A 银行自身的行为选择是提高自身信用能力，具体措施有以下几种。

①做大做强自己；

②拓展社会关系，寻求更广的发展空间。

提高 A 的履约能力符合 B 银行自身的利益。B 银行的行为选择有以下几种。

①实时跟踪监测 A 先生的运营情况，对 A 先生的异常情况做出及时反应；

②建立更密切的合作，辅助提升 A 先生的实力；

③在 A 先生的履约能力遇到困难时，对 A 先生应该履行的义务进行展期或者部分免除。

在履约意愿方面，对 A 先生而言，如果违约没有成本，A 先生的意愿可能是违约。B 银行的目标是利用理性法则，提升 A 先生的履约意愿。因此，B 银行的选择主要在两个方面：一是为 A 先生履约提供额外收益，二是增加 A 先生违约的成本。具体而言，B 银行的方法有以下几种。

①对履约提供一定的奖励；

②强调道德，使违约成为一种道德负担；

③诉诸法律，使得违约行为受到法律上的惩罚；

④完善法律程序，让对违约的惩罚易于实现；

⑤延长双方博弈过程，给予 B 银行实施报复的机会；

⑥横向上，扩散 A 先生的违约信息，使 A 先生的声誉受损，丧失其他交易机会；

⑦纵向上，使 A 先生的违约信息成为长久的印记，使惩罚具有长期性。

巨大的违约成本的存在，使得履约成为 A 先生的理性选择，从而 A 先生具有强有力的履约意愿。强有力的履约意愿不代表 A 先生就一定会履约。当 A 先生不具备履约能力时，违约行为依然发生。

（三）履约期限之后

交易合同到期，无论 A 先生是否向 B 银行支付了本息，A 先生和 B 银行双方都对这次交易进行记录和归档。A 先生履行了合同义务，他的信用历史记录中新增一笔成功的交易。若 A 先生没有履行合同义务，B 银行的利益受损，B 银行启动相关的惩罚机制，A 先生的信用历史记录中也得以记录这次交易。当 A 先生和 B 银行对对方提供的服务进行评价，同时交易结果被计入信用档案后，整个交易过程才完全结束，如图9–4所示。

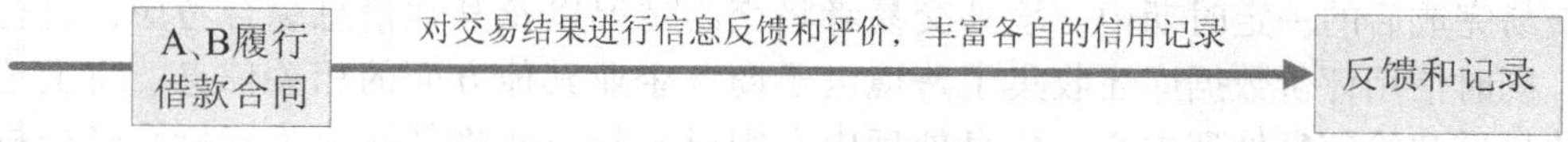

图 9–4 履约之后的信用机制

在交易过程的每一个环节中，A 先生和 B 银行都有各种各样与信用有关的活动，这些信用活动为交易的顺利进行提供保障。然而，信用活动所涉及的方式和手段的运用，都有一定的成本。不同的方式和手段，成本不同。同一种方式和手段，在不同的信息环境中，成本也不同。无论是 A 先生还是 B 银行，当其进行信用活动的成本超过交易合同本身带来的利益时，交易就不会发生。

9.3 跨境电子商务信用评价

信用问题是影响我国跨境电商快速健康发展的一个重要因素，一般而言，跨境电子商务信用评价是电子商务信用评价的进一步延伸，单独对跨境电子商务信用做分析研究的文献很少，为了得到有效借鉴，将范围延伸到跨境电子商务信用评价的相关领域。随着跨境电商发展的交易信用问题日益突出，过渡到跨境电商信用评价的理论分析和信用评价体系的构建研究，只有形成“诚信为本”的跨境电商环境，才能促进我国跨境电商的健康有序快速发展。在理论上可以通过交易成本理论、博弈论和风险管理理论的分析，为交易信用评价指标的选取提供理论依据。同时也可以结合现实依据，为跨境电子商务交易信用体系设置一套完整的指标，运用层次分析法、模糊综合评价法，结合使用定性分析与定量分析，构建跨境电子商务交易信用评价模型。需要在跨境电子商务流程下，构建跨境电子商务应用状况评价指标体系，针对跨境电子商务发展过程中每一个环节进行有效的评估，全面分析跨境电子商务的可行性，为其发展提供保障。可基于大数据征信构建跨境电商信用评价指标体系，运用与大数据相匹配的指标赋权方法——模糊层次分析法为各指标赋予权重，并在此基础上构建与大数据相匹配的信用评价模型，结合先进机器学习工具进行训练和预测，从而最终可以在互联网界面准确、实时传输评价结果，构建出完整、动态的跨境电商信用评价体系。

跨境电商出口贸易是未来我国生产企业的重要出口模式，信用体系构建的滞后性是跨境电商出口贸易可持续性发展的重要瓶颈，与跨境电商出口贸易相关的信用体系的构建应从立法、信用评价方法、监管三个方面着手进行。运用大数据技术构建完整、动态的信用评价体系，将成为跨境电子商务健康发展的突破口，能够降低贸易风险，提高贸易效率，解决信息不对称问题所导致的诸多不确定性，并利用模糊层次分析法构建信用评价模型进行实证分析。

9.4 跨境电子商务信用评价指标构成和模型

信用评价体系是指由一系列与风险评价相关的评价制度、评价指标体系、评价方法以及评价标准等形成的有机整体，包括信用评价的要素、指标、等级、标准、方法和权重六方面。具体到跨境电子商务中，信用评价体系是指在管理平台的监督管理下，在交易完成后的一定时期内，境外交易者将交易情况以及其他信息综合考虑，进行评价，同时信用评价数据库还收集了跨境电子商务企业其他方面的相关信息，将上述所有信息反馈给信息处理中心。信息处理中心则以某种方式将其转化为指标，经分析处理换算为企业（卖方）的信用综合得分，用该得分来反映信用状况，并为其他境外用户的交易提供参考依据。

9.4.1 跨境电子商务信用评价指标构成

（一）大数据背景下的跨境电子商务信用评价指标构成

中国互联网商务金融研究院院长张云起及其团队在开发信联网商务信用体系的研究中，以三个维度构建大数据征信采集结构：第三方数据、电商平台交易数据、网络轨迹数据。本报告认为，这三个维度不仅覆盖面广，而且既有静态数据又有动态数据，既有传统数据又有非传统数据，符合对跨境电商信用数据采集的要求。因此，跨境电商信用评价指标体系将以三个维度为准则，并结合文献、理论以及跨境电商实际状况，对每一准则下的具体指标进行分析和提炼。

1. 第三方数据下的指标

第三方数据主要来自工商、质检、税务等政府职能部门以及银行等金融机构和跨境电商所在的网络平台，一般是静态、传统数据。第三方数据往往是公开的或者是通过合作交换得到的。从政府职能部门公开的信息可以得到跨境电商的资质认证指标。根据2012年商务部电子商务和信息化司发布的《电子商务企业资质认证标准》（征求意见稿），资质认证指标具体包括工商注册信息、纳税信息、域名注册信息等。通过第三方以及企业内部信息可以获得财务指标，这是最经典的指标，在信用评价方面具有很强的说服力。周子元提出，影响企业信用的主要因素是涉及公司财务的资产规模、赢利水平、经营能力、偿债能力等，准确评估信用的前提是具备完善而精确的财务数据，因此应在信用评价体系中提高财务指标的比重。跨境电商企业在与银行或网络借贷公司进行借贷时产生的金融服务记录同样是衡量信用的重要指标，包括企业在银行的信用等级、抵押担保情况、违约记录等。

此外，跨境电商与普通电商的重要区别在于商务活动是否涉及出关。根据跨境电商服务流程的特殊性，应当添加一些有针对性的指标，如通关记录等。杨坚争等在较大规模问卷调查基础上，应用主成分分析法归纳出了五个对跨境电商发展具有重要影响的指标，其中之一就是电子通关指标，并细分为电子报关、货物查验、税费征收三个具体指标。

2. 电商平台交易数据下的指标

跨境电商交易数据多是动态传统数据，可运用大数据技术进行实时更新和监测。产品质量和服务质量是电商企业信用评价常用的指标，其中与产品质量相关的指标包括产品与描述是否相符、产品合格率、退货率等，与服务质量相关的指标包括卖家态度、物流速度、保险服务情况等。用户交易之后会在电商平台上对产品和服务质量进行评价，其评价结果对所有浏览者可视。从交易成本理论角度思考，由于境外顾客与跨境电商之间存在严重的信息不对称，为做出正确的购买决策，境外顾客需要付出昂贵的交易成本，包括搜寻成本、信息成本、决策成本、违约成本等。老顾客对已达成交易的评价积累，如好评率等，会明显降低新顾客的交易成本，新顾客对跨境电商信用的初始判断在很大程度上受此影响。

一般而言，企业的守信行为会促进交易的达成。反过来，交易规模大代表用户认可度或忠诚度高，说明企业具有良好的信用。交易规模表现在很多方面，如累积交易额、交易成功率、新顾客增长率、老顾客回头率等。此外，对跨境电商交易活动而言，因双方处于不同国家，纷杂的不确定性因素直接或间接影响交易安全，如信息安全、支付安全等，而用户信息遭到泄露、跨境支付存在安全漏洞等都会引发信用风险。

3. 网络轨迹数据下的指标

目前，社交网络已经成为用户覆盖面最广、传播影响最大、商业价值最高的Web3.0业务，是一种能够实现价值均衡分配的互联网方式。社交平台数据多是动态非传统数据，涉及大量传统上无法处理的非结构化、半结构化信息。

首先，社交网络往往是顾客表达自我情绪的平台，必然存在对跨境电商的情绪表达，基于大数据手段，对相关文本、图像（包括表情）、音频、视频等进行搜寻和分析，将之放入某种数据分析模型计算用户满意度，所得到的结果将更真实、更有效。

其次，社交网络的灵魂是共享，信息传播速度快，甚至是病毒式传播，对跨境电商的正面信息分享实际上是顾客无意识进行的营销推广活动。因此，可将顾客主动分享作为信用评价的指标之一，正面分享越具有广度和深度，表示企业信用越高，具体指标包括转发频率、分享链接数目、建立专题群组等。

再次，有学者从企业家信用与企业信用相互关系角度论证了企业家信用对企业组织整体信用的决定性作用，因此应将跨境电商管理者的个人信用纳入指标体系，并运用大数据挖掘管理人员关系数据和行为数据，以此客观呈现个人信用状况。阿里巴巴旗下的芝麻信用管理有限公司推出的芝麻信用，就是运用大数据及云计算技术挖掘用户身份特质、行为偏好、人脉关系、信用历史、履约能力等信息以对个人进行征信。

最后，公众号影响力也是判断跨境电商信用的一个指标。当前，在社交平台上建立企业公众号成为营销的新常态，公众号的影响力体现在两个方面：一是粉丝数目或关注人数多，说明影响面广，其中尤其是境外人员的关注人数；二是粉丝在线参与度高，说明影响程度深。

综合以上分析，基于大数据构建跨境电商信用评价指标体系，如图 9-5 和表 9-1 所示①。

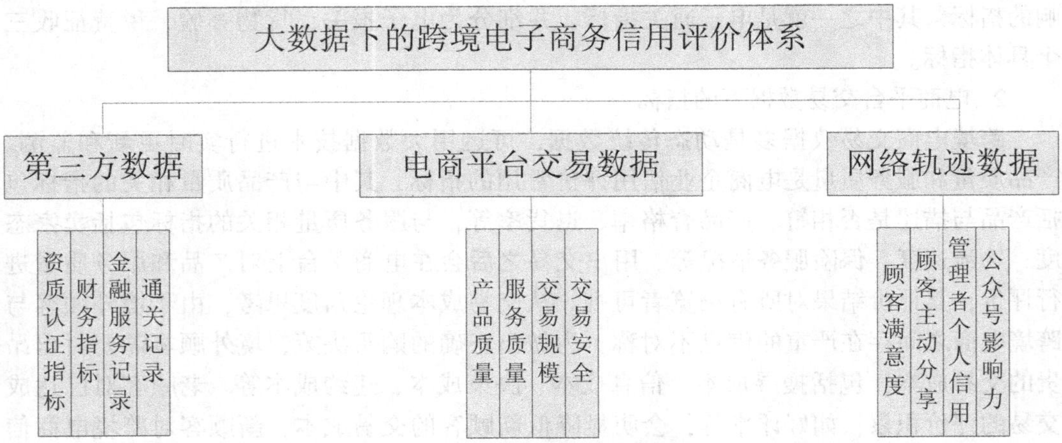

图 9-5　大数据下跨境电子商务信用评价指标体系框架

① 刘章发. 大数据背景下跨境电子商务信用评价体系构建［J］. 中国流通经济，2016.

表 9–1 大数据下跨境电子商务信用评价的具体指标

指标层	子指标层	指标层	子指标层
资质认证指标	工商注册信息	交易规模	累计交易额
	纳税信息		交易成功率
	域名注册信息		新顾客增长率
	……		老顾客回头率
财务指标	资产规模		……
	赢利能力	交易安全	信息安全
	经营能力		支付安全
	偿债能力		……
	……	顾客满意度	文本信息
金融服务记录	银行信用等级		图像信息
	抵押担保情况		音频信息
	违约情况记录		视频信息
	……		……
通关记录	电子报关	顾客主动分享	转发频率
	货物查验		分享链接数目
	税费征收		建立专题群组
	……		……
产品质量	产品与描述是否相符	管理者个人信用	身份特质
	产品合格率		行为偏好
	退货率		信用历史
	……		履约能力
服务质量	卖家态度		……
	物流速度	公众号影响力	粉丝数目
	保险服务质量		粉丝活跃度
	……		……

（二）跨境电子商务信用评价指标构成

从定性和定量两个角度来考虑跨境电子商务信用评价指标构成，定量方面选取的指标是财务信息指标，而在定性指标方面，选取的则是跨境经营情况信息、以往信用状况信息以及跨境动态信用信息这三个大类指标。

1. 财务信息

财务信息指标可以分为四个子指标，分别是获利能力、运营能力、偿债能力和发展能力。

其一，获利能力是指企业在一定时间内获取利润的能力，是其综合成果的体现，并关系着企业能否按时偿还当期的本金和利息，与企业信用密切相关。体现获利能力的细分指标有销售利润率、成本费用利润率、总资产报酬率和净资产收益率。

其二，运营能力主要是体现企业资产转换的能力，表明企业在各项经济活动中对资产的利用效率以及资产周转速度，能较好地衡量企业的生产能力和活力。同样，运营能力也可以细分为总资产周转率、流动资产周转率、存货周转率和应收账款周转率这四个小指标。

其三，偿债能力表明企业债务的偿还能力，通过该指标可以反映企业整体的信贷和融资能力，也是企业能否健康持续发展的关键因素，会对企业的信用产生重要影响。细分指标为资产负债率、流动比率、速动比率和利息保障倍数。

其四，发展能力是衡量企业未来成长性的指标，一般而言，发展能力越强，企业的信用也会更好。该指标也可细分为销售收入增长率、总资产增长率和营业利润增长率。

2. 跨境经营情况信息

经营情况信息主要是从企业的基础信息以及企业内外部情况来对跨境电子商务企业的信用做出相关评估，将其细分可以得到企业基础情况、内部管理状况和同行业跨境市场状况。

跨境电子商务企业基础情况主要涵盖了基本信息和企业规模。前者包括企业的营业执照编号、注册资本、组织形式、经营范围和场所、联系方式、从事跨境电子商务年限、跨境电子商务网站备案信息等多个指标，从合法合规的角度来评价该企业当前的基本情况。后者则主要包括资产总额、跨境交易的年销售额、从事跨境业务的员工数等，主要反映企业从事跨境业务的实力。

跨境电子商务企业内部管理情况主要体现在企业治理和企业成长能力两方面。企业治理由组织结构、企业文化、关于跨境电子贸易的制度及员工文化素质等指标构成，而成长能力则由企业战略规划、行业发展前景、政府对跨境电商的支持力度等指标构成。这些指标在一定程度上体现出跨境电子商务企业的信用。

跨境电子商务外部市场状况主要针对的是同行业中的跨境交易市场，表现在向境外出售的产品、产品的创新力度以及对应的服务上。从境外消费者的角度来说，这两方面也是体现一个企业信誉和信用的关键。

3. 跨境交易动态信用状况

跨境交易动态信用状况主要分为跨境交易信息指标、跨境服务质量指标和跨境交易安全指标。

跨境交易信息指标是指在交易过程中的产品、合同和交易基本信息，包含产品种类、认证、价格及数量，合同金额，违约条款，交易方式、频率、成功率、累计金额，新客户增长率及老客户回头率等因素。这些因素以动态的方式呈现出企业跨境交易的情况，有利于及时发现交易信用问题。

跨境服务质量指标是在交易过程中卖方企业向买方提供的各种服务，线上服务包括网站沟通情况、投诉处理情况等，线下服务包括物流和保险服务情况等。具体而言，可以细分为答复客户的时间、使用的语言、订单处理时间、订单履行情况、投诉次数、投诉处理时间、投诉处理结果、物流公司的选择和配送的方式、订单的物流追踪情况、跨境保险服务提供商、退换货补偿措施和损坏损失赔偿方法等多项指标，用以反映跨境电子商务企业在服务中体现的信用。

跨境交易安全指标涉及信息安全和支付安全两方面信息。体现信息安全的指标有跨境交易平台的信息安全、针对用户隐私政策以及用户信息泄露情况，而支付安全指标则有支付技术方式、跨境支付服务提供商以及支付的技术支持等。交易安全程度越高，跨境电子商务企业的信用也越高。

4. 跨境电子商务信用状况

跨境电子商务企业以往的信用状况信息主要是由相关的政府机关部门、社会相关机构的记录来体现的。这些信用信息的提供者涉及了人民法院、检验检疫局、工商局、税务局、海关以及一些公共事业单位、社会保障机构、银行和第三方商业评级机构，通过在这些单位和部门的相关记录，可以提炼出准确的信息用于信用评价。

针对上文选取的跨境电子商务信用评价指标体系的构建如图 9-6 所示①。

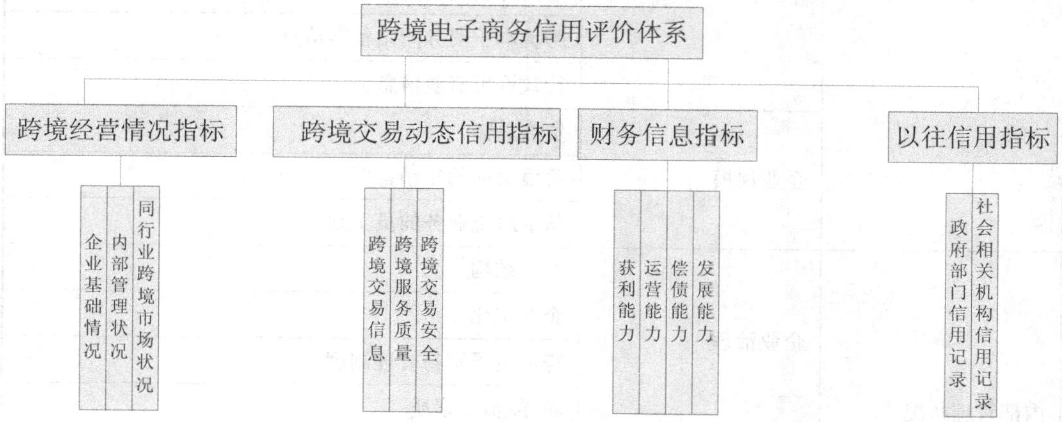

图 9-6　跨境电子商务信用评价指标体系框架

按照图 9-6 的信用评价指标体系，结合具体选取的指标，将得到以下四方面的指标体系。

1. 跨境经营情况指标，构成体系见表 9-2。

① 叶悦青．跨境电子商务信用评价体系构建研究［D］．浙江大学，2015.

表 9-2　跨境经营情况指标体系

一级指标	二级指标	三级指标
企业基础情况	基本信息	营业执照注册号 组织形式
		经营范围
		经营场所
		注册资本
		企业联系方式
		注册日期
		经营跨境电子商务年限
		跨境电子商务网站备案信息
		行政许可资质信息
	企业规模	资产总额
		跨境交易的年销售额
		从事跨境业务的员工数
内部管理状况	企业治理	组织结构
		企业文化
		跨境电子贸易管理制度
		领导/员工素质
	企业成长能力	战略规划及实施情况
		行业发展前景
		政策对跨境电商的支持力度
同行业跨境市场状况	跨境产品	跨境贸易产品价格
		跨境贸易产品质量
		跨境贸易产品创新投入
		跨境产品销往的国家地区
	跨境服务	售前/售后服务
		跨境网络服务营销能力

2. 跨境交易动态信用指标，构成体系见表 9–3。

表 9–3　跨境交易动态信用指标体系

一级指标	二级指标	三级指标
跨境交易信息	跨境产品信息	产品种类
		产品价格及数量
		产品认证
	跨境交易合同信息	合同金额
		合同违约条款
	跨境交易基本信息	跨境交易方式
		跨境交易频率
		跨境交易成功率
		累计跨境交易金额
		境外新客户增长率
		境外老客户回头率
跨境服务质量	线上沟通情况	使用的语言
		订单处理时间
		订单履行情况
	线上投诉情况	投诉次数
		投诉处理时间
		投诉处理结果
	跨境物流服务信息	物流公司
		物流配送方式
		订单物流追踪情况
	跨境保险服务信息	跨境保险服务供应商
		退换货补偿措施
		损坏损失赔偿方法
跨境交易安全	跨境交易信息安全	跨境交易平台信息注册
		跨境交易平台信息认证
		用户信息册泄露情况
		用户隐私政策
	跨境交易支付安全	支付方式
		跨境支付服务提供商
		跨境支付技术支持

3. 财务信息指标，构成体系见表 9–4。

表 9–4　财务信息指标体系

一级指标	二级指标
获利能力	销售利润率
	成本费用利润率
	总资产报酬率
	净资产收益率
运营能力	总资产周转率
	流动资产周转率
	存货周转率
	应收账款周转率
偿债能力	资产负债率
	流动比率
	速动比率
	利息保障倍数
发展能力	销售收入增长率
	总资产增长率

4. 以往信用指标，构成体系见表 9–5。

表 9–5　以往信用指标体系

一级指标	二级指标	三级指标
政府部门信用记录	法院记录情况	企业组织机构代码
		企业管理者涉案情况
		企业管理者诉讼地位
		判决结果
	质检信用指标	跨境产品质量检查结果
		处罚记录
		质检信用等级
	工商信用指标	经营异常信息
		处罚记录
	海关信用指标	工商年检结果
		工商信用等级

续表

一级指标	二级指标	三级指标
政府部门信用记录	税务信用指标	处罚记录
		海关信用等级
		偷税、漏税、欠税记录
		税务信用等级
社会相关机构信用记录	公共事业单位记录情况	电费欠费记录
		水费欠费记录
		电信欠费记录
		其他欠费记录
	社会保障记录情况	企业员工社保情况记录
		拖欠员工薪酬情况
	银行记录情况	企业/管理者违约情况记录
		企业/管理者抵押担保情况记录
		企业/管理者银行信用等级
	第三方商业机构记录情况	信用评级机构
		信用评级时间
		信用评级结果

9.4.2　跨境电子商务信用评价模型

信用评价模型（方法）很多，本文只分析几种目前正处在研究前沿位置的模型。这些评价模型要与跨境电商的实际情况相符。跨境电商由于涉及不同的国家，交易流程多，交易时间长，海外顾客购买心理和行为不确定性高，既增加了与信用有关的数据的容量和异质性，也提高了数据收集的难度，使我们的指标数据具有大容量、含噪音、异质程度高等特点，评价模型只有更好地匹配这些数据特征才能更有效。

目前，信用评价方面比较前沿的方法包括模糊综合评价法、盲数评价法、支持向量机、神经网络等，其中后面两种是机器学习工具。这里结合前面的分析，对上述四种方法进行简单比较，比较结果如表 9–6 所示。

表 9–6　各种信用评价模型的比较

	理论基础	优点	缺点	适用范围
模糊综合评价法	模糊数学	具有对多层次复杂问题评估的优越性	受人的主观性影响较大	评价对象的模糊现象大量存在，评价对象结构复杂、层次较多
		结果是矢量，所包含信息丰富	指标集过大时可能出现超模糊现象	

续表

	理论基础	优点	缺点	适用范围
盲数评价法	概率统计、未确知数学、模糊数学、灰色数学	符合客观上信息所具有的多种不确定性	处理模糊性信息能力不足	评价对象是多元的且具有多种不确定性（灰性、模糊性、随机性、未确知性）
		通过扩大信息识别范围提高结果的准确性	运算阶数显著增加，计算量增加过快	
支持向量机	统计学习理论	训练样本可少量	处理大规模数据时运行速度慢	评价对象只有有限的训练样本
		可解决高维问题	对缺失数据敏感	
神经网络	神经系统的学习规则	自学习、自适应能力强	收敛速度较慢	评价对象具有模糊、残缺、不确定性
		有较强的鲁棒性	当评估级次太多时，很可能会出现过拟合	
		并行分布处理能力强		

第四篇 方案篇

DI-SI PIAN FANGAN PIAN

自2015年3月7日，国务院同意设立首个中国（杭州）跨境电子商务综合试验区后，2016年1月15日，国务院印发《国务院关于同意在天津等12个城市设立跨境电子商务综合试验区的批复》（以下简称“《批复》”），同意在天津市、上海市、重庆市、合肥市、郑州市、广州市、成都市、大连市、宁波市、青岛市、深圳市、苏州市12个城市设立跨境电子商务综合试验区（简称“综合试验区”）。赋予这些城市先行先试的政策优势，大力支持综合试验区大胆探索、创新发展。

《批复》要求12个综合试验区按照“四个全面”战略布局要求，牢固树立并贯彻落实创新、协调、绿色、开放、共享的发展理念，以深化改革、扩大开放为动力，借鉴中国（杭州）跨境电子商务综合试验区建设“六大体系”“两个平台”的经验和做法，因地制宜，突出本地特色和优势，着力在跨境电子商务企业对企业（B2B）方式相关环节的技术标准、业务流程、监管模式和信息化建设等方面先行先试，为推动全国跨境电子商务健康发展创造更多可复制推广的经验，以更加便捷高效的新模式释放市场活力，吸引大中小企业集聚，促进新业态成长，推动大众创业万众创新，增加就业，支撑外贸优进优出、升级发展。呈现出跨境电子商务的新技术、新产业、新业态、新模式。

中国跨境电子商务各试验区的建设各具特色（张莉，2016），如天津拟吸引大型电子商务企业和快递企业落户天津，构建“内外衔接”“线上线下”协同的发展格局。大连将创建“跨境电商+旅游采购贸易+保税电商体验+保税展示展销”四位一体的运营模式，按照线上线下结合、导购平台与展销中心联动的方式运作，利用“互联网+”模式对传统国际贸易和传统产业进行升级改造。重庆将着力在跨境电子商务以B2B方式在相关环节先行先试，培育跨境电商市场主体，以跨境电子商务推动传统外贸企业发展。合肥将以快件、邮件为物流支撑，实现对美国、日本、法国、韩国、英国、俄罗斯等10个主要跨境出口国家和地区的国际邮件总包直封。郑州将开展“三个创新”，即制度创新、管理创新、服务创新，建设“三个平台”，即“单一窗口”综合服务平台、综合园区平台、人才培养和企业孵化平台，建立“七个体系”，即跨境电子商务信息共享体系、金融服务体系、智能物流体系、信用管理体系、质量安全体系、统计监测体系、风险防控体系。广州将重点做好七个方面工作，包括创新监管体系、建设跨境电商产业园区、完善提升跨境电商公共服务平台、建立跨境电商产业链促进机制、建立线上线下融合机制、建立跨境电商促进外贸转型升级机制和发展一批“海外仓”等。成都拟形成“一都一府三中心”的跨境电子商务发展格局。深圳将加强“法规、标准、公共服务”的可信交易环境建设。宁波将依托国际深水良港形成的开放、完善的集疏运体系和坚实的外贸产业基础，发展大产业、打造大物流、拓展大市场，形成跨境电商“一盘棋”发展格局。青岛将构建“国际贸易信息流引领发展、监管服务窗口一体化、区域合作协同发展”三大机制。苏州将着力在跨境电子商务B2B相关环节的技术标准、业务流程、监管模式和信息化建设等方面先行先试。上海将把跨境电商公共服务平台建设成为“单一窗口”平台，为进出口电商和支付、物流、仓储等企业提供数据交换服务，为海关、检验检疫局、税务、外管等部门提供信息共享平台，实现“一次申报、一次查验、一次放行”，建立公平、开放、透明、高效的对接服务机制。

未来，这13个跨境电商试验区将创造更多可复制推广的经验，引领中国跨境电商做大做强，使跨境电商成为未来中国外贸发展的新优势和主引擎。为中国经济发展和外贸转型升级提供助力：力争到2020年，中国跨境电子商务占进出口贸易的比重达到30%，基本形成一套适应跨境电子商务发展的管理制度和支撑体系。

第十章　中国（杭州）跨境电子商务综合试验区实施方案

DI-SHI ZHANG ZHONGGUO（HANGZHOU）KUAJING DIANZI SHANGWU ZONGHE SHIYANQU SHISHI FANGAN

（杭政办函〔2015〕178号，2015年12月30日）

建设“中国（杭州）跨境电子商务综合试验区”，是新形势下贯彻落实党的十八大和十八届三中、四中全会精神，顺应全球化发展趋势、加快政府职能转变、构建开放型经济新体制的重大举措，是通过制度创新、管理创新、服务创新实现跨境电子商务自由化、便利化、规范化发展的综合改革试验。根据《国务院关于同意设立中国（杭州）跨境电子商务综合试验区的批复》（国函〔2015〕44号）文件精神，为全面有效推进综合试验区工作，特制定本实施方案。

一、总体要求

（一）指导思想

高举中国特色社会主义伟大旗帜，以邓小平理论、“三个代表”重要思想、科学发展观为指导，紧紧围绕国家发展战略，以深化改革、扩大开放为动力，通过制度创新、管理创新、服务创新和协同发展，破解跨境电子商务发展中的深层次矛盾和体制性难题，充分发挥市场主体作用，打造跨境电子商务完整的产业链和生态链，逐步形成一套适应和引领全球跨境电子商务发展的管理制度和规则，为推动全国跨境电子商务健康发展提供可复制、可推广的经验，把综合试验区建设成为我国经济转型升级的重要载体和深化改革开放的重要窗口，提升信息经济时代我国对外贸易的竞争力和话语权。

（二）基本原则

坚持先行先试、循序渐进。突出重点、大胆探索，着力在跨境电子商务交易、支付、物流、通关、退税、结汇等环节的技术标准、业务流程、监管模式和信息化建设等方面先行先试，同时加强对综合试验区试点成果的评估，循序渐进、适时调整、逐步推广、有力有序有效推动综合试验区建设发展。

坚持创新发展、有序规范。坚持在发展中规范、在规范中发展，通过制度创新、管理创新、服务创新，推动跨境电子商务自由化、便利化、规范化发展，为综合试验区各类市场主体公平参与市场竞争创造良好的营商环境。同时，控制好试点试验的风险，保障国家安全、网络安全、交易安全、进出口商品质量安全，有效防范交易风险。

坚持政府引导、企业为主体。正确处理政府与市场的关系，发挥市场在资源配置中的决定性作用，激发企业参与综合试验区建设的主体性、主动性和创造性；更好地发挥政府作用，有效引导社会资源，合理配置公共资源，通过优化监管服务、完善政策法规，为跨境电子商务发展创造良好环境。

坚持综合改革、协同发展。加强部门协同协作和相关政策衔接，推动监管与服务、线上与线下、政府与市场的有机融合。通过综合改革、集成创新，推动“关”“税”

“汇”“检”“商”“物”“融”① 一体化发展，形成适应跨境电子商务发展的监管服务模式和制度体系，打造跨境电子商务完整的产业链和生态链。

（三）发展目标

经过 3~5 年的改革试验，力争把综合试验区建成以“线上集成+跨境贸易+综合服务”为主要特征，以“物流通关渠道+“单一窗口”信息系统+金融增值服务”为核心竞争力，“关”“税”“汇”“检”“商”“物”“融”一体化，线上“单一窗口”平台和线下“综合园区”平台相结合，投资贸易便利、监管服务高效、法制环境规范的全国跨境电子商务创业创新中心、跨境电子商务服务中心和跨境电子商务大数据中心。

跨境电子商务创业创新中心：积极推进贸易方式创新和政府管理创新，吸引电子商务企业和个人到综合试验区创业创新、集聚发展，成为“互联网+”发展的新示范和大众创业、万众创新的新渠道。

跨境电子商务服务中心：通过建立完善的供应链综合服务体系，为跨境电子商务企业提供便捷高效的金融、物流、信用、人才、数据等综合服务，构建良好的跨境电子商务发展生态环境。

跨境电子商务大数据中心：通过汇聚海量的跨境电子商务数据，建立大数据应用平台，打造跨境电子商务大数据交换整合和研究利用中心，为跨境电子商务发展提供强大的大数据信息服务。

（四）实施范围

第一阶段为在综合试验区“单一窗口”平台登记备案的在杭州市注册的各类市场主体；第二阶段逐步拓展到在综合试验区“单一窗口”平台登记备案的杭州市外注册的各类市场主体。

二、主要建设任务

综合试验区主要任务是建立以信息为基础、以信用为核心、以技术为支撑的跨境电子商务新型监管服务模式，实现跨境电子商务自由化、便利化、规范化发展。其实现路径为：掌握信息数据→交易真实背景→电商信用体系→简化监管流程→优化综合服务。即通过构建信息共享体系、金融服务体系、智能物流体系、电商信用体系、统计监测体系和风险防控体系，以及线上“单一窗口”平台和线下“综合园区”平台等“六大体系”“两个平台”，实现跨境电子商务信息流、资金流、货物流“三流合一”，建立以真实交易为基础的电商信用评价体系，对企业或商品实施分类分级监管，简化优化监管流程，并依托大数据的分析运用，提供金融、物流等供应链综合服务。

（一）建立信息共享体系

统一信息标准规范、信息备案认证、信息管理服务，建立多位一体的跨境电子商务信息合作机制和共享平台，打通“关”“税”“汇”“检”“商”“物”“融”之间的信息壁垒，实现监管部门、地方政府、金融机构、电子商务企业、物流企业之间信息互联互通，为跨境电子商务信息流、资金流、货物流“三流合一”提供数据技术支撑。

---

① 关：海关．税：税务．汇：外汇．检：检验检疫．商：商务、工商．物：物流．融：金融．这些简称之后不再进行说明．

（二）建立金融服务体系

鼓励金融机构、第三方支付机构、第三方电子商务平台、外贸综合服务企业之间规范开展合作，利用跨境电子商务信息可查寻、可追溯的特点，为具有真实交易背景的跨境电子商务交易提供在线支付结算、在线融资、在线保险等完备便捷、风险可控的“一站式”金融服务。

（三）建立智能物流体系

运用云计算、物联网、大数据等技术，充分利用现有物流公共信息平台，构建互联互通的物流智能信息系统、衔接顺畅的物流仓储网络系统、优质高效的物流运营服务系统等，实现物流供应链全程可验可测可控，探索建立高品质、标准化、规范化的跨境电子商务物流运作流程，形成布局合理、层次分明、衔接顺畅、功能齐全的跨境物流分拨配送和运营服务体系。

（四）建立电商信用体系

综合多方信用基础数据，建立跨境电子商务信用数据库和信用评价系统、信用监管系统、信用负面清单系统等“一库三系统”，记录和积累跨境电子商务企业、平台企业、物流企业及其他综合服务企业基础数据，重点建立监管部门的信用认证体系和信用服务企业的信用评价体系，实现对电商信用的“分类监管、部门共享、有序公开”。

（五）建立统计监测体系

利用大数据、云计算技术，对各类平台商品交易、物流通关、金融支付等海量数据进行分析处理运用，建立跨境电子商务大数据中心，实现跨境电子商务数据的交换汇聚；发布“跨境电子商务指数”，建立健全跨境电子商务统计监测体系，完善跨境电子商务统计方法，为政府监管和企业经营提供决策咨询服务。

（六）建立风险防控体系

建立风险信息采集机制、风险评估分析机制、风险预警处置机制、风险复查完善机制，以流程节点风险防控为重点，开展跨境电子商务全流程的专业风险分析，有效防控综合试验区非真实贸易洗钱的经济风险，数据存储、支付交易、网络安全的技术风险，以及产品安全、贸易摩擦、主体信用的交易风险，为政府监管提供有效的技术支撑、决策辅助和服务保障。

（七）建立线上“单一窗口”平台

“单一窗口”平台坚持“一点接入”原则，建立数据标准和认证体系，与海关、检验检疫局、税务、外汇管理、商务、工商、邮政等政府部门进行数据交换和互联互通，实现政府管理部门之间“信息互换、监管互认、执法互助”，实现通关全程无纸化，提高通关效率，降低通关成本。同时，通过链接金融、物流、电商平台、外贸综合服务企业等，为跨境电子商务企业和个人提供物流、金融等供应链商务服务。

（八）建立线下“综合园区”平台

采取“一区多园”的布局方式，建设综合试验区线下“综合园区”平台，通过集聚电商平台企业、外贸综合服务企业、电商专业人才、电商专业服务等，提供通关、物流、金融、人才等“一站式”综合服务，有效承接线上“单一窗口”平台功能，优化配套服务，促进跨境电子商务线上平台和线下园区的联动发展，打造跨境电子商务完整的产业链和生态链。选择杭州（下沙）出口加工区、杭州（下城）跨境贸易电子商务产业园、杭州（萧山）保税物流中心等园区作为首批线下园区试点区域，条件成熟后逐步拓展。

三、主要创新举措

（一）创新跨境电子商务监管制度

全面推行便利化通关模式。对跨境电子商务实行“清单核放、集中纳税、代扣代缴”通关模式，并探索建立适应跨境电子商务业态发展的转关物流方式，研究推进跨境电子商务全国通关一体化。建立检疫为主、基本风险分析及产品追溯的质量安全监管机制。加强关检合作，实现“一次申报、一次查验、一次放行”。

创新跨境电子商务监管流程。将 B2B、B2C 等跨境电子商务交易模式全部纳入综合试验区试点范围，设计不同交易模式的监管流程，推动建立货物贸易与服务贸易、进口与出口的标准化监管流程。

建立负面清单监管制度。根据国家对进出境商品的有关管制措施，建立“网上交易管理”负面清单。设立各监管部门互评互认的“企业信用评价系统”和“个人信用系统”，对开展跨境电子商务业务的经营企业、支付机构实行信用评级，对相关监管场所经营人及个人进行信用评估，形成“公共信用管理”负面清单。

建立产品质量安全监控制度。建立和完善跨境电子商务产品检验检疫质量安全风险国家监测中心、检验检疫审批信息平台和检验检疫监管系统。对跨境电子商务企业及其产品实施信用管理及风险管理等措施。打造跨境电子商务质量安全示范区。

探索税收管理规范化、便利化。对纳入综合试验区“单一窗口”平台监管的跨境电子商务零售出口的货物，出口企业未取得合法有效的进货凭证，在平台登记销售方名称和纳税人识别号、销售日期、货物名称、计量单位、数量、单价、总金额等进货信息的，可在 2016 年底以前暂执行免征增值税的政策。探索便利化退税管理模式，推行出口退税“无纸化管理”，简化流程，便利办税。发挥保税区功能，鼓励采用保税备货方式，降低运营成本。

发挥行业组织自治作用。鼓励电子商务企业、非营利性组织、第三方平台、评价机构等建立行业自律体系，积极引导构建以平台为中心的市场自治机制及惩处机制，防范和遏制走私、洗钱以及危害国家安全等违法行为。

（二）建立“单一窗口”综合监管服务平台

建立企业和商品的信息备案认证体系。建立备案企业信息共享库，统一备案要求，实现企业“一次备案、多主体共享、全流程使用”。建立商品溯源数据库，汇聚生产、交易、通关、物流、支付、结算及评价等综合信息，实现商品进出口全流程可视化跟踪和交易商品的“源头可溯、去向可查、风险可控、责任可究”。

建立信息交换共享机制。以“单一窗口”为平台，建立信息交换共享机制，打通“关”“税”“汇”“检”“商”“物”“融”之间的信息壁垒，实现监管部门、地方政府、金融机构、电子商务企业、物流企业之间信息互联互通，实现跨部门、跨行业、跨地区信息的共享交换、协同作业，建立政府部门间的联合执法新模式，形成“信息互换、监管互认、执法互助”的新型政府管理模式。

提升数据管理服务能力。建立跨境电子商务数据标准，建立数据信息传输、开放、共享和使用的规则规范，保障系统及数据安全，依法保护各接入方的合法权益，增强数据开发、大数据服务等功能，提升数据管理服务能力。

（三）创新跨境电子商务金融服务

深化跨境电子商务外汇支付业务试点。鼓励第三方支付机构通过银行为中小电商集中办理跨境外汇支付和结售汇业务，在综合考虑业务需求、风险控制的基础上，逐步提高货物贸易单笔金额上限。拓展第三方支付机构跨境支付业务范围，涵盖进口和出口以及各类跨境电子商务交易形态。

开展个人贸易外汇管理改革。允许在综合试验区登记备案的电商及个人开立个人外汇结算账户，直接在银行办理跨境电子商务涉及的外汇收支，可凭与代理企业签订的进出口代理合同（协议）或委托物流公司运输的单据办理结售汇，不受5万美元个人结售汇年度额度限制。

开展跨境人民币业务创新。鼓励跨境电子商务活动使用人民币计价结算。支持银行业金融机构与支付机构开展业务合作，丰富电子商务跨境人民币业务产品，为企业和个人的电子商务活动提供优质跨境人民币结算服务。

发展跨境电子商务金融创新业务。鼓励银行机构、支付机构、第三方电商平台和外贸综合服务企业，规范开展互联网支付产品和服务创新。扩大电商出口信用保险覆盖面，鼓励保险机构创新研发适应跨境电子商务的新型险种，开展电商出口信用保险保单融资，积极探索供应链金融等多种形式，为小微企业和网商个人创业提供在线金融产品和服务。

（四）创新跨境电子商务物流服务

提高跨境物流信息化水平。利用云计算、物联网、大数据等技术，依托第三方物流、“单一窗口”平台等物流综合信息服务平台，为电子商务企业、物流仓储企业、供应链服务商等各类企业和电子商务用户提供实时、准确、完整的物流状态查询和跟踪服务，实现数据共用、资源共享、信息互通。支持商贸物流企业开展供应商库存管理、准时配送等高端智能化服务，提升第三方物流服务水平。

提高跨境物流专业化水平。支持传统仓储企业转型升级，向配送运营中心和专业化、规模化第三方物流发展。鼓励仓储、配送一体化，引导仓储企业规范开展担保存货第三方管理。支持有条件的企业向提供一体化解决方案和供应链集成服务的第四方物流发展。

提高跨境物流国际化水平。鼓励有条件的商贸物流企业“走出去”开展全球业务，通过广泛的战略联盟、协作等方式，建立跨境物流分拨配送和营销服务体系。大力发展共同配送、统一配送、集中配送等先进模式，建立国内保税公共仓储、海外重点国家物流专线、海外公共仓储等相结合的便利化物流体系，实现跨境货物的集货运输、集中分送，降低物流成本。

（五）创新跨境电子商务信用管理

建立信用数据库。依托“单一窗口”平台，建立跨境电商信用信息平台，利用信息基础数据，提供电商主体身份识别、电商信用记录查询、商品信息查询、货物运输以及贸易信息查询等信用服务。

建立信用综合评价体系。建立监管部门的信用认证和第三方信用服务评价相结合的综合评价体系。由海关、检验检疫局、税务、工商等监管部门根据各自信用认证标准对电子商务企业和个人做出信用认证，作为分类分级监管的主要依据。第三方信用服务机构根据客户授权，通过数据提取采集和加工分析，为政府、企业提供信用评价服务。

实施信用负面清单管理。采取分类分级信用管理方式，对风险程度较低的信用风险予以警示发布；对信用程度差，存在商业欺诈、知识产权侵权、制假售假等重大失信行为的企业和个人，列入信用管理负面清单，通过事前准入禁止，事中加强全面查验、严密监管，保障跨境贸易电子商务良好的发展环境。

（六）创新跨境电子商务统计监测体系

建立跨境电子商务统计新模式。探索建立以申报清单、平台数据等为依据进行统计、管理的新模式，建立“中国（杭州）跨境电子商务数据监测制度”。

建立跨境电子商务统计标准。探索建立交易主体信息、电子合同、电子订单等标准格式和跨境电子商务进出口商品的简化统计分类标准，探索建立跨境电子商务多方联动的统计制度，为全国跨境电子商务统计体制机制建设提供经验。

建立并发布“跨境电子商务指数”。利用大数据、云计算技术，对各类平台商品交易、物流通关、金融支付等海量数据进行交换汇聚和分析处理，逐步建立一套多层面、多维度反映跨境电子商务运行状况的综合指数体系，并定期发布。

（七）制定跨境电子商务规则

开展跨境电子商务政策法规创新研究。通过探索建立与跨境电子商务相适应的新型政策体系，探索设定电子商务各类主体的权利和义务，探索建立信用体系、风险防控体系和知识产权保护规则等，为跨境电子商务政策法规和国际规则的研究制定提供实践案例。

探索建立跨境电子商务国际规则。加强与全球各类经济组织和司法机构的合作，探索建立适合跨境电子商务发展的国际通用规则，逐步建立良好的跨境电子商务国际营商环境。

加强行业国际协作。推动成立“中国跨境电子商务行业商会（协会）”，发挥其在行业规则制定、境内外合作等方面的作用，建立与境外有关商会（协会）紧密合作、交流联系，加强国际协作。

探索建立跨境电子商务纠纷处置和消费争议解决机制。探索建立跨境电子商务纠纷仲裁机构及相应程序，形成网上投诉、网上协商、网上调解、网上仲裁等纠纷处置模式。探索建立跨境电子商务产品售后服务和维权体系，强化平台和经营者主体责任，保护消费者合法权益。加强知识产权保护，建立企业知识产权诚信机制，加大知识产权违法惩戒力度，提高企业违法成本。

（八）创新电子商务人才发展机制

建立电子商务人才培养体系。以市场需求为导向，加强政府、高校与企业的合作，建立一批服务跨境电子商务企业急需的创业型和实用技能型人才培训基地，形成跨境电子商务人才定制化培养的校企合作机制；引进国内外知名培训机构，鼓励社会培训机构开展跨境电子商务人才培训，构建跨境电子商务专业化、社会化、国际化的人才培养体系。

建立电子商务人才创业创新支持体系。探索建立知识、技术、管理等人力资本产权激励机制，引进和汇聚创新人才，开展跨境电子商务商业模式创新和技术创新；建立跨境电子商务创业孵化平台和机制，制定专项扶持政策，发展跨境电子商务在线信贷、股权投资等金融服务，为中小微电子商务企业创业发展提供条件。

建立电子商务人才服务体系。健全完善人才吸引、培养、使用、流动和激励机制，发展人才的公共服务体系。吸引集聚一批知名的人才中介机构，健全专业化、国际化的人才市场服务体系。建立跨境电子商务产业联盟与人才发展联盟，推进人才与企业、项目、资本的对接，建设开放共享的合作平台。

四、组织实施

（一）加强领导

在国务院统一领导下，在商务部牵头协调和相关部委指导下，由浙江省、杭州市组织实施综合试验区工作。要认真领会并贯彻落实好国务院批复（国函〔2015〕44号）精神，充分认识建设综合试验区的重要意义，统一思想，提高认识。建立省级领导小组，加强对综合试验区建设工作的组织领导和统筹协调，定期研究综合试验区建设的重大问题，协调推进综合试验区建设的重大工作，扎实推进综合试验区创新发展。重大问题及时向国务院请示报告，重要政策和重大建设项目按规定程序报批。

（二）落实责任

省级有关部门和杭州市要根据本实施方案，进一步细化任务、制订工作计划和进展安排、明确分工、落实责任、加强考核。要突出重点、先行先试、大胆创新、抓紧形成第一批制度创新清单，加快推进创新举措落地，力争综合试验区早出成效、多出成果。

（三）合力推进

发挥杭州市建设综合试验区的主体作用，加强国家、省和杭州市有关部门的协调配合，建立三级联动推进机制。省级有关单位要进一步解放思想、转变观念、主动作为，加强沟通协作和相关政策衔接，按照职能分工，加强对综合试验区建设的指导与服务，切实帮助解决综合试验区建设发展中遇到的困难和问题，形成加快推进综合试验区发展的强大合力和良好氛围。

第十一章　中国（天津）跨境电子商务综合试验区实施方案

DI-SHIYI ZHANG ZHONGGUO（TIANJIN）KUAJING DIANZI SHANGWU ZONGHE SHIYANQU SHISHI FANGAN

（津政办发〔2016〕52号，2016年6月3日）

建设中国（天津）跨境电子商务综合试验区，是我市顺应全球化发展趋势、加快政府职能转变、构建开放型经济新体制的重大举措，是服务京津冀协同发展重大国家战略，更好地发挥中国（天津）自由贸易试验区（以下简称自贸试验区）制度创新优势，积极适应新型商业模式发展的必然要求，是通过制度创新、管理创新、服务创新实现跨境电子商务自由化、便利化、规范化发展的一项综合改革试验。为全面有效推进综合试验区工作，根据《国务院关于同意在天津等12个城市设立跨境电子商务综合试验区的批复》（国函〔2016〕17号），制定本实施方案。

一、总体要求

（一）指导思想

以邓小平理论、“三个代表”重要思想、科学发展观为指导，深入贯彻党的十八大和十八届二中、三中、四中、五中全会精神，落实党中央、国务院决策部署，以服务京津冀协同发展战略为目标，以深化改革、扩大开放为动力，以自贸试验区建设为契机，按照政策引导、机制创新、规范发展的总体要求，通过制度创新、管理创新、服务创新和协同发展，破解跨境电子商务发展中的深层次矛盾和体制性难题，逐步建立起适应和引领跨境电子商务发展的管理制度和规则，形成贸易便利、监管高效、法制规范的跨境电子商务发展环境，打造我国跨境电子商务创新发展高地，为推动全国跨境电子商务健康发展提供可复制、可推广的经验。

（二）基本原则

1. 坚持先行先试、有序推进。按照先易后难、分步推进的原则，突出重点，大胆探索，着力在跨境电子商务交易、支付、物流、通关、退税、结汇等环节的技术标准、业务流程、监管模式和信息化建设等方面先行先试，选择重点区域率先开展示范建设。同时加强对综合试验区试点成果的评估，循序渐进、适时调整、逐步推广、有力有序有效推动综合试验区建设发展。

2. 坚持大胆创新、规范发展。坚持在发展中规范、在规范中发展，为综合试验区各类市场主体公平参与市场竞争创造良好的营商环境。同时，着力控制好试点试验的风险，在发展中逐步规范市场秩序，营造公平竞争的良好发展环境，进一步拓宽跨境电子商务创新发展领域。

3. 坚持因地制宜、突出特色。结合城市规模、口岸特点、产业结构和发展条件，立足服务京津冀协同发展，充分发挥自贸试验区制度创新的综合优势，在业务模式、服务管理、配套环境等方面突出区域特色，以点带面，取得重点突破，探索具有天津特色的跨境电子商务发展模式。

4. 坚持进出并重、以出为主。坚持进出口全面发展，进一步巩固拓展现有业务模式。同时，以 B2B（企业对企业）出口业务为突破口，扩大海外营销渠道，培育自主品牌，助推“中国制造”更好更快地走出国门，促进外贸转型升级，为打造贸易强国提供强有力支撑。

5. 坚持政府引导、市场运作。充分发挥市场在资源配置中的决定性作用，突出企业的主体地位，注重发挥企业、行业组织、中介机构等参与综合试验区建设的主体性、主动性和创造性。充分发挥政府在规划引导、创新机制、搭建平台、统筹协调、政策支持、改善环境、培训人才等方面的统筹推动作用，为跨境电子商务发展创造良好环境。

6. 坚持多方联动、形成合力。加强部门协同协作和相关政策衔接，推动监管与服务、线上与线下、政府与市场的有机融合。通过综合改革、集成创新，形成适应跨境电子商务发展的监管服务模式和制度体系，打造跨境电子商务完整的产业链和生态链。

（三）发展目标

全面落实“互联网+外贸”发展战略，力争经过 3~5 年的改革试验，把综合试验区建成以线上数据集成、多种模式共存、综合服务完善、交易规范可信为主要特征，以物流通关渠道、“单一窗口”信息系统、金融增值服务为核心竞争力，“关、检、汇、税、商、物、融”一体化，线上“单一窗口”平台和线下“创新试验园区”平台相结合，投资贸易便利、监管服务高效、法制环境规范的京津冀区域跨境电子商务发展新引擎和全国跨境电子商务金融创新示范区、仓储物流中心区、转型升级引领区和创新创业先行区。

1. 建设跨境电子商务金融创新示范区。充分利用自贸试验区在金融创新方面的优势和政策，争取在跨境电子商务领域全面实施自贸试验区金融制度创新措施，促进跨境投融资便利化和资本项目可兑换方面的先行先试。

2. 建设跨境电子商务仓储物流中心区。充分发挥天津海空两港优势，逐步完善与跨境电子商务相适应的仓储物流、分拨配送、贸易服务、线下体验等全产业链支撑体系。

3. 建设跨境电子商务转型升级引领区。探索“互联网+外贸”的创新发展模式，促进跨境电子商务企业与外贸出口基地、传统外贸企业、传统商贸流通企业对接，探索构建跨境电子商务交易新模式，推动产业转型升级，打造新的经济增长点。

4. 建设跨境电子商务创新创业先行区。结合我市众创空间资源与优势，推动跨境电子商务企业创新创业发展，吸引跨境电子商务企业和个人到综合试验区创业创新、集聚发展，成为“互联网+”发展的新示范和大众创业、万众创新的新载体。

二、主要建设任务

以跨境电子商务信息流、资金流、货物流“三流合一”为基础，重点在制度建设、政府管理、服务集成领域开展创新，建立以真实交易为背景的电子商务信用评价体系，对企业或商品采用分类分级监管，并依托大数据的分析运用，提供金融、物流等供应链综合服务，形成第三方平台和自营平台同步推进，境内外电子商务企业共同参与，进出口并重、多种模式并存、线上线下有序结合的跨境电子商务发展格局。主要任务是构建“两平台”，完善“五基础”，创新“八体系”。

（一）构建“两平台”

1. 线上“单一窗口”平台。坚持“一点接入”原则，建立为跨境电子商务提供集通关、税务、外汇、支付、信用、商务、物流、大数据等各类服务于一体的综合性信息平台。建立信息交换共享机制，实现海关、检验检疫局、税务、外汇、商务、金融、市场监管、邮政、公安等政府部门进行数据交换和互联互通，形成管理部门之间的信息互换、监管互认、执法互助，提升工作效率和服务水平。制定跨境电子商务“单一窗口”相关基础信息与数据交换标准规范和跨境电子商务交易订单、支付单、物流单的数据格式标准。通过链接金融、物流、电子商务平台、外贸综合服务企业等，为跨境电子商务企业和个人提供物流、金融等供应链商务服务。

2. 线下“创新试验园区”发展平台。采取“一区多园”的布局方式，依托自贸试验区、海关特殊监管区、国家级高新区和电子商务产业园区等，创建各具特色的跨境电子商务创新试验园区。通过集聚跨境电子商务平台企业、外贸综合服务企业、跨境电子商务专业人才、跨境电子商务专业服务等，提供通关、物流、金融、人才等“一站式”综合服务，有效承接线上“单一窗口”平台功能，优化配套服务，促进跨境电子商务线上平台和线下园区的联动发展，打造跨境电子商务完整的产业链和生态链。

推动各区县结合区内业务开展情况、产业基础，规划建设一批特色产业（跨境）电子商务基地（园区），实现电子商务与特色产业融合发展。发挥海关特殊监管区的功能作用，叠加政策辐射优势，打造建设“海、陆、空”门类齐全的跨境电子商务集中监管园区，形成错位集聚、优势互补、协同推进的跨境电子商务产业布局。以津台冷链物流产业合作试点城市为依托，选择水果、肉类、冰鲜及鲜活水产品等探索开展生鲜产品跨境电子商务进出口的政策创新、功能创新，打造中国北方食品冷链物流集散中心。

（二）完善“五基础”

1. 拓展业务模式。以扩大跨境电子商务 B2B 出口作为主攻方向，研究探索涵盖企业备案、申报、征税、查验、放行、转关等各个环节的跨境电子商务 B2B 出口监管创新模式。结合我市产业特色，大力发展工业品、大宗商品等 B2B 领域的跨境电子商务，打造具有天津竞争优势和特色的跨境电子商务项目和平台。支持经海关注册登记的海关特殊监管区域内企业将保税货物运至海关特殊监管区域围网以外进行展示和销售。支持东疆保税港区探索利用班轮运输优势，开展中韩、中日海运快件业务。

2. 壮大经营主体。大力拓展 B2B、B2C（企业对个人）、M2C（生产厂家对个人）、C2B（个人对企业）等跨境电子商务新业态。引导自行车、地毯、汽车零配件等传统出口优势行业发展跨境电子商务。推动实施品牌化、规模化经营模式，增加自主研发、自主品牌、自主营销产品出口。依托我市煤炭、钢铁等大宗资源性商品集散地的优势，逐步探索发展有天津特色的专业性大宗商品跨境电子商务交易服务体系。支持有条件的企业与跨境电子商务企业合作，整合供应链，开拓国际市场，设立境外贸易机构、海外分销中心、展示中心、海外仓等境外营销网络和物流服务网络，转变“走出去”模式。进一步深化与 eBay（易贝）、Amazon（亚马逊）等知名外资跨境电子商务企业的战略合作，并结合自贸试验区开放外资准入政策，引进一批国外知名跨境电子商务企业。

3. 完善综合服务。拓展完善“津贸通”“北贸通”“自贸通”等本土外贸综合服务平台建设，为中小企业开展跨境电子商务提供一揽子综合配套服务。大力发展对外贸易撮合、认证征信、贸易融资等跨境电子商务增值服务。培育引进一批集报关、退税、国际物流、海外仓储、汇兑服务于一体的跨境电子商务服务企业，为有意愿开展跨境电子商务活动的传统企业及其产品制定相应的跨境销售策略，提供海外法律与财务咨询、海外售后支持、国际运输、全球仓储、培训等全方位的跨境电子商务解决方案。

4. 制定规则标准。开展跨境电子商务政策法规创新研究。通过探索建立与跨境电子商务相适应的新型政策体系，设定跨境电子商务各类主体的权利和义务，建立信用体系、风险防控体系和知识产权保护规则等，为跨境电子商务政策法规和国际规则的研究制定提供实践案例。加强与全球各类经济组织合作，积极参与适合跨境电子商务发展的国际通用规则的构建，逐步建立良好的跨境电子商务国际营商环境。研究建立跨境电子商务标准体系，规范跨境电子商务发展。

5. 深化对外合作。将跨境电子商务作为与“一带一路”沿线国家和地区深化经贸合作的重要内容，在经贸推介、投资洽谈、政府与商会间合作、协会间合作等方面强化跨境电子商务元素。利用现有财政政策，对符合条件的跨境电子商务企业“走出去”重点项目给予必要的资金支持。以中韩、中澳、中新自贸协定为支撑，依托自贸试验区，加强与主要贸易伙伴及相关国际组织的电子商务交流与合作，探索建立双边自由贸易机制，探索双边关检互认互信，推动资源对接和共享。

（三）创新“八体系”

1. 信息共享体系。统一信息标准规范、信息备案认证、信息管理服务，建立多位一体的跨境电子商务信息合作机制和共享平台，打通信息壁垒，实现监管部门、各级政府、金融机构等与电子商务、物流、支付等企业之间信息互联互通，实现跨部门、跨行业、跨地区信息的共享互换、协同作业，建立政府部门间的联合执法新模式，形成信息互换、监管互认、执法互助的信息政府管理模式。

建立备案企业信息库，统一备案格式和要求，实现企业一次备案、多方共享、全程使用。建立备案商品数据库，汇聚商品的交易、通关、物流等动态信息，实现商品进出口全流程可视化跟踪和交易商品源头可溯、去向可查、风险可控、责任可究。

建立跨境电子商务信息大数据库，制定数据信息传输、开放、共享和使用的规则规范，保障系统及数据安全，为政府提供大数据分析服务。依法保护各接入方合法权益，增强大数据开发和服务等功能，提升数据管理服务能力。

2. 金融服务体系。深化支付机构跨境电子商务外汇支付业务试点，推动银行、支付机构加快产品创新，改进跨境支付服务，提高跨境支付效率。允许第三方支付机构通过银行为中小电子商务企业集中办理跨境外汇支付和结售汇业务，满足企业及个人跨境电子商务网上支付需要。允许在“单一窗口”平台备案登记的跨境电子商务个人对外贸易经营者开立个人外汇结算账户。鼓励跨境电子商务活动使用人民币计价结算。支持银行业金融机构与符合条件的支付机构开展业务合作，鼓励在人民币跨境使用方面先行先试，鼓励企业充分利用境内外两种资源、两个市场实现跨境融资自由化。丰富电子商务跨境人民币业务产品，为企业和个人的电子商务活动提供优质跨境人民币结算服务。

利用跨境电子商务信息可查寻、可追溯的特点，为具有真实交易背景的跨境电子商务交易提供在线支付结算、在线融资、在线保险等完备便捷、风险可控的“一站式”金融服务。推进跨境投融资便利化，在自贸试验区内试行资本项目限额内可兑换。大力引导跨境电子商务企业上市融资，用好用活中期票据、企业债、公司债、私募债、信托产品、资产管理计划等融资工具。支持符合条件的跨境电子商务企业纳入全市中小微企业贷款风险补偿机制，发挥财政资金的导向和放大作用。支持保险机构研发适用跨境电子商务的出口信用保险产品，扩大出口信用保险覆盖面。引导非银行支付机构创新产品服务，加强与跨境电子商务企业合作，提供安全高效的本外币支付结算服务。推动京津冀金融协同发展，引导金融资源跨区域合理流动和金融业务同域化。

3. 仓储物流体系。拓展跨境电子商务物流大通道，依托海空双港联动，发挥“海运+空运”物流优势，进一步整合自贸试验区、海关特殊监管区、航空物流区、知名电子商务企业仓储分拨中心等现有展示和仓储资源，加强海运、空运、铁路等多种运输方式对跨境电子商务业务的运能保障，建设服务京津冀、辐射北方地区的跨境电子商务仓储物流集散中心。进一步延伸拓宽天津跨境电子商务航空货运大通道，通过引入新的国际航线、加密现有国际航班、开通货运航班等措施，加大直航能力，增强天津滨海国际机场的进出口货运能力。积极争取国家邮政局、中国邮政集团公司加大天津国际邮件快件直封力度，在天津设立国际邮件互换局，深化货邮吞吐能力。

依托天津市电子商务与物流快递公共信息服务平台、“单一窗口”平台等综合信息服务平台，为跨境电子商务企业、物流仓储企业、供应链服务商等各类企业和跨境电子商务用户提供实时、准确、完整的物流状态查询和跟踪服务，实现数据共用、资源共享、信息互通。开展供应商库存管理、准时配送等高端智能化服务，提升第三方物流服务水平。推动传统仓储企业转型升级，向配送运营中心和专业化、规模化第三方物流发展。引导仓储企业规范开展担保存货第三方管理。支持有条件的企业向提供一体化解决方案和供应链集成服务的第四方物流发展。

鼓励有条件的商贸物流企业“走出去”开展全球业务，通过广泛的战略联盟、协作等方式，建立跨境物流分拨配送和营销服务体系。大力发展共同配送、统一配送、集中配送等先进模式，建立国内保税公共仓储、海外重点国家物流专线、海外公共仓储等相结合的便利化物流体系，实现跨境货物的集货运输、集中分送，降低物流成本。

4. 便利监管体系。全面推行便利化通关模式。加强关检合作，实现一次申报、一次查验、一次放行。海关对跨境电子商务监管实行全年无休日、货到海关监管场所 24 小时内办结海关手续。推动跨境电子商务全程无纸化通关，提高跨境电子商务通关效率。探索建立适应跨境电子商务业态发展的转关物流方式，打造京津冀通关“一体化”管理平台，实现京津冀统一备案、信息互换的区域化管理新理念。

创新跨境电子商务海关监管流程。对跨境电子商务实行清单核放、汇总申报、集中纳税、代扣代缴的通关模式，简化通关手续、降低通关成本。简化网购保税进口商品的一线入区申报手续，探索建立适合保税零售业务的账册管理制度。在现有保税进出口、一般进出口监管模式的基础上，开展跨境电子商务模式创新，针对 B2B 出口、国际快件、保税展示交易、跨境大宗商品交易等跨境电子商务交易新模式，设计不同的监管流程。推动建立货物贸易与服务贸易、进口与出口的标准化监管流程。进一步规范邮路监管，研究制订邮路进出口监管方案。

创新跨境电子商务检验检疫监管流程。根据国家对进出境商品的有关管理措施，探索建立跨境电子商务负面清单，强化信用监管和风险管理。建立产品质量安全监控制度，建立和完善检验检疫审批信息平台和检验检疫监管系统，进一步完善质量安全监控机制，充分应用二维码、条形码等手段，实现跨境电子商务产品源头可溯、去向可查、风险可控、责任可究，促进跨境电子商务健康发展。

积极争取财政部、国家税务总局同意对符合监管条件的出口企业，如不能提供进项税发票，实行免征增值税的政策。探索对电子商务零售出口货物试行按商品大类设置综合退税率的办法，根据商品属性不同对商品进行分类，汇总申报时海关按大类出具报关单及出口货物详细清单，企业按大类确定退税率并申报退税。探索便利化退税管理模式，推行出口退税无纸化管理，简化流程，便利办税。进一步优化出口退税服务，对出口企业按出口退（免）税企业分类管理办法实行差别化管理。

5. 电子商务信用体系。依托“单一窗口”平台，建立跨境电子商务信用信息平台，利用信息基础数据，提供电子商务主体身份识别、电子商务信用记录查询、商品信息查询、货物运输以及贸易信息查询等信用服务。建立监管部门的信用等级互认机制。以天津市市场主体信用信息公示系统为依托，强化各行政机关归集公示跨境电子商务企业信用信息机制，由海关、检验检疫局、税务、外汇、市场监管等执法部门共同研究建立对跨境电子商务企业和个人的分类分级监管标准，对跨境电子商务主体实施差异化分类监管，并纳入全市跨部门协同监管和联合惩戒机制。实施信用负面清单管理，对开展跨境电子商务业务的经营企业、支付机构和个人实行信用评级，对风险程度较低的予以警示发布，对信用程度差，存在商业欺诈、知识产权侵权、制假售假等重大失信行为的列入信用管理负面清单，通过依法实施事前准入禁止、事中加强全面查验和严密监管，保障跨境电子商务良好的发展环境。

探索建立跨境电子商务纠纷仲裁机构及相应程序，在尊重消费者选择权的同时，形成一套通用的跨境电子商务纠纷处置模式。探索建立对海外电子商务企业的质量安全预警通报机制和追责机制。进一步完善跨境电子商务产品售后服务机制，建立维权渠道，强化电子商务平台和经营者的责任主体意识，保护知识产权，保护消费者合法权益。建立重大消费安全事件应急处置机制，强化各监管部门联合执法，健全跨境电子商务经营者的退出机制和惩戒制度。

6. 人才培养体系。建立跨境电子商务人才培养体系。支持以天津商务职业学院为代表的职业学院开展跨境电子商务应用型、技术技能型人才培养，引入国际职业人才资质和资源，对接国际标准，开展国际合作育人，建立服务跨境电子商务综合试验区的中、高端现代职业教育人才培养体系。鼓励企业、社会组织及教育机构合作办学，开设跨境电子商务专业课程，鼓励各类培训机构增加跨境电子商务专业培训项目。支持院校和社会培训机构开展创业培训，使跨境电子商务成为创新驱动发展的重要引擎和大众创业、万众创新的重要渠道。发挥我市作为国家现代职业教育改革创新示范区的平台优势，开展京津冀三地跨境电子商务职业、产业对接活动。依托全国电子商务行业指导委员会，建立京津冀职业院校跨境电子商务技术技能竞赛平台，引导职业人才培养。

建立跨境电子商务人才创业创新支持体系。探索建立知识、技术、管理等人力资本产权激励机制，引进和汇聚创新人才，开展跨境电子商务商业模式创新和技术创新；建立跨境电子商务创业孵化平台和机制，制定专项扶持政策，发展跨境电子商务在线信贷、股权投资等金融服务，为中小微跨境电子商务企业创业发展提供条件。

建立跨境电子商务人才服务体系。健全完善人才吸引、培养、使用、流动和激励机制，发展人才的公共服务体系。吸引集聚一批知名的人才中介机构，健全专业化、国际化的人才市场服务体系。建立跨境电子商务产业联盟与人才发展联盟，推进人才与企业、项目、资本的对接，建设开放共享的合作平台。

7. 统计监测体系。利用大数据、云计算技术，对各类平台商品交易、物流通关、金融支付等海量数据进行分析处理运用，建立跨境电子商务大数据中心，实现跨境电子商务数据的交换汇聚；建立健全跨境电子商务统计监测体系，完善跨境电子商务统计方法，进一步做好跨境电子商务一般进出口、保税进出口的贸易统计工作，规范统计标准和口径，探索建立跨境 B2B 的统计标准、统计口径、统计方法。

制定跨境电子商务统计标准。探索建立交易主体信息、电子合同、电子订单等标准格式和跨境电子商务进出口商品的简化统计分类标准，探索建立跨境电子商务多方联动的统计制度，为全国跨境电子商务统计体制机制建设提供经验。

8. 风险防控体系。建立风险信息采集机制、风险评估分析机制、风险预警处置机制，以流程节点风险防控为重点，开展跨境电子商务全流程的专业风险分析。

建立检疫为主、基本风险分析及产品追溯的质量安全监管机制，建立进出口跨境电子商务负面清单和进口跨境电子商务重点商品与重点项目监管清单管理制度。

鼓励跨境电子商务企业、非营利性组织、第三方平台、评价机构等建立行业自律体系，积极引导构建以平台为中心的市场自治机制及惩处机制，防范和遏制走私、洗钱以及危害国家安全等违法行为。

三、组织实施

（一）加强领导

在国务院统一领导下，在商务部牵头协调和相关部委指导下，由天津市组织实施综合试验区工作。成立中国（天津）跨境电子商务综合试验区建设工作领导小组，加强统筹协调，定期研究综合试验区建设的重大问题，协调推进综合试验区建设的重大工作，扎实推进综合试验区创新发展。重大问题及时向国务院请示报告，重要政策和重大建设项目按规定程序报批。

（二）落实责任

市各有关部门和单位要根据本实施方案，进一步细化任务，制订工作计划和进度安排，集中力量加以推进。要以创新精神和务实态度，围绕解决影响跨境电子商务发展的瓶颈难题和制约因素，抓紧制定可操作、能落地的实施细则和配套政策，力争综合试验区早出成效、多出成果。

（三）合力推进

发挥天津市建设综合试验区的主体作用，加强与国家有关部门的协调配合，建立联动推进机制。要进一步解放思想、转变观念、主动作为，加强沟通协作和相关政策衔接，形成工作合力，加快推进综合试验区创新发展。

第十二章　中国（上海）跨境电子商务综合试验区实施方案

DI-SHIER ZHANG ZHONGGUO（SHANGHAI）KUAJING DIANZI SHANGWU ZONGHE SHIYANQU SHISHI FANGAN

（沪府办发〔2016〕23 号，2016 年 6 月 1 日）

为全面有效推进中国（上海）跨境电子商务综合试验区工作，根据《国务院关于同意在天津等 12 个城市设立跨境电子商务综合试验区的批复》（国函〔2016〕17 号）精神，制定本实施方案。

一、基本原则

（一）坚持创新驱动

发挥中国（上海）自由贸易试验区的制度创新优势，着力在跨境电子商务的技术标准、业务流程、监管模式和信息化建设等方面先行先试，集聚企业主体，提升跨境电子商务发展水平和能级。

坚持协调发展。承接国家“一带一路”倡议和自由贸易区战略，促进跨境电子商务出口与进口平衡发展，围绕供给侧结构性改革，鼓励各种业务模式并存发展，引导跨境电子商务产业规模化、标准化、集群化发展。

（二）坚持循序渐进

促进发展和风险防范相结合，在发展中规范、规范中发展，在发展中破解难题，为各类市场主体营造公平、公正、透明的经营环境，促进跨境电子商务持续健康发展。

（三）坚持开放合作

深入推进对内对外开放，发挥口岸优势，促进跨境电子商务各种要素有序自由流动和资源高效配置，探索形成适应跨境电子商务发展的国际标准和规则，提升跨境电子商务的竞争力和话语权。

二、建设目标

力争通过两至三年的试验改革，形成一套线上交易、线上监管、线上服务、线下支撑的规则体系，适应和引领跨境电子商务产业发展，建成政府服务高效、市场环境规范、投资贸易便利、资源配置优化、产业特色明显的全球跨境电子商务运营中心、物流中心、金融中心和创新中心。

三、主要任务

（一）建设跨境电商公共服务平台，提升服务能级

跨境电子商务公共服务平台是公益性的跨境电子商务一站式监管服务平台，承担数据交互与监管服务功能。

1. 完善公共服务平台功能。完善上海跨境电子商务公共服务平台监管与服务功能，

保障海关、检验检疫局、外汇管理、国税、工商等部门间数据互通和共享。公共服务平台应当为各类企业提供统一明确的标准化数据接口和接入流程。（市发展改革委、市商务委、市口岸办、上海海关、上海出入境检验检疫局、外汇管理局上海市分局、市国税局、市工商局、上海跨境电子商务公共服务有限公司负责）

2. 对接国际贸易“单一窗口”。优化上海电子口岸资源，实现跨境电子商务公共服务平台和上海国际贸易“单一窗口”系统与功能对接，为本市跨境电子商务发展提供支撑。（市口岸办、市商务委、上海跨境电子商务公共服务有限公司负责）

3. 健全公共服务平台运营机制。成立功能性的上海跨境电子商务公共服务有限公司，负责运营上海跨境电子商务公共服务平台，初期平台运营资金由财政支持。（市发展改革委、市国资委、市财政局、市商务委、浦东新区政府、上海跨境电子商务公共服务有限公司负责）

4. 提供配套数据服务。充分运用公共服务平台的集成数据，健全统计监测体系，完善风险防范机制，建立跨境电子商务企业信用数据库。（市商务委、市统计局、市工商局、上海海关、上海出入境检验检疫局、外汇管理局上海市分局、市国税局、上海跨境电子商务公共服务有限公司负责）

（二）推进跨境电商园区建设，促进线下线上协同发展

促进跨境电子商务海关监管区与产业集聚区协同发展，突出示范园区的引领带动作用，形成线上线下相互支撑的发展格局。

1. 优化园区布局。充分发挥上海综合交通枢纽优势，根据各区域贸易和产业发展特点，形成协同推进、良性竞争、错位发展格局。合理布局出口监管场所和产业园区，将保税进口业务复制推广到本市所有出口加工区（包括保税物流中心 B 型）。（市商务委、市发展改革委、上海海关、上海出入境检验检疫局负责）

2. 完善园区功能。充分发挥园区集聚效用，承接公共服务平台功能，集聚市场主体，完善配套服务，促进线上线下联动发展，支持有条件的跨境电子商务监管场所兼具进口业务和出口业务功能。（市商务委、市发展改革委、上海海关、上海出入境检验检疫局负责）

（三）集聚跨境电商企业主体，培育完整产业链

培育和集聚跨境电子商务、跨境金融、跨境物流及其他相关服务企业，形成具有国际竞争力的跨境电子商务产业集群。

1. 加快培育企业主体。集聚一批跨境电子商务龙头企业，培育一批中小型跨境电子商务企业，鼓励差异化发展。支持国内贸易商、制造商融入境外零售渠道，通过“海外仓”，开展 B2B 跨境电子商务业务，鼓励各种商业模式创新。（市商务委负责）

2. 探索综合金融服务。鼓励跨境电子商务相关金融服务创新，利用跨境电子商务信息为具有真实交易背景的跨境电子商务交易提供在线支付结算、在线融资、在线保险等金融服务。（市金融办负责）

3. 完善国际物流服务。完善口岸物流服务通道，支持传统物流资源服务跨境电子商务。提升跨境物流综合服务水平，支持物流信息化创新。鼓励发展采购物流服务、分销渠道服务等新型跨境物流业务。（市发展改革委、市商务委负责）

4. 健全配套综合服务。鼓励外贸综合服务企业和跨境电子商务综合服务企业提供

全产业链服务。促进税务、咨询、财会、人力资源等专业机构为跨境电子商务提供专项服务。（市商务委负责）

5. 推进认证认可制度。推出针对跨境电子商务特点的新型认证技术标准和实施规则，开展跨境电子商务企业认证试点。鼓励跨境电子商务销售企业通过引入合格评定机制建立和完善内部管理体系，增强自身的质量管控能力，提高产品及服务质量，鼓励跨境电子商务平台企业和相关机构采信跨境电子商务认证结果。（上海出入境检验检疫局、市商务委负责）

6. 培育集聚行业人才。鼓励成立跨境电子商务研究机构，积极开展行业相关研究。构建多层次人才培养体系，培育一批实用技能型人才，建立人才引进和激励机制。（市商务委、市发展改革委负责）

7. 制定产业扶持政策。制定跨境电子商务及相关产业的支持政策，充分利用好战略性新兴产业、外贸发展、对外投资合作、服务业引导等专项资金，鼓励相关区县出台配套政策。（市发展改革委、市商务委、市财政局负责）

（四）完善跨境电商监管制度，促进多种模式协同发展

探索适应跨境电子商务的商品归类、进出境申报、物流监控、支付结算、风险防范等监管制度，提升跨境电子商务监管便利化水平。

1. 创新企业与商品准入制度。对接企业信用公示平台，建立跨境电子商务企业信用等级，各监管部门按照企业的信用等级，实行分类监管。（市商务委、市经济信息化委、上海海关、上海出入境检验检疫局、外汇管理局上海市分局、上海跨境电子商务公共服务有限公司负责）

2. 创新海关监管模式。探索对跨境电子商务零售出口商品实行简化归类，推进清单申报通关模式，支持 B2B、B2C 等多种出口业务模式落地。进口按照“事前备案、集中申报、分批出区、汇总征税”实施监管。支持快件物流企业系统直接对接公共服务平台，实现“批量申报、实时传输”功能。对所有能够按照规定提供订单、支付、物流电子信息，并通过跨境电子商务公共服务平台进口符合清单要求的零售商品的，适用跨境电子商务零售进口税收政策。（上海海关负责）

3. 创新检验检疫监管模式。进一步优化跨境电子商务监管模式，完善“十检十放”，根据进出口货物产地的质量管理水平、生产经营企业的诚信程度、具体商品的风险等级的不同，构建监管力度从严到松、放行速度由慢到快的多层次、分梯度的跨境电子商务检验检疫监管体系。（上海出入境检验检疫局负责）

4. 创新税收征管模式。推进跨境电子商务企业退税办理无纸化，实现无纸化退库。支持跨境电子商务企业通过上海国际贸易“单一窗口”开展在线数据退税申报等相关业务。（市国税局负责）

5. 创新外汇监管制度。深化跨境电子商务外汇支付业务试点。鼓励第三方支付机构通过银行为中小电商办理跨境外汇支付和结售汇业务，逐步丰富试点业务范围和业务模式。简化名录登记手续，企业通过上海跨境电子商务公共服务平台备案后，平台将符合要求的相关信息要素发送给外汇局办理名录登记。简化个人电商开立外汇结算账户程序，允许遵守海关、工商、税务等相关部门规定的境内个人电商在平台备案后开立外汇结算账户，直接在银行线上办理个人贸易跨境外汇收支结算业务，不受个人

年度等值5万美元总额限制。（外汇管理局上海市分局负责）

6. 创新邮路监管制度。推进邮政管理与海关和检验检疫部门之间管理信息互通，完善邮包业务统计工作。支持邮政企业进一步完善国际邮政服务，提高配送效率。（市发展改革委、市商务委、市邮政管理局、上海海关、上海出入境检验检疫局负责）

7. 创新市场监管制度。完善工商、质监、食药监等部门对进口商品国内零售的监督管理。研究制定跨境电子商务交易纠纷解决机制。（市工商局、市质量技监局、市食品药品监管局负责）

（五）加强开放合作，探索形成国际通用规则

推动跨境电子商务行业国际合作，探索建立国际跨境电子商务的行业标准和国际通用规则。

1. 推动跨国监管共享。依托双边、多边国际组织及议事机制，逐步推动形成跨国口岸对口岸的跨境电子商务监管信息共享。（市商务委负责）

2. 推动建立跨国标准。加强理论研究与经验总结，以国内成熟规则体系为基础，共同探讨制定跨境电子商务国际监管标准体系。（市商务委负责）

3. 推动国际交流合作。发挥行业协会、学术机构等社会组织作用，加强与境外国际机构的合作交流，积极引进跨境电子商务相关国际机构在沪设立促进机构或常驻代表机构。（市商务委负责）

四、工作要求

（一）强化主体责任

在国务院统一领导下，在商务部牵头协调和相关部委指导下，由市商务委会同各有关部门按照职责分工，协同推进中国（上海）跨境电子商务综合试验区各项工作。重大问题及时按照程序向国务院请示、报告，重要政策和重大建设项目按照程序报批。

（二）加强统筹协调

在市跨境电商工作领导小组的统筹协调下，定期研究综合试验区建设的重大问题，协调推进综合试验区建设的重大工作，扎实推进综合试验区创新发展。

（三）出台配套政策

各职能部门要根据本实施方案，进一步细化任务，制定工作计划和进展安排，明确分工、落实责任，共同推进相关体制和机制创新，实现改革红利最大化。

（四）加强政策评估

对国家和本市的相关政策开展第三方评估，有效评估各项政策对行业产生的影响和效果，及时发现和解决问题，促进跨境电子商务行业快速健康发展。

第十三章 中国（重庆）跨境电子商务综合试验区实施方案

DI-SHISAN ZHANG ZHONGGUO（CHONGQING）KUAJING DIANZI SHANGWU ZONGHE SHIYANQU SHISHI FANGAN

（渝府办发〔2016〕143号，2016年7月29日）

根据《国务院关于同意在天津等12个城市设立跨境电子商务综合试验区的批复》（国函〔2016〕17号），为全面有效推进中国（重庆）跨境电子商务综合试验区建设工作，制定本实施方案。

一、指导思想

全面贯彻党的十八大以来党中央、国务院决策部署，认真落实习近平总书记系列重要讲话精神和视察重庆重要讲话精神，按照“四个全面”战略布局要求，牢固树立创新、协调、绿色、开放、共享发展理念，深入实施五大功能区域发展战略，以深化改革、扩大开放为动力，发挥西部大开发的重要战略支点、“一带一路”和长江经济带联结点功能，推进模式创新、制度创新、管理创新、服务创新，打造跨境电子商务产业链和生态链，形成适应跨境电子商务发展的管理制度和规则，为推动全国内陆地区跨境电子商务健康发展提供可复制、可推广的经验。

二、基本原则

坚持问题导向，创新发展。围绕打造跨境电子商务产业链、构建跨境电子商务综合服务体系两大核心任务，创新体制机制和商业模式，形成适应内陆地区跨境电子商务发展的试点经验。

坚持积极稳妥，有序推进。适应国内外消费升级需求，充分利用国际国内两个市场、两种资源，畅通供需对接渠道，推动跨境电子商务便利化发展。建立试点试验的风险防范机制，在发展中规范、在规范中发展。

坚持企业为主体、统筹联动。发挥市场在资源配置中的决定性作用，加快培育市场主体，带动产业、带动物流、带动结算、惠及百姓。合理配置公共资源，有效引导社会资源，加强部门协同协作和相关政策衔接，营造良好发展环境。

三、发展目标

充分发挥三个“三合一”开放平台、“渝新欧”国际铁路联运大通道等独特优势，完善跨境电子商务交易服务平台，构建物流仓储、检测认证、支付结算等全方位的跨境电子商务发展生态体系；构建形成服务监管、信息共享、智能物流、信用保障、风险防控、统计监测等适应跨境电子商务发展的体制机制；加快推进跨境电子商务与战略性新兴制造业和新兴服务业协调发展，基本建成具有内陆特色的跨境电子商务综合试验区。

到2017年，形成适应跨境电子商务发展的体制机制和综合保障体系，形成具有内陆特色的跨境电子商务产业体系，实现跨境电子商务总额100亿美元。

四、主要任务

（一）建设国际贸易、跨境电子商务“单一窗口”

依托电子口岸，按照“一点接入”、信息实时交换共享原则，建立海关、检验检疫、外汇、税务、企业和国际贸易、仓储物流、交易支付、金融结算等信息交换共享机制，建成全市统一的跨境电子商务数据交换系统，实现企业信息多部门共享和商品信息多主体共享，为管理服务提供数据和技术支撑。（牵头单位：市政府口岸办）

（二）创新海关监管服务

优化跨境电子商务进出口申报、核放、纳税等通关作业流程，简化跨境电子商务出口商品归类申报。探索建立适应跨境电子商务业态发展的转关物流方式，积极支持跨境电子商务零售进口统一版信息化系统上线运行。推进重庆寄递物品跨境电子商务发展，支持跨境电子商务线上销售、线下展示新模式。完善适合跨境电子商务业务的账册管理制度和清单管理制度。建立完善商品退（换）货流程和监管办法，加强与跨境电子商务平台的数据共享。（牵头单位：重庆海关）

（三）创新检验检疫监管服务

通过业务流程、监管模式、技术标准和信息化建设等方面改革创新，建立适应跨境电子商务发展的检验检疫质量安全监管机制和监管服务体系。完善市场准入和相关前置审批、注册和认证程序。建设跨境电子商务质量安全风险监测重庆中心，通过地方和质检总局平台对接和数据共享，提效减负，实现质量安全风险一体化监测。建立数据标准规范、监管场所检验检疫设施建设指南、良好跨境电子商务认证规范等地方标准，加快检验检测认证结果互认共享创新实践。（牵头单位：重庆检验检疫局、市外经贸委）

（四）创新外汇收付和结汇管理服务

按照“事前便利、事后监管”“进口付汇、出口收汇”的管理原则，对重庆跨境电子商务相关外汇业务实施总量核查监管。支持和鼓励获得支付牌照的企业广泛为全社会提供外汇结算服务，提高利用效率。支持跨境电子商务龙头企业获得更多支付牌照和参与境内外结算服务，国际国内结算相结合。允许在综合试验区登记备案的电子商务企业及个人开立个人外汇结算账户。取消直接在银行办理跨境电子商务外汇收支个人结售汇年度额度限制。鼓励在跨境电子商务活动中使用人民币计价结算。充分发挥跨境电子商务第三方认证结汇机制作用，开展付收汇认证工作。（牵头单位：人行重庆营管部、市经济信息委）

（五）优化税收管理服务

出口货物完成通关启运手续后，按税收政策规定办理出口退税申报。对纳入综合试验区“单一窗口”平台按销售方名称和纳税人识别号等进货信息进行监管的跨境电子商务出口货物，出口企业未取得合法有效进货凭证的，向税务总局等国家有关部委争取暂免征增值税。支持跨境电子商务出口货物函调轻量化管理，简化退税流程，提高退税效率。支持跨境电子商务企业提升退税资质，研究平台型跨境电子商务企业和

我市跨境电子商务第三方交易认证结汇企业在退税风险中的责任问题。（牵头单位：市国税局）

（六）培育集聚跨境电子商务经营主体

对企业落地、办公场所、开办运营等方面予以支持，加快引进跨境电子商务龙头企业，引导跨境电子商务、电子支付、物流企业来渝设立区域总部、技术创新中心、物流基地、服务中心和营运中心。鼓励本地贸易流通和生产企业开展跨境电子商务。鼓励外资进入跨境电子商务领域投资。（牵头单位：市外经贸委）

（七）推动电子商务领域信用建设

结合全市社会公共信息资源整合改革工作，建立全市跨境电子商务经营主体信用记录，并纳入全市统一的信用信息平台。将企业对企业（B2B）电子商务合同的履行情况纳入全市跨境电子商务经营主体信用记录。支持第三方信用服务机构征集跨境电子商务经营主体信用信息，推动信用调查、信用评估、信用担保等服务机构和产品在跨境电子商务市场中的推广运用。（牵头单位：市工商局、人行重庆营管部）

（八）完善仓储物流服务

支持国内外物流、快递企业以一体化解决方案和供应链集成方式为跨境电子商务提供物流服务。推动传统仓储物流企业向专业化、规模化、智能化的配送运营中心转型升级，推动公共仓、海外仓、退（换）货中心建设。发展适应跨境电子商务的航空、铁路和公路协同的多式联运干线快速运输体系。加强电子商务货物包装等物流标准化体系建设，大力发展共同配送、统一配送、集中配送模式。利用云计算、物联网、大数据等技术，实现企业和监管部门实时、准确、完整的物流状态数据共享互通。（牵头单位：市外经贸委、市发展改革委、市经济信息委）

（九）推动传统外贸企业转型升级

大力引进、培育外贸综合服务平台，打造“成交前+成交后”、交易与交付数据衍生信用保障和金融服务等“互联网+外贸”服务链，建立跨境电子商务线上到线下（O2O）交易新格局，为传统外经贸企业、跨境电子商务企业提供通关、物流、仓储、检测、认证、结算、退税、融资等全方位服务，促进外贸转型升级发展。（牵头单位：市外经贸委）

（十）培育跨境电子商务产业聚集区

结合电子制造、汽车、装备、能源、化工医药、材料、消费品“6+1”支柱产业，融合十大新兴产业集群，大力实施“互联网+产业”战略，鼓励企业利用云计算、大数据和物联网等信息化技术，紧跟国内外市场产业发展趋势，开展产品研发、设计、制造，形成贸易、投资、生产、研发相互促进的良性循环，逐步建成内陆跨境电子商务进出口基地。（牵头单位：市外经贸委、市经济信息委）

（十一）打造跨境电子商务服务业示范基地

开展跨境电子商务国家级、市级示范基地建设。针对传统外贸企业、制造业及中小企业，开展跨境电子商务培育孵化。加速吸引电子认证、IT服务、大数据、网络营销、服务外包、即时通信等跨境电子商务配套服务企业落户，推动电子商务总部、网商创业、服务培训、金融服务、检测认证、网贸博览、物流仓储等产业集聚，促进跨境电子商务产业链高端化延伸，逐步建成跨境电子商务服务业示范基地。（牵头单位：

市外经贸委、市发展改革委）

（十二）培育跨境电子商务新业态

优化提升专业市场、传统百货、超市、便利店等实体网点、货源、配送等资源，实现商贸批发零售企业等实体市场与跨境网上市场深度融合。加快在各社区和便利店开设跨境电子商务体验店，建设具备物流配送功能的社区智慧配送站。结合智慧社区和农村电子商务工程，促进跨境电子商务应用普及。加快发展跨境电子商务、保税商品展示交易、互联网云计算大数据产业、跨境结算和投融资便利化、保税贸易等融合发展的服务贸易新业态。（牵头单位：市外经贸委、市商委）

（十三）建设境外营销体系

推动跨境电子商务与传统外贸企业合作，建设集展示销售、仓储物流、售后服务和金融服务等功能于一体的境外营销网络。加快进出口货物海外仓和精品商品体验馆建设，发展“前展后仓”营销模式。依托“渝新欧”国际铁路联运大通道，用线上线下结合方式链接全球产业带城市和贸易中心城市。通过开发全天候多语种自动翻译支持软件、对接目的国在线支付工具等方式，为跨境电子商务出口提供便利。采用整合网站联盟、搜索引擎、海外媒体、社交网络、电子邮件等营销方式，对跨境电子商务出口商品进行多方位宣传，帮助更多中国企业和商品走向海外。（牵头单位：市外经贸委）

（十四）提升口岸服务水平

制定和实施适应企业对个人（B2C）、企业对企业（B2B）模式的跨境电子商务口岸作业服务标准、规范和流程。确定口岸、通关等各环节工作相互衔接的标准和时限。对生鲜等跨境电子商务商品实施更快捷的口岸服务。支持跨境电子商务口岸服务和通关标准化、便利化、规范化，提升服务水平和效率。（牵头单位：市外经贸委、市政府口岸办）

（十五）促进大数据开发应用

通过对海量跨境电子商务数据的撷取、管理、处理，深入挖掘价值，形成丰富的大数据服务解决方案和开发应用工具。重点面向进出口市场，开展进出口企业特征和信用分析、商品和市场动态分析、商品定制和研发、精准营销和广告推介、智能物流配送和商品质量安全风险分析，提高对外贸易竞争力。研究利用跨境电子商务大数据，进行监管和风险防控。（牵头单位：市发展改革委、市经济信息委、市外经贸委、市政府口岸办）

（十六）建立跨境电子商务统计监测制度

利用大数据、云计算技术对各类平台商品交易、物流通关、金融支付等数据进行分析处理，完善交易主体信息、电子合同等标准格式，探索建立以海关数据（包含邮包）、平台数据、重点企业数据等为对象，实现科学统计管理的跨境电子商务统计新模式，建立全市跨境电子商务全口径统计制度。（牵头单位：市外经贸委、市统计局、市政府口岸办）

（十七）完善风险防范机制

同步规划、建设、验收和定期评估跨境电子商务网络安全，落实信息安全等级保护制度。推进跨境电子商务网络安全监测和预警体系建设，防范网络攻击破坏、数据窃取等违法犯罪活动。加大对制售假冒伪劣商品、网络盗窃、网络诈骗、网上非法交易、网络洗钱等违法犯罪活动的打击力度。建立健全跨境电子商务质量安全风险监控系统。（牵头单位：市公安局）

（十八）探索建立商品售后保障体系

探索建立跨境电子商务纠纷处置和消费争议解决机制。建立跨境电子商务产品售后服务和维权体系，强化平台和经营者主体责任，构建跨境电子商务消费者与经营者间的消费纠纷和解决机制。加强知识产权保护，建立企业知识产权诚信机制。（牵头单位：市工商局、市商委）

（十九）加强行业自律和合作

鼓励电子商务企业、非营利性组织、第三方平台和评价咨询机构等，以协会等方式建立行业自律组织。建立与境外有关商会（协会）紧密合作交流关系，加强国际协作。探索建立适合跨境电子商务发展的国际通用规则，逐步建立良好的跨境电子商务国际化营商环境。（牵头单位：市外经贸委）

五、保障措施

（一）加大扶持引导

充分发挥政府各类财政专项资金的作用，对跨境电子商务保税仓、海外仓、体验店、服务平台、综合服务体系建设以及进出口业务等予以专项支持。利用进出口银行和中信保优惠贷款、出口担保等政策加大对跨境电子商务企业的扶持引导。鼓励利用现有商业楼宇、仓库、厂房等开展跨境电子商务，落实国家有关税收优惠政策。发挥政策性资金的杠杆作用，设立跨境电子商务资金池，建立卖方、买方保障机制。提高出口退税、在线金融服务等跨境电子商务各环节工作效率。（牵头单位：市财政局、市国税局、市金融办）

（二）支持创业创新

建立跨境电子商务创业孵化平台和机制，制定专项扶持政策，为创业人员提供场地、人才、技术、资金支持和创业平台孵化服务。充分发挥产业引导股权投资、战略性新兴产业、科技创业风险投资引导等基金的杠杆作用，有效引导社会资金进入跨境电子商务创新发展领域，为小微企业和网商个人创业提供服务。鼓励跨境电子商务企业通过多层次资本市场进行融资。（牵头单位：市外经贸委、市金融办）

（三）加快专业人才队伍建设

采取定向培养的方式，加强政府、高校、协会、企业合作，建设一批实用型人才培训基地。鼓励社会培训机构开展跨境电子商务人才培训，引进一批国内外知名培训机构。推动校企合作，建立实践锻炼相结合的开放式人才培养孵化机制。建立跨境电子商务产业联盟与人才发展联盟，推进人才与企业、项目、资本的对接，建设开放共享的合作平台。引进的跨境电子商务人才按照国家和我市人才引进的相关规定享受优惠政策。（牵头单位：市人力社保局、市教委）

六、组织实施

在市委、市政府的统一领导下，市外经贸委牵头，建立健全协作机制，加强工作统筹协调。建立综合试验区工作例会制度、部门联络员制度和月报制度。

市政府有关部门和有关单位要根据本实施方案，按照职能分工，进一步细化任务，制定具体工作计划。积极对接国家有关部委，争取国家层面的政策支持和指导，梳理出台支持跨境电子商务综合试验区建设的具体创新政策举措。

在跨境电子商务基础条件好、进出口贸易量较大的区县（自治县）和开放平台确立跨境电子商务综合试验区首批先行区。同时，争取尽快将全市其他地区分批纳入跨境电子商务综合试验区范围。（牵头单位：市外经贸委）

第十四章　中国（合肥）跨境电子商务综合试验区实施方案

DI-SHISI ZHANG ZHONGGUO（HEFEI）KUAJING DIANZI SHANGWU ZONGHE SHIYANQU SHISHI FANGAN

（皖政办秘〔2016〕58号，2016年4月12日）

为加快推进中国（合肥）跨境电子商务综合试验区（以下简称合肥综试区）建设，根据《国务院关于同意在天津等12个城市设立跨境电子商务综合试验区的批复》（国函〔2016〕17号）精神，结合全省及合肥市开放型经济发展实际，制定本实施方案。

一、指导思想

全面贯彻党的十八大和十八届二中、三中、四中、五中全会精神，牢固树立创新、协调、绿色、开放、共享的发展理念，认真落实党中央、国务院和省委、省政府推进新一轮高水平对外开放的决策部署，以深化改革、扩大开放为动力，发挥合肥经济圈优势及产业特色，突出品牌和质量安全，先行先试，探索创新，着力破解跨境电子商务发展难题，为全国及我省跨境电子商务健康发展创造可复制推广的经验，努力培育外贸转型升级新引擎，打造开放型经济发展新高地。

二、发展目标

借鉴中国（杭州）跨境电子商务综合试验区建设“六大体系”“两个平台”的经验和做法，依托安徽（蜀山）跨境电子商务产业园和合肥综合保税区、出口加工区、空港经济示范区等区域，重点推动跨境电子商务B2B出口业务，积极开展跨境电子商务进口业务，构建信息共享、金融服务、智能物流、电商信用、统计监测和风险防控六大体系，搭建线上“单一窗口”和线下“综合园区”两个平台，实现政府部门间信息互换、监管互认、执法互助，汇聚物流、金融、人才等配套设施和综合服务，建立以信息为基础、以信用为核心、以技术为支撑的跨境电子商务新型监管服务模式，打造跨境电子商务完整产业链和生态圈，实现跨境电子商务便利化、规范化发展。

2016年，引进培育5家以上跨境电子商务龙头企业，实现进出口额5亿美元以上；到2017年，引进培育20家以上跨境电子商务龙头企业，实现进出口额达20亿美元以上；到2020年，全市聚集跨境电子商务企业1000家以上，线下园区10个以上，实现进出口额100亿美元以上。经过3~5年的改革创新试验，基本建立适应全省跨境电子商务发展的管理制度和规则，力争建成国内领先的跨境电子商务创业创新高地，形成具有一定国际影响力的跨境电子商务集聚区和产业示范区。

三、实施步骤

（一）重点突破阶段（到2016年6月底）

建设跨境电子商务线上“单一窗口”平台，加快建设完善线下“综合园区”平台，探索跨境电子商务的监管模式，制定促进跨境电子商务发展配套政策，完善跨境电子商务运行机制，初步建立以安徽（蜀山）跨境电子商务产业园为核心，合肥综合保税区、合肥出口加工区、空港经济示范区等为支撑的“一核三区”协同发展格局。

（二）全面推进阶段（2016 年 7 月至 2017 年 6 月底）

全面实施跨境电子商务发展各项政策措施，充分依托合肥市产业发展基础与资源要素优势，加快推进跨境电子商务产业园区建设，完善跨境电子商务生态链，进一步提高跨境电子商务发展质量和水平。

（三）引领发展阶段（2017 年 7 月至 2020 年）

通过先行先试，整合资源，基本健全跨境电子商务发展模式和制度体系，为全省乃至全国跨境电子商务发展提供可复制推广经验，使合肥综试区成为国内领先、辐射全省的跨境电子商务创业创新高地和产业示范区。

四、实施范围

第一阶段实施范围为在合肥综试区“单一窗口”平台登记备案的合肥市内注册的各类市场主体。

第二、第三阶段逐步拓展到在合肥综试区“单一窗口”平台登记备案的合肥市外注册的各类市场主体。

五、主要任务

（一）建设线上“单一窗口”平台

1. 加强信息互联互通。推进海关、检验检疫局、税务、外汇管理、工商、商务、邮政等部门数据交换，打通信息壁垒，实现监管部门、地方政府、金融机构、电商企业、物流企业之间信息互联互通，建立政府部门间的联合执法新模式，形成“信息互换、监管互认、执法互助”的信息管理模式。

2. 建立企业和商品信息库。统一企业备案要求，实行企业“一次备案、多主体共享、全流程使用”。汇聚商品生产、交易、检验检疫、通关、物流、支付、结算及评价等综合信息，实现商品进出口全流程可视化跟踪和交易商品“源头可溯、去向可查、风险可控、责任可究”。

（二）建立线下综合园区平台

1. 建设“一核三区”。首批选择安徽（蜀山）跨境电子商务产业园和合肥综合保税区、出口加工区、空港经济示范区作为试点区域，通过集聚跨境电商平台企业、外贸综合服务企业、电商专业服务企业、电商专业人才培训机构等，提供通关、物流、金融、人才等“一站式”综合服务，完善监管场所和查验设施，有效承接线上“单一窗口”平台功能，促进跨境电子商务线上平台和线下园区的联动发展。

2. 推进多区联动发展。以首批试点园区为基础，制定合肥综试区园区认定办法。在条件成熟后，通过认定一批新园区，发挥各区域优势，促进各类跨境电商资源集聚，实现综试区政策全覆盖。

（三）建立跨境电子商务“六大体系”

1. 建立信息共享体系。统一信息标准规范、信息备案认证、信息管理服务，建立多位一体的跨境电子商务信息合作机制和共享平台，为跨境电子商务信息流、资金流、货物流“三流合一”提供数据技术支撑。

2. 建立金融服务体系。推进金融机构、第三方支付机构、第三方电子商务平台、外贸综合服务企业之间规范合作，为具有真实交易背景的跨境电子商务交易提供在线支付结算、在线融资、在线保险等完备便捷、风险可控的“一站式”金融服务。

3. 建立智能物流体系。构建互联互通的物流智能信息、衔接顺畅的物流仓储网络、优质高效的物流运营服务等系统，形成布局合理、层次分明、衔接顺畅、功能齐全的跨境物流分拨配送和运营服务体系。

4. 建立电商信用体系。建立跨境电子商务信用数据库和信用评价系统、信用监管系统、信用负面清单系统等“一库三系统”，实现对电商信用的“分类监管、部门共享、有序公开”。

5. 建立统计监测体系。建立健全跨境电子商务统计监测体系，完善跨境电子商务统计方法，为政府监管和企业经营提供决策咨询服务。

6. 建立风险防控体系。建立风险信息采集机制、风险评估分析机制、风险预警处置机制、风险复查完善机制，为政府监管提供有效的技术支撑、决策辅助和服务保障。

（四）优化跨境电子商务监管服务

1. 全面推行便利化通关模式。实行“清单核放、汇总申报、集中纳税、代扣代缴”通关模式，研究推进跨境电子商务全国通关一体化，依托“单一窗口”平台，实现“一次申报、一次查验、一次放行”。实施简化出口商品归类、保税商品省内“先进区、后报关”、取消关区内转关、无纸化通关等便利化措施，提高通关效率。

2. 建立负面清单监管制度。建立“网上交易商品”“公共信用管理”两个负面清单，推行负面清单管理模式和分类分级信用管理方式。

3. 建立产品质量监管制度。建立跨境电子商务产品质量安全风险监测分中心及相关安全风险监控机制，建设跨境电子商务商品质量安全公共追溯系统，综合利用大数据信息，形成“网上发现、追溯源头、属地查处”新型质量安全监管模式，有效保障国家安全、生物安全和进出口商品质量安全。

（五）提升跨境电子商务金融服务

1. 发展跨境电子商务金融创新业务。引入跨境电商政策性银行等金融机构、支付机构、第三方电商平台和外贸综合服务企业，利用“单一窗口”平台，积极创新互联网金融产品和服务，为跨境电子商务企业提供更加快捷精准的资金清算、出口信用保险、供应链金融等多种形式的金融服务。开展跨境人民币业务创新，鼓励跨境电子商务活动使用人民币计价结算，支持银行业金融机构与支付机构开展业务合作，丰富电子商务跨境人民币业务产品，为企业和个人的电子商务活动提供优质跨境人民币结算服务。

2. 优化外汇管理制度。允许A类外贸综合服务企业货物贸易收入免予进入待核查账户，简化A类外贸综合服务企业贸易信贷报告流程。对符合工商、税务、海关、检验检疫局等有关部门规定的个人电商，支持其在“单一窗口”平台备案后开立个人外汇结算账户，通过银行线上办理个人贸易跨境外汇收支业务，不受个人年度等值5万美元的结售汇总额限制。在第三方支付机构向社会提供小额、快捷、便民小微支付服务的定位基础上，支持第三方支付机构提供跨境支付业务服务，支持银行与“单一窗口”平台对接，实现网上结算。

（六）培育引进跨境电子商务主体

1. 推动传统企业上线经营。依托合肥良好的产业基础，通过上门指导、业务培训等方式，积极引导家电、汽车及零部件、平板显示、光伏等制造业企业和大型外贸企业上线经营。

2. 引进龙头跨境电子商务企业。加大跨境电子商务企业招商引资工作力度，大力引进带动力强的跨境电子商务产业链龙头企业。

3. 培育海量跨境电子商务中小微企业。鼓励企业和个人利用第三方平台或自建平台开展跨境电子商务业务，推动电子商务企业同步开展国内和跨境业务。鼓励跨境电子商务创业，积极营造有利于大众创业、万众创新的政策环境，支持企业、个人到合肥综试区创业创新。

（七）建立完善跨境电子商务生态链

1. 优化仓储物流配套。加快建设合肥国际邮件互换局，加强合肥水运港、国际铁路内陆港、航空港等开放平台建设，开通合肥至洛杉矶国际货运航线，提高海陆空国际运能。支持传统仓储企业转型升级，鼓励发展第三方、第四方仓储物流。引进龙头物流企业，支持物流企业和跨境电子商务企业整合现有资源，建设公共海外仓等物流配套设施。

2. 健全人才发展机制。以市场需求为导向，加强政府、高校与企业合作，建立一批服务跨境电子商务企业急需人才培训基地，形成跨境电子商务人才定制化培养的校企合作机制，鼓励在合肥的高校开设跨境电子商务专业。引进一批国内外知名培训机构，鼓励社会培训机构开展跨境电子商务人才培训，构建跨境电子商务专业化、社会化、国际化的人才培养体系。

3. 强化综合服务配套。以跨境电子商务产业园区为重点，鼓励采购、认证认可、检验检测、第三方平台、摄影、代运营、创意、推广、培训等跨境电子商务产业相关专业配套服务业发展。鼓励跨境电子商务外贸综合服务企业发展，为中小微企业提供金融、通关、物流、退税、外汇等一体化服务。探索优化外贸综合服务企业监管机制，拓展外贸综合服务企业出口服务范围。

六、主要创新举措

（一）创新跨境电子商务监管服务

1. 创新跨境电子商务监管流程。针对跨境电子商务业务模式和贸易形式，创新监管方式，建立涵盖事前、事中、事后全过程的标准化监管流程。支持跨境电子商务便利通关，以跨境电子商务 B2B 业务为重点，创新 B2B 业务进出口监管流程，引导 B2C 业务通关逐步转向 B2B 业务通关。

2. 探索税收管理规范化、便利化。研究推行网上申报、电子退库等税收便利化管理措施。全面落实国家跨境电子商务进口税收政策。积极向国家争取试行“有票退税、无票免税”的出口退税政策。

（二）创新跨境电子商务出口模式

1. 开辟合肥陆运跨境电商发展新通道。依托“合新欧”国际货运班列直达中亚、欧洲的通道优势，充分利用各类专业市场，加大市场采购贸易方式培育力度，挖掘家电、汽车及零部件、平板显示、光伏等产业优势，通过跨境电商开辟沿线国家市场，打造“好产品、合肥造”品牌，探索完善B2B出口模式。鼓励快递企业发展跨境电商快递业务，加大快递企业“走出去”步伐，助力“安徽制造”走出国门。

2. 开拓跨境电商海外新市场。充分发挥我省企业在“一带一路”沿线国家兴建的莫桑比克贝拉国际经贸合作区、津巴布韦经贸合作区、柬埔寨滨海经济特区等海外经济合作园区以及中东沙迦（安徽）大市场、巴林龙城等专业市场的作用，建设O2O产品体验中心，与海外商家建立广泛贸易联系，探索B2B2C出口模式。

3. 建设跨境电商“两国双馆”平台。与跨境电商龙头企业合作，在合肥和海外贸易中心城市分别建设“网贸馆”（品牌精品体验馆），探索本土制造业企业拓展海外市场渠道的B2B出口新模式，提升安徽企业在海外的品牌权、定价权和影响力。

（三）探索跨境电子商务进口展销新模式

1. 推进监管区外保税展示。基于统一电子标签的虚拟围网技术和经营企业的信用担保方式，支持大型商贸连锁企业在合肥市设立进口商品保税展示区，健全进出口商品质量安全风险监测机制，保障消费者权益，实现消费者便捷购物、关检及时监管、商家及时结汇。条件成熟时，逐步扩大至全省。

2. 建设进口商品展销集散中心。依托合肥国际航空货运航线、“合新欧”国际货运班列返程富余运力，利用进境水果、冰鲜水产品以及食用水生动物等指定口岸，建设进口商品展销集散中心，扩大适销对路的优质产品进口，支持其他综试区进口商品通过合肥空港进境转关，打造辐射中部地区的境外商品展销中心、配送中心和物流分拨中心。

（四）推动跨境电子商务质量提升和品牌建设

1. 开展规范认证和标准化试点。加强跨境电子商务国外目标市场的技术性贸易措施研究，通过规范认证和标准化试点，鼓励“同线同标同质”生产，推动产业升级、质量提升和品牌建设，培育和打造跨境电子商务竞争新优势。

2. 建立跨境电商创意产业园。整合合肥及省内外名特优产品资源，汇聚全球研发、设计人才，实现出口产品与文化创意的高度融合，推动跨境电子商务品牌化战略，提升跨境电商出口产品的档次和内涵。

（五）提升跨境电子商务综合服务水平

1. 搭建产业发展平台。积极打造跨境电子商务产业孵化平台，创新发展模式，鼓励社会资本参与孵化器建设，为跨境电子商务创业创新提供基础平台。结合国家“一带一路”倡议布局，在欧美、俄罗斯、“一带一路”沿线国家等跨境电子商务出口主要市场和潜力市场，布局一批公共海外仓平台，为综试区企业提供市场化海外仓储、分拣、配送、售后等服务。发挥快递供应链管理优势，为制造业提供运仓配一体化服务。积极搭建综试区跨境电子商务产业联盟平台，发挥相关行业协会的影响力，开放分享产业链各环节资源和服务，推动行业自律和健康发展，促进跨境电子商务资源集聚与整合。

2. 全方位延伸服务触角。海关、检验检疫部门对跨境电子商务实行“全年无休息日，无特殊情况货到监管场所24小时内办结通关放行”监管服务，为跨境电子商务企业提供便利化服务。工商部门在跨境电商园区设立“指导站”，为企业注册登记提供“一站式”服务。邮政管理部门加强对国际邮件互换局的业务指导，并在合肥综试区内设立邮政管理派出机构，实行属地化管理，现场提供邮政管理服务。

3. 强化要素保障。进一步提升口岸功能，增强人力、物力资源配备，加强保税仓储、冷库等基础设施和指定口岸建设，加大货运基地航空公司引进和国际货运航线培育力度。建立跨境电子商务商品质量安全公共追溯系统，支持跨境电子商务产品检验检疫质量安全风险国家监测分中心建设，提升风险防控能力。整合跨境电子商务领域专家资源，探索组建我省跨境电子商务的专业研究咨询机构。

七、保障措施

（一）加强组织领导

成立合肥综试区建设工作领导小组，由合肥市委、市政府主要负责同志任组长，合肥市政府相关负责同志、省商务厅分管负责同志为副组长，省工商局、省国税局、安徽出入境检验检疫局、合肥海关、国家外汇管理局安徽省分局、省邮政管理局、中国邮政集团公司安徽省分公司等相关部门人员及合肥市相关部门负责同志为成员，负责对合肥综试区建设的组织领导和统筹协调工作。领导小组下设办公室，由合肥市政府分管负责同志任办公室主任。领导小组及办公室组成人员由合肥市政府与省有关部门具体商定。合肥市设立专门工作机构——中国（合肥）跨境电子商务综合试验区管理办公室，代表市政府负责综试区建设和统筹管理工作。

（二）加强指导服务

省开放型经济工作领导小组负责合肥综试区建设指导工作，具体工作由省开放型经济工作领导小组办公室（省商务厅）牵头，必要时可召开专题会议，协调解决合肥综试区建设有关重要事项。省开放型经济工作领导小组各成员单位要主动作为，密切配合，加强对合肥综试区建设的指导与服务，切实帮助解决建设过程中遇到的困难和问题。

（三）落实责任分工

省有关部门和合肥市要根据本实施方案，进一步细化工作措施，制定工作计划，明确分工，落实责任。合肥市要切实履行综试区建设的主体作用，突出重点，大胆创新，抓紧形成一批制度创新清单，加快推进创新举措落地，力争综试区建设早出成效。合肥市每年要对各县（市、区）、开发区及重点园区开展跨境电子商务情况进行考核评估。

（四）加强政策支持

认真落实省政府促进外贸稳增长调结构加快培育竞争新优势等政策措施，重点支持跨境电子商务及跨境物流、仓储、金融支付、综合服务等产业链相关产业发展。合肥市对综试区建设资金进行分类测算，对相关企业支持资金纳入“1+3+5”政策体系，其余资金按财政预算管理程序办理。

第十五章　中国（郑州）跨境电子商务综合试验区实施方案

DI-SHIWU ZHANG ZHONGGUO（ZHENGZHOU）KUAJING DIANZI SHANGWU ZONGHE SHIYANQU SHISHI FANGAN

（豫政〔2016〕28号，2016年5月3日）

建设中国（郑州）跨境电子商务综合试验区（以下简称跨境电商综合试验区）是顺应世界经济和国际贸易全球化、信息化发展潮流，加快政府职能转变、深化内陆地区改革开放的重大战略举措。为全面推进跨境电商综合试验区建设工作，早日实现“买全球、卖全球”战略目标，根据《国务院关于同意在天津等12个城市设立跨境电子商务综合试验区的批复》（国函〔2016〕17号）精神和《中国（郑州）跨境电子商务综合试验区总体方案》，制定本实施方案。

一、总体要求

（一）指导思想

深入贯彻落实党的十八大和十八届三中、四中、五中全会精神以及习近平总书记系列重要讲话精神，围绕国家“一带一路”倡议和区域协调发展规划，坚持创新、协调、绿色、开放、共享发展理念，统筹利用好国际国内“两个市场、两种资源”，着力推进制度创新、管理创新、服务创新，破解跨境电子商务发展中的体制性、机制性障碍，构建跨境电子商务完整的产业链和生态圈，打造新型产业贸易服务链，促进产业健康快速发展。在风险可控的前提下对行政审批、税收征管、金融支付、加工贸易转型升级、征信体系建设等方面先行先试，为完善跨境电子商务规则进行综合试验，为推动全国跨境电子商务协调发展提供可复制、可推广的经验，丰富和完善中国特色的跨境电子商务发展模式，激发大众创业、万众创新活力，培育外贸竞争新优势。

（二）基本原则

1. 改革先行、创新发展。突出先行先试，着力在跨境电子商务交易、支付、物流、通关、税收、外汇等环节的技术标准、业务流程、监管模式和信息化建设等方面深化改革，在职能转变、税收征管、监管模式、交易方式、跨境结算等方面大胆探索，推动跨境电子商务自由化、便利化发展。

2. 开放合作、转型升级。主动融入“一带一路”、供给侧结构性改革等国家重大发展战略，积极服务中原经济区和郑州航空港经济综合试验区建设，深入推进对内对外开放，着力打造一批产业园区平台，培育一批龙头企业，实现国际国内合作与省内产业转型升级良性互动，加快培育外贸竞争新优势，助推“河南制造”更好更快走出国门。

3. 政府引导、市场主导。正确处理政府与市场的关系，政府有效引导社会资源，合理配置公共资源，充分发挥市场在资源配置中的决定性作用。加强部门协作和政策衔接，实现政府与市场、监管与服务、线上与线下有机融合。

4. 以城带乡、城乡互动。立足我省实际，推动跨境电子商务向农村辐射和拓展，通过实施“互联网+农业生产”“互联网+农村消费”“互联网+农产品贸易”三大涉农工程，加快电子商务进农村，扩大农村消费，促进我省食品、农产品出口。

5. 示范带动、逐步规范。及时总结评估试验成果，发挥示范带动作用，面向全省复制推广，带动全省跨境电子商务全面创新发展。简政放权、放管结合，坚持法无禁止皆可为、法未授权不能为，在发展中规范、在规范中发展，为各类市场主体公平竞争创造良好的营商环境。同时，有效防范试验风险。

（三）功能定位

跨境电商综合试验区以促进产业发展为重点，以扩大出口作为主攻方向，逐步规范进口；以 B2B（企业对企业）模式作为发展重点，鼓励企业做大做强，形成以技术、品牌、质量、服务为核心的外贸竞争新优势；以 B2C（企业对消费者）模式作为有益补充，助力小微企业发展，促进大众创业、万众创新。

1. 进出口商品集疏交易示范区。充分发挥我省区位优势和铁路、公路、航空综合立体交通运输物流网络优势，打造国内外干线集运、专线服务和终端派送的物流服务模式，通过多式联运，加快形成进出口商品集疏交易中心，带动人流、物流、信息流、资金流集聚流转。

2. 对外贸易转型升级试验区。探索“互联网+外贸”新模式，引导传统外贸和制造企业上线，促进产业转型升级，推动出口商品质量提升，扩大自主品牌商品出口，培育和增强我省外贸竞争新优势。研究对外贸易新规则，探索互联网经济下服务贸易、加工贸易发展新模式，促进传统贸易电商化，为外贸转型升级提供新路径、新动力，不断提升参与国际分工的层次和水平。

3. 监管服务模式创新探索区。大胆简政放权，加强事中事后监管，建设功能齐全、统一规范的跨境电子商务“单一窗口”综合服务平台，实现信息互联互换、监管互认和执法互助。探索建立商品质量安全体系和市场主体失信惩戒机制。在有效监管的同时，不断提高贸易便利化程度。

4. 内外贸融合发展试验区。统筹“两个市场”深度融合、促进“两种资源”自由流动，带动商贸流通、国际物流、国际金融、展览展示等模式创新，促进各类市场主体共同参与、进出口平衡发展、内外贸有效互补，构建统一开放、竞争有序的大市场。

（四）实施范围

按照“立足郑州、梯次推进、带动全省”的总体要求，我省跨境电商综合试验区分三个阶段实施：第一阶段为在跨境电商综合试验区“单一窗口”综合服务平台登记备案的，在郑州市开展业务的各类市场主体；第二阶段拓展到在“单一窗口”综合服务平台登记备案的，在洛阳、开封、南阳、焦作、三门峡、信阳、新乡市开展业务的各类市场主体；第三阶段拓展到在“单一窗口”综合服务平台登记备案的，在全省其他地方开展业务的各类市场主体。

（五）发展目标

加快构建信息支撑、物流带动、线上线下融合、多部门协调联动、通关一体的跨境电子商务新型监管服务模式，促进专业跨境电子商务服务企业、外贸企业、工业企业、中小网商积极参与，第三方跨境电子商务平台和自建平台相互补充，B2B、B2C、

O2O（线上线下）等多种业务模式共同推进，扩出口促转型，扩进口促消费。力争到2018年，培育50家省级跨境电子商务培训孵化基地、100家省级跨境电子商务示范园区，设立100个省级公共海外仓，重点扶持1000家跨境电子商务企业发展，全省电子商务年交易额超15000亿元，其中跨境电子商务年交易额超3000亿元，实现一区多园、一园多点、多主体运行、多模式发展的跨境电子商务新格局，总体发展水平居中西部前列，探索出在中西部地区可复制推广的经验。

二、主要任务

加快推进跨境电商综合试验区建设，结合我省实际，着力构建三个平台、七个体系：

（一）建设“单一窗口”综合服务平台

整合河南省商务公共服务云平台、河南电子口岸等公共服务平台资源，建立海关、税务、外汇、出入境检验检疫、商务、工商、交通、邮政、金融、信用保险多位一体的跨境电子商务“单一窗口”综合服务平台，其中河南省商务公共服务云平台承担企业注册备案、事中事后监管等功能，河南电子口岸承担企业通关业务功能。不断完善服务功能，实现跨部门、跨行业、跨地区的信息共享互换、协同作业，建立政府部门间联合监管新模式。引导外贸综合服务企业、电子商务平台企业等对接“单一窗口”综合服务平台，形成线上综合服务体系。

（二）建设“综合园区”发展平台

结合我省产业优势，采取一区多园、一园多点的布局方式，高起点、高标准规划建设一批跨境电子商务综合园区，延长产业链，做大产业规模，形成协同推进、良性竞争、错位发展格局，打造线下平台，集聚电商平台企业、外贸综合服务企业、电商专业服务企业、电商专业人才等要素，提供通关、物流、金融、人才等一站式综合服务，有力支撑线上“单一窗口”综合服务平台，促进跨境电子商务线上线下有机融合、互相支撑、联动发展。

（三）建设人才培养和企业孵化平台

开展政府、高校、协会、企业合作，建设一批跨境电子商务实用型人才培训基地。健全跨境电子商务人才公共服务体系，引进一批知名跨境电子商务人才中介服务机构，形成专业化、国际化的跨境电子商务人才服务市场。组建跨境电子商务产业联盟、人才发展联盟，支持众创空间发展，推进人才与企业、项目、资本无缝对接。鼓励跨境电子商务领域创业创新，为创业人员提供场地、人才、技术、资金支持和创业平台孵化服务，推动大众创业、万众创新。

（四）建设跨境电子商务信息共享体系

依托“单一窗口”综合服务平台，统一信息标准规范、信息备案认证、信息管理服务，实现企业“一次备案、多主体共享、全流程使用”，监管部门、金融机构、电商企业、物流企业之间信息互联互通，口岸管理部门信息互换、监管互认和执法互助，为跨境电子商务信息流、资金流、货物流“三流合一”提供数据技术支撑。

（五）建设跨境电子商务金融服务体系

发展跨境电子商务金融创新业务，鼓励金融机构、第三方支付机构、第三方电商平台、外贸综合服务企业之间开展合作，为跨境电子商务交易提供在线支付结算、在线融资、在线保险、在线退税等完备便捷、风险可控的一站式金融服务；鼓励在跨境电子商务活动中使用人民币计价结算，支持银行业金融机构与第三方支付机构创新电子商务跨境人民币业务产品，为跨境电子商务企业提供优质支付和跨境人民币结算服务。

（六）建设跨境电子商务智能物流体系

在保税物流中心、综合保税区、出口加工区、郑州新郑国际机场、郑州铁路口岸、国际邮件监管中心等特定区域内建设一批跨境电子商务仓储物流中心，推动有条件的区域建设跨境电子商务仓储物流中心。完善口岸物流服务通道，积极引进国际大型、优质物流货代企业，提升国际物流货运保障能力。支持物流快递企业与跨境电子商务仓储物流中心业务对接，支持跨境电子商务平台与国家交通运输物流公共信息平台对接。发挥“多式联运”优势，运用云计算、物联网、大数据等技术，构建互联互通的物流智能信息系统、衔接顺畅的物流仓储网络系统、优质高效的物流运营服务系统等，探索建立高品质、标准化、规范化的跨境电子商务物流运作流程，实现运输资源的高效整合和运输组织的无缝衔接，形成布局合理、层次分明、衔接顺畅、功能齐全的跨境物流分拨配送和运营服务体系。鼓励跨境电子商务企业建设海外仓、境外服务网点和公共服务平台。逐步形成深吞吐、远辐射、供应链可控、流程规范的跨境电子商务智能物流体系。

（七）建设跨境电子商务信用管理体系

建设跨境电子商务信用信息数据库，提供电商主体身份识别、信用记录查询、商品信息查询、货物运输以及贸易信息查询等信用服务。建立监管部门信用认证和第三方信用服务评价相结合的综合评价体系，记录和积累跨境电子商务综合服务、交易平台、物流仓储企业及其他企业基础数据。海关、出入境检验检疫局、税务、外汇、工商等监管部门根据各自信用认证标准对企业和个人做出信用认证，作为分类分级监管的主要依据；培育、引进一批第三方信用服务机构，通过数据提取采集和加工分析，为政府、企业提供信息评价服务。实施信用负面清单管理，分类监管、部门共享、有序公开，通过事前准入禁止和事中全面查验、严密监管，维护跨境电子商务良好的发展环境。

（八）建设跨境电子商务质量安全体系

建设跨境电子商务产品质量安全风险监测中心和商品溯源数据库，汇聚生产、交易、通关、物流、支付、结算及评价等综合信息。充分应用信息化手段，开展跨境电子商务质量安全网络舆情监控，实现跨境电子商务商品源头可溯、去向可查、风险可控、责任可究。

（九）建设跨境电子商务统计监测体系

以申报清单、平台数据等为基本依据，完善跨境电子商务交易主体信息、电子合同、电子订单等标准格式及跨境电子商务进出口商品和物品的简化分类标准，建立规范、全面的跨境电子商务统计制度和监测制度；利用大数据、云计算技术，对各类平台商品交易、物流通关、金融支付、税收征管等数据进行交换汇聚和分析处理，逐步建立多层面、多维度反映跨境电子商务运行状况的综合指数体系并定期发布。

（十）建设跨境电子商务风险防控体系

建设完善网络安全防护体系、数据资源安全管理体系和网络安全应急处置体系，建立风险信息采集机制、风险评估分析机制、风险预警处置机制、风险复查完善机制，保障国家安全、网络安全、交易安全、税收安全、国门生物安全、进出口商品质量安全，有效防范交易风险。以流程节点风险防控为重点，开展跨境电子商务全流程专业风险分析，预防和打击跨境电子商务领域违法犯罪，有效防控非真实贸易“洗钱”的经济风险，数据存储、支付交易、网络安全的技术风险，以及产品安全、贸易摩擦、主体信用的交易风险，为政府监管提供有效的技术支撑、决策辅助和服务保障。定期对每一项改革创新举措进行专业的风险防控分析，有效控制试点试验风险。

三、创新举措

（一）促进产业发展方面

1. 完善全省跨境电子商务产业规划、空间布局，鼓励、支持各地突出特色、错位发展，建设一批特色鲜明、功能完备、产业集聚、富有活力的跨境电子商务综合园区，形成完善的跨境电子商务产业链，有效承接线上“单一窗口”综合服务平台功能，实现线上线下融合发展。

2. 开展河南省跨境电子商务示范园区培育认定工作，综合产业规模、集聚程度、服务体系等因素，培育和认证省级示范园区。

3. 支持跨境电子商务综合园区引进国内外龙头电子商务企业，重点支持世界前100强和国内前50强电子商务企业在我省设立跨境电子商务总部或区域性、功能性总部。加强与国内外知名电商企业的合作，培育引进跨境电子商务第三方平台或服务企业，完善跨境电子商务配套产业链。引导现有电商平台开展跨境电子商务服务，重点支持世界工厂网等本土平台发展。

4. 大力引进、培育外贸综合服务企业，为跨境电商企业提供通关、物流、仓储、融资、检验检测认证等全方位服务，提升跨境电子商务产业综合服务水平。

5. 支持工业企业开展跨境电子商务业务，依托工业企业与电商企业对接活动，鼓励工业企业与跨境电子商务平台、境外企业合作，拓展产品境外营销渠道。

6. 创新“互联网+加工贸易”模式，推动加工贸易企业与互联网深度融合，加快建设加工贸易公共服务平台，支持加工贸易企业研发、采购、分拨、结算等功能性机构建设，推动加工贸易产业链向高端延伸，促进加工贸易转型升级提质增效。

7. 鼓励采购、第三方平台、摄影、代运营、创意、推广、培训等跨境电子商务产业相关专业配套服务业发展，做长产业链，做大产业规模，形成良好的跨境电子商务产业发展生态。

8. 鼓励跨境电子商务领域创业，为创业人员提供场地、人才、技术、资金支持和创业平台孵化服务。支持发展创业创新区域平台，加快推动跨境电子商务众创、众包、众扶、众筹等新模式发展，鼓励线上虚拟众创空间发展。

9. 探索“大数据+电子商务+外贸”发展模式。实施双十河南专享计划，优选省内十个特色优势产业和十家外贸骨干企业，提供重点支持和定制化服务，帮助企业在全球市场精准营销，以最快速度和最低成本提升海外市场份额。逐步建成河南外贸大数据中心。

10. 探索“互联网+农村”发展模式，引导企业结合我省农业产业特点开展跨境电子商务业务，建设农产品线上交易平台和线下集配中心，扩大农产品出口。

（二）优化监管措施方面

1. 探索建立跨境电子商务信息共享机制，统一信息的标准规范、备案认证和管理服务，整合河南省商务公共服务云平台、河南电子口岸与其他跨境电商公共服务平台资源，丰富完善跨境电子商务“单一窗口”综合服务平台功能，为监管部门和企业提供备案管理、统计监测、电商信用、风险预警、质量追溯等服务。

2. 加强跨境电子商务经营主体备案登记管理。对备案的跨境电子商务经营主体，各业务主管部门分别办理对外贸易经营、报关、出入境检验检疫、退税和结汇主体资格的相关手续，实现企业一次备案、多主体共享、全流程使用。

3. 向“单一窗口”开放海关预录入系统的申报接口，支持经过认证的用户通过“单一窗口”综合服务平台向口岸管理相关部门一次性申报，并获取通关状态数据。

4. 制定跨境电子商务交易订单、支付单、物流单等三单数据格式标准。

5. 争取质检总局向“单一窗口”综合服务平台开放检验检疫业务系统申报接口，开放跨境电子商务企业备案查询接口，允许经过认证的用户在“单一窗口”综合服务平台实现直接在线数据申报，并获取检验检疫业务系统反馈的处理状态信息。

6. 推行全程无纸化通关服务，逐步实现企业自主备案、自主报税、自助通关、自助审批、重点稽核。

7. 加强关检合作，实现一次申报、一次查验、一次放行，并根据执法需要实现全口径数据共享，提升通关效率。

8. 创新跨境电子商务监管模式，推动建立货物贸易与服务贸易、进口与出口的标准化监管流程，支持 B2B、B2C 等不同种类业务模式的商品便捷通关。加快对邮政商业快件监管场所的验收，尽快批复其开办业务。

9. 进一步简化申报手续，探索适合网络零售形式的海关归类办法和清单申报通关及统计方式。

10. 简化网购保税进口商品的一线入区申报手续，探索建立适合保税零售业务的账册管理制度。

11. 探索建立适合跨境电子商务的转关、转检和物流方式，研究跨境电商全国通关一体化，为跨境电子商务提供通关一体化和检验检疫一体化服务。

12. 实行企业信用分级管理，对信用等级较高的企业，简化通关流程，降低抽核比例，将事前监管转为事后处罚，提升通关效率。

13. 建立线上商品备案信息系统，开放商品备案信息，企业通过商品备案信息系统进行商品备案和查询。

14. 探索适当提高从跨境电商试验区寄递进出境的个人自用物品限值。

15. 制定跨境电子商务进出境商品检验检疫申报和放行流程规范，完善跨境电子商务进出境商品检验检疫工作机制。加强跨境电子商务 B2B 方式检验检疫政策法规研究，在检验检疫技术标准、业务流程、监管模式和信息化建设等方面先行先试。积极推行供方符合性声明制度，突出经营企业质量安全主体责任。

16. 探索开展跨境电子商务企业风险分类评定，建立风险导向型监管模式。

17. 推动组织机构代码和物品编码在跨境电子商务产品质量监管领域应用，与全国组织机构代码库、商品信息库进行数据对接。落实跨境电子商务企业质量安全主体责任，加快与质检总局电子商务产品质量风险监测中心衔接，建立物品溯源体系。

18. 创新"特种商品口岸+跨境电商"业务模式，完善粮食、汽车、水果、肉类、冰鲜及水产品等指定进口口岸功能，开展相关跨境电商 B2B 进口业务。

19. 允许综合服务平台、供应商、包装分拣等企业入驻海关特殊监管区域，开展综合物流、包装分拣等业务。

20. 争取公安部全国公民身份证号码查询服务中心向"单一窗口"综合服务平台免费开放全国公民身份信息系统的公民身份信息核查接口，提供公民身份信息核查服务，保障"单一窗口"综合服务平台对个人交易主体实施有效监管。

21. 争取工商总局向"单一窗口"综合服务平台开放企业主体信息和企业信用信息公示系统数据接口，提供企业主体信息和企业信用信息查询服务，满足加强企业信用管理需要。

22. 争取税务总局向"单一窗口"综合服务平台开放出口退税申报系统和审核系统数据接口，同步开放相关申报参数，逐步实现企业在线退税申报，完成货物采购、报关、物流、结汇等相关信息备案，实现源头可溯、风险可控的税收监管。

23. 加强网络与信息安全平台建设，深化电子认证技术应用，推进数字证书的统一认证，实现一证多用和不同认证技术交叉互认，形成集身份认证、授权管理、责任认定一体的跨境电子商务网络信任体系。

24. 落实国家跨境电子商务零售进口清单，制定跨境电子商务监管服务权力清单、责任清单。

（三）完善综合服务方面

1. 探索逐步开展出口退税无纸化管理试点，及时足额办理出口退税。

2. 争取税务总局支持，对纳入"单一窗口"综合服务平台监管的无法取得合法有效进货凭证的跨境电子商务零售出口货物，适用暂免征增值税政策。

3. 争取中国银监会支持银行业金融机构与"单一窗口"综合服务平台系统对接，通过"单一窗口"综合服务平台获取电商交易、报关、报检等数据，为跨境电子商务企业提供金融服务。

4. 鼓励和支持符合条件的第三方支付机构通过银行为跨境电商办理外汇支付和结售汇业务。鼓励在跨境电子商务活动中使用人民币计价结算。

5. 支持个人电商开立外汇结算账户，进一步便利个人贸易发展。境内个人电商在"单一窗口"综合服务平台备案后可开立外汇结算账户。在银行线上办理个人贸易外汇收支结算业务，不受个人年度等值 5 万美元结售汇总额限制。

6. 开展跨境电子商务线上融资及担保方式创新试点。在风险可控的前提下，积极探索线上融资、担保、保险等互联网金融产品和服务，扩大出口信用保险覆盖面，鼓励保险机构创新研发适应跨境电子商务的新型险种，开展出口信用保险保单融资业务。

7. 向"单一窗口"综合服务平台开放企业备案和信用等级数据接口，支持"单一窗口"综合服务平台向监管部门、各地政府以及企业等提供相关备案管理、电商信用、风险预警、智能物流等服务。

8. 规划建设一批跨境电子商务仓储物流中心，推动洛阳、开封、焦作、南阳等有条件的地方建设跨境电子商务仓储物流中心。鼓励国际物流、快递企业与跨境电子商务物流仓储中心对接，支持跨境电子商务平台与国家交通运输物流公共信息平台对接，鼓励快递、物流企业开展跨境电子商务服务业务。同时，加强快递末端配送能力建设，着力解决快递配送最后一公里问题。

9. 支持企业建立海外营销渠道，创立自有品牌，通过跨境 B2B、海外 O2O、跨境 B2C 模式，设立海外仓、体验店、展览展示中心等，融入境外销售体系。支持有实力的企业在主要出口市场设立公共海外仓，为跨境电子商务企业提供贸易、仓储、配送和售后等一站式服务。积极探索海外仓建设中的融资、风险保障机制。

10. 争取交通运输部对“单一窗口”综合服务平台在数据标准、数据交换等方面给予更多支持，实现国家交通运输物流公共信息平台与“单一窗口”综合服务平台深度融合和资源共享。

11. 支持郑州新郑国际机场开辟新的国际航线、加密航班，重点开通全货机货运航班，增强货运直航能力。

12. 争取中国民航局开放郑州航权，优先考虑开放第五航权，适时研究开放第七航权，鼓励中外航空公司经营往返郑州的国际货运航线，组建航空快递货运代理公司，提高郑州新郑国际机场航空运能，建设国际航空货运枢纽和物流中心，并不断提升航空货运能力。

13. 加快郑州国际邮件集散分拨中心、河南省国际快递物流港建设，加密与郑州建立国际邮件互换关系的国外城市的直达航班，并纳入郑州航空港经济综合试验区总体规划，在项目用地、规划选址、基础设施配套等方面给予支持。

14. 依托郑州铁路一类口岸，探索“郑欧班列+跨境电商”模式，支持郑欧班列带运国际邮件，鼓励我省跨境电子商务企业通过郑欧班列等方式开展货物运输，进一步提升郑州国际陆港集疏能力和郑欧班列辐射能力，形成内陆地区与欧洲发展跨境电子商务的通道优势。

15. 建设多式联运监管中心，引导国内外大型物流集成商参与郑州多式联运资源整合，建立口岸与海关特殊监管区域之间一体化通关物流体系，实现航空、铁路和公路运输在口岸无缝对接。

16. 争取国家邮政局、中国邮政集团公司支持，加快建设邮政国际邮件郑州口岸，协调国外邮政公司加大对郑州互换局的直封力度，邮件直航到郑州新郑国际机场，或从其他机场经转后直发郑州。对达到直封条件的国家，协调中国邮政集团公司加快批复郑州直封权限；对符合运邮条件的航线，纳入中国邮政集团公司航空运能集采范围。

17. 依托“单一窗口”综合服务平台，建设跨境电子商务信用信息数据库，提供跨境电子商务主体身份识别、信用记录查询、商品信息查询、货物运输及贸易信息查询等信用服务。争取将跨境电子商务信用信息平台列为国家建设项目。

18. 制定公共信用管理负面清单，建设企业信用评价系统和个人信用评价系统，对开展跨境电子商务的企业、支付企业、相关监管场所经营人及境内居民进行信用评级，制定禁止或限制开展跨境电子商务业务的企业和个人主体清单。

19. 构建电子商务可信交易环境，建设跨境电子商务企业信用信息数据库，通过整合、采集企业工商注册登记信息、备案信息、行政处罚信息、经营异常信息和严重违法企业信息等相关信息，向“单一窗口”综合服务平台提供查询服务，探索对跨境电子商务企业实施信用分类监管。

20. 鼓励设立“信用风险资金池”。

21. 开展跨境电子商务统计试点，探索建立跨境电子商务统计制度，逐步形成跨境电子商务综合指数体系并定期发布。

（四）促进“双创”方面

1. 深化商事制度改革，加快实现工商营业执照、组织机构代码证、税务登记证“三证合一”“一照一码”，落实“先照后证”改革任务，推进全程电子化登记和电子营业执照应用。结合实际放宽新注册企业场所登记条件限制，推动“一址多照”、集群注册等住所登记改革，为创业创新提供便利的工商登记服务。

2. 瞄准市场需求，采取定向培养的方式，开展政府、高校、协会、企业合作，建设一批实用型人才培训基地，重点支持省级、国家级示范基地（中心）建设，服务跨境电子商务企业发展。

3. 实施国家电子商务专业技术人才知识更新工程，鼓励社会培训机构和企业针对我省优势产业、名优产品、骨干企业开展跨境电子商务专项培训。

4. 实施跨境电商人才“引凤归巢”计划，重点动员和吸引省外豫籍电子商务高层次人才和优秀应用人才回豫发展，并按现行政策规定给予奖励和生活补贴。

5. 健全跨境电子商务人才公共服务体系，引入一批知名跨境电子商务人才中介服务机构，形成专业化、国际化的跨境电子商务人才服务市场。

（五）探索跨境电商新规则方面

1. 研究制定符合跨境电子商务发展的国际通用规则，并列入国际贸易谈判内容。建立河南省跨境电子商务技术规则研究中心，并依托该中心争取中国 WTO/TBT—SPS 国家通报咨询中心在我省设立跨境电子商务技术性贸易措施研究基地，加强跨境电子商务国际技术规则和国外目标市场技术性贸易措施应对研究。加强跨境电子商务国际认证和监管合作，建立良好的沟通渠道，畅通对外交涉渠道，避免或减少国际贸易摩擦。

2. 探索跨境电子商务纠纷处置模式，建立跨境电子商务产品售后服务和维权体系，研究制定跨境电商消费纠纷解决标准、管理办法，完善国际和地区间消费者权益保护协作机制。探索开展跨境电子商务消费领域电子合同、平台规则监督和指导。

3. 研究制定跨境电子商务商标权保护标准和管理办法。

4. 推动成立区域性跨境电子商务行业组织，发挥行业组织在政府与企业间的桥梁作用，引导企业公平竞争、守法经营。加强与国内外相关行业组织的交流合作，支持跨境电子商务企业在境外举办实体展会，建立营销网络。

5. 成立河南省跨境电子商务标准化技术委员会，制定我省跨境电子商务有关标准，建立跨境电子商务标准体系。

6. 成立河南省跨境电子商务专家委员会，加强跨境电子商务政策研究，为政府决策提供参考依据。

四、保障措施

（一）加强组织领导

各级、各有关部门要高度重视，充分认识发展跨境电子商务的重大意义，切实增强使命感和责任感，将建设跨境电商综合试验区列入重要议事日程，抢抓发展机遇，狠抓工作落实，加快推动跨境电子商务发展。省政府成立中国（郑州）跨境电商综合试验区建设工作领导小组，下设办公室，办公室设在省商务厅，负责统筹、协调、组织跨境电商综合试验区建设工作。郑州市要成立专门工作班子，精心组织落实第一阶段建设任务，其他省辖市要根据跨境电商综合试验区建设统一部署，及早着手，积极跟进，做好复制推广的准备工作。

（二）落实工作责任

省商务厅要发挥牵头作用，研究建立跨境电商综合试验区建设推进工作机制，协调相关部门加强与国家部委的汇报沟通，指导各地研究制定本地跨境电子商务发展规划，加强工作督导和考核评估，确保各项创新举措和工作任务落到实处。省直有关部门和郑州市要根据本实施方案，进一步细化任务，制定工作计划和进展安排，明确分工、落实责任。要突出重点、先行先试，抓紧形成第一批制度创新清单，持续探索推出更多的创新举措，争取尽早落地，确保跨境电商综合试验区建设早出成效、多出成果。

（三）强化政策支持

加大对跨境电子商务发展的财政支持力度，重点支持跨境电子商务领域平台建设、综合园区建设、人才培训、海外仓和境外服务网点建设，对跨境电子商务企业出口信用保险保费给予补贴。支持各地新建跨境电子商务园区，按照集中布局、集约利用的原则，在年度用地计划指标安排中予以倾斜。统筹已有各类资源，鼓励在现有电子商务园区基础上建设跨境电子商务园区，拓展发展空间，破解土地使用瓶颈。各地要按照土地利用总体规划和建设项目用地标准，统筹安排跨境电子商务用地，优先保障重大项目用地需求。鼓励各地出台针对性强的扶持政策，加大资金扶持力度，对跨境电子商务园区和重大项目建设给予支持。

（四）营造法制化营商环境

各有关部门要进一步解放思想，转变思想观念和工作方式，加强部门之间的沟通协作和相关政策衔接，敢于担当、主动作为，积极为跨境电商综合试验区建设提供优质服务，为跨境电商综合试验区各类市场主体公平竞争营造良好的营商环境，加大创新制度、优惠政策等宣传推介力度，吸引更多企业在跨境电商综合试验区落户，形成加快推进跨境电商综合试验区发展的强大合力。同时要做到放管结合，加强事中事后监管，有效防范试验风险，实现跨境电子商务自由化、便利化、规范化发展。

第十六章　中国（广州）跨境电子商务综合试验区实施方案

DI-SHILIU ZHANG ZHONGGUO（GUANGZHOU）KUAJING DIANZI SHANGWU ZONGHE SHIYANQU SHISHI FANGAN

（粤函〔2016〕119号，2016年5月）

为贯彻落实《国务院办公厅关于促进跨境电子商务健康快速发展的指导意见》（国办发〔2015〕46号）、《国务院关于同意在天津等12个城市设立跨境电子商务综合试验区的批复》（国函〔2016〕17号）精神，全面推进中国（广州）跨境电子商务综合试验区（以下简称广州综试区）建设，制定本实施方案。

一、总体要求

（一）指导思想

高举中国特色社会主义伟大旗帜，以邓小平理论、“三个代表”重要思想、科学发展观为指导，全面贯彻党的十八大和十八届二中、三中、四中、五中全会及习近平总书记系列重要讲话精神，牢固树立创新、协调、绿色、开放、共享的发展理念，充分借鉴中国（杭州）跨境电子商务综合试验区的经验，发挥广州区位优势、政策优势与产业优势，坚持在发展中规范、在规范中发展，构建具有“中国特色、广州元素”的跨境电子商务发展促进体系，形成更多可复制可推广的经验。

（二）基本原则

1. 坚持市场主导与政府引导相结合。在优化监管、完善政策、加强引导的基础上，充分尊重经营主体的首创精神和市场的主体地位，最大限度地调动市场经营主体的积极性。

2. 坚持整体推进与重点突破相结合。加强对广州综试区建设的总体规划，在用好现有政策的基础上加强政策创新，促进跨境电子商务及相关支撑业态发展，打造完整的跨境电子商务产业链和生态链。

3. 坚持科学监管与促进便利相结合。通过整合跨境电子商务交易、支付和物流信息，建立跨境电子商务交易信用机制和监管体系，营造国际化、市场化、法治化营商环境，逐步畅通跨境电子商务商品进出口渠道。

（三）发展目标

大力实施“互联网+外贸”，引导传统外贸企业借助跨境电子商务推进转型升级，通过综合改革、集成创新，推动跨境电子商务公共服务平台和各类特色试点园区融合发展，推进“关、检、汇、税、商、物、融”一体化，形成适应跨境电子商务发展的新型监管服务模式和制度体系。经过3~5年的建设，将广州综试区打造成为跨境电子商务创新发展先行区、外贸优化升级加速器，将广州市建设成为全国跨境电子商务中心城市和发展高地。

二、主要任务

（一）打造参与"一带一路"建设服务平台

将跨境电子商务作为与"一带一路"沿线国家深化经贸合作的重要内容，在经贸推介、投资洽谈等方面加强跨境电子商务领域合作。对符合条件的跨境电子商务企业"走出去"重点项目予以资金支持。扩大企业和个人对外投资，完善"走出去"政策，建立服务保障和风险防控体系。

（二）构建粤港澳跨境电子商务合作平台

发挥粤港、粤澳合作联席会议及穗港、穗澳合作专责小组等机制作用，深化与港澳在跨境电子商务领域的合作。开展跨境电子商务领域数字认证互认，打造网上贸易便利化平台。创新穗港澳口岸通关模式，推进建设统一高效、与港澳联动的口岸监管机制，加强穗港澳产品检验检测技术和标准研究合作。探索香港企业在穗港两地建立销售端与仓储端，开展"前店后仓""双店双仓"的特色营运模式。

（三）建设跨境电子商务聚集区

发挥海关特殊监管区域的功能作用，叠加政策辐射效应，打造"海、陆、空"门类齐全的跨境电子商务集中监管园区。引导广州市各区结合产业发展情况，建设各具特色、错位发展的跨境电子商务产业园区，加快完善软、硬件设施建设，扶持和培育跨境电子商务发展新平台，推动跨境电子商务企业集聚发展。

（四）支持外贸企业转型升级

鼓励传统外贸企业利用跨境电子商务拓展进出口。组织跨境电子商务物流企业、支付企业和外贸综合服务企业对接广州市专业市场经营主体，引导专业市场经营者及商户通过自建平台或利用第三方平台扩大进出口。鼓励传统外贸企业利用国内外大型跨境电子商务平台拓展国际市场。推进生产厂家—经销商—消费者（M2B2C）跨境电子商务分销创新模式的发展，借助跨境企业—消费者（B2C）卖家分销渠道，拓展海外终端网络。

（五）优化跨境电子商务产业链

推广全流程的企业—企业（B2B）跨境电子商务服务平台模式，整合金融、通关、退税、外汇、销售、物流、售后服务等环节，结合海外仓和海外营销网络，为企业提供全球营销推广、出口代理、物流运输等服务。以 B2B 方式为重点，大力支持企业利用自建平台或与境内外电子商务企业合作，通过跨境电子商务促进自主品牌出口。逐步规范各类业务模式的通关、检验检疫、退税、结汇操作流程和细则，支持更多经营主体开展跨境电子商务。创新跨境电子商务发展模式，完善相应通关监管措施。

（六）加快线上线下融合发展

支持传统零售主体及跨境电子商务主体开设线下实体展示店、体验店，提供线下展示、维修及其他售后服务。结合国内贸易流通体制改革发展综合试点，构建跨境电子商务"互联网+现代物流"配送体系。推进跨境电子商务技术创新，鼓励和支持企业为跨境电子商务提供大数据、云平台、智能物流、支付手段和交易保障等技术支撑。对在广州综试区内设立从事经营类电子商务的外商合资或独资企业，积极向国家部委争取逐步放宽对外资经营基础电信业务或增值电信业务的要求。

三、重点工作和创新举措

（一）推进国际贸易“单一窗口”建设

依托广州电子口岸，加快建设涵盖跨境电子商务经营主体和进出口全流程的国际贸易“单一窗口”平台，完善身份认证、安全交易、便利通关、质量溯源、费用支付、信用担保、全程物流等公共服务功能，为经营主体提供便捷的“一站式”平台服务，实现“一次申报、一次查验、一次放行”。建立健全数据标准、认证体系和信息共享体系，推动政府部门间、政府部门与经营主体间的标准化信息流通和互联共享。研究“单一窗口”相关基础信息和数据交换标准规范，提高通关管理和服务水平。积极争取国家部委支持，推动海关部门对“单一窗口”开放预录入系统（QP 系统）申报接口；检验检疫部门对“单一窗口”开放报检申报接口、企业备案和信用等级查询接口、商品负面清单数据查询接口、认证认可系统数据接口等；公安部门对“单一窗口”开放公民身份信息核查接口等；外汇部门建立名录登记、分类管理信息与“单一窗口”数据共享机制；国税部门对“单一窗口”开放出口退税申报系统数据接口；食品药品监管部门对“单一窗口”开放食品药品许可信息、监管信息等数据接口。

（二）创新通关监管模式

加强通关系统信息化建设，研究推行涵盖企业备案、申报、征税、查验、放行、转关等各个环节的全程通关无纸化作业。探索适应 B2B 交易的电子信息向海关传输、申报的方式。推动落实跨境电子商务零售进口商品清单管理制度。建立适应跨境电子商务进出口的转关方式。规范跨境电子商务交易订单、支付单、物流单“三单”数据格式标准，探索“三单”电子信息的代理提供方式。推行“税款担保、集中纳税、代扣代缴”通关模式。创新退换货流程和管理制度，支持开展跨境电子商务进出口商品退换货业务。进一步完善跨境电子商务海关信息化管理的风险防控体系，研究建立与跨境电子商务相适应的企业信用管理、分类便捷通关、后续重点监管、预警监测评估等风险防控综合评判体制。

（三）创新检验检疫流程

完善跨境电子商务风险监控体系，依托公共服务平台实施在线备案、三单比对、质量追溯等，结合分类管理制度，建立跨境电子商务清单管理制度。制定广州综试区检验检疫申报和放行流程管理办法，实施出境“前期备案、提前监管、后期跟踪、质量监控”、入境“提前申报备案、入区集中检验检疫、出区分批核销、质量安全追溯”的监管模式。依托“智检口岸”进行风险评估、分类管理、诚信管理和境外信息比对，实现“电子布控”，探索应用全球产品质量与标准信息库进行检验检疫大数据自动判断、自动验放。探索对跨境电子商务进口商品实施质量追溯管理，鼓励国内名牌商品企业通过市场采购方式出口。推动跨境电子商务贸易方式进出口商品在各口岸之间的出口直放、进口直通。争取国家部委支持，下放进口食品境外生产企业注册备案、进境动植物及其产品检验和进口食品、化妆品的注册备案、安全审查权限等。

（四）创新金融服务

支持第三方支付机构参与跨境外汇支付试点。便利第三方支付机构和银行金融机构为跨境电子商务企业和个人办理跨境外汇支付和结售汇业务。探索将第三方支付机构跨境支付、结算业务范围拓展至进出口及B2B、B2C、C2C等交易形态。借鉴货物贸易外汇管理办法，对广州综试区的跨境电子商务企业实施分类监管。便利个人贸易项下外汇资金结算，鼓励从事跨境电子商务的个人开立个人外汇结算账户，直接在银行办理跨境电子商务涉及的外汇收支。推动人民币作为广州综试区与港澳地区及国外开展跨境电子商务业务计价、结算的主要货币。研究适时允许跨境电子商务企业在一定范围内进行跨境人民币融资。鼓励第三方电子商务平台、支付机构、外贸综合服务企业、银行机构等开展多方合作。扩大跨境电子商务企业出口信用保险保单融资，积极探索供应链金融等形式。支持银行金融机构与取得互联网支付业务许可的支付机构为外贸企业和个人跨境交易提供人民币结算服务，推动技术成熟和管理完善的支付机构参与跨境外汇支付业务试点，为跨境电子商务资金结算提供支持。

（五）加快跨境电子商务物流发展

打造智慧物流体系，支持物流供应链企业为跨境电子商务提供智能化、全方位服务，探索建立外贸供应链系统标准体系。通过引入新的国际航线、加密现有国际航班、开通货运航班等措施，增强广州白云国际机场的进出口货运能力。争取国家邮政局、中国邮政集团公司协调国外邮政加大对广州邮件中心的直邮力度。支持广州综试区物流企业向国家争取相关政策和资金扶持等。

（六）推动海外仓建设

探索海外仓建设新模式，积极推进利用海外仓资源开设线下展示中心的创新模式，多渠道拓展海外小额采购批量订单。支持企业建设统一的海外公共仓，降低跨境电子商务企业物流成本。支持电子商务物流企业海外建仓，探索利用海外仓实现跨境电子商务退换货，整合海外理货、物流、通关等服务资源，拓展海外市场。支持跨境电子商务自建、收购并购或租赁海外仓，探索海外仓建设的融资、风险保障机制。

（七）完善财税政策

加大对跨境电子商务平台建设、国内仓租、租建海外仓、通关报检、园区建设等方面的政策扶持力度。积极争取跨境电子商务零售出口免征增值税、消费税政策（国家明确不予出口退（免）税的货物除外），争取国家部委支持对无法取得合法有效进项凭证的出口货物适用免税政策。实行出口退（免）税无纸化管理，简化退税手续。积极争取对电子商务零售出口货物试行按商品大类设置综合退税率的办法，方便跨境电子商务企业申报退税。进一步优化出口退税服务，对出口企业按出口退（免）税企业分类管理办法实行差别化管理。

（八）完善质量与信用保障体系

利用互联网、物联网等技术手段搭建质量安全公共服务平台，推进跨境电子商务商品质量信息的公开、公正和透明。争取国家部委支持设立跨境电子商务产品检验检疫质量安全风险国家监测分中心、国家电子商务产品质量风险监测中心等。推进组织机构代码和物品编码在电子商务产品质量监管领域应用。探索制定跨境电子商务相关商品标准，开展标准明示和鉴证活动，促进电子商务企业规范化发展。实现相关监管部门企业信用等级信息的共享共用，探索企业信用清单管理制度，逐步整合相关监管信息，探索对跨境电子商务企业的信用分类监管。探索试点制定电商信用标准，建设信用评价体系。

（九）加强人才培育

支持高等院校、中职院校和社会培训机构开设跨境电子商务相关专业和课程。加强院校、培训机构与企业间合作，鼓励有实力的跨境电子商务企业举办各类技能大赛或创新、创业活动。建立电子商务人才创业创新支持平台，支持创新人才开展跨境电子商务商业模式创新和技术创新。建立跨境电子商务创业孵化机制。

（十）强化服务保障体系

发挥行业协会商会的桥梁纽带作用，提供政策宣传、活动对接、人才培训、调查研究等服务，加强与各国行业协会商会的交流与合作。鼓励运用和推广商事制度改革成果，简化企业自建平台开展跨境进出口业务的备案登记手续。加强进出口知识产权和消费者权益保护，加大对侵权行为的处罚力度。探索研究“诚信守法便利、失信违法惩戒”的跨境电子商务的企业信用管理体系和评判标准。

（十一）做好统计监测

开展跨境电子商务数据监测，建立广州综试区数据监测制度。完善跨境电子商务统计方法，研究跨境电子商务 B2B 的统计标准、口径和方法，进一步做好跨境电子商务零售出口、直购进口的统计工作。

四、组织实施

省政府统筹领导和协调推进综试区试点工作。广州市要加强组织领导和统筹协调，根据本实施方案进一步完善工作机制，细化任务安排，明确工作分工和进展安排，确保各项试点任务落实。要突出重点、先行先试，抓紧形成制度创新清单，推进创新政策措施落地。省各有关部门要大力支持，积极做好协调配合、指导评估等工作，并及时总结评估试点政策的执行情况和实施效果，力争广州综试区建设早出成效、多出成果。

第十七章 中国（成都）跨境电子商务综合试验区实施方案

DI-SHIQI ZHANG ZHONGGUO（CHENGDU）KUAJING DIANZI SHANGWU ZONGHE SHIYANQU SHISHI FANGAN

（川府函〔2016〕129号，2016年7月1日）

为贯彻落实《国务院办公厅关于促进跨境电子商务健康快速发展的指导意见》（国办发〔2015〕46号）、《国务院关于同意在天津等12个城市设立跨境电子商务综合试验区的批复》（国函〔2016〕17号）精神，全面有效推进中国（成都）跨境电子商务综合试验区（简称成都跨境电商综试区）建设，制定本实施方案。

一、总体要求

（一）指导思想

全面贯彻党的十八大和十八届二中、三中、四中、五中全会精神，认真落实党中央、国务院设立跨境电子商务综合试验区的决策部署，切实贯彻创新、协调、绿色、开放、共享发展理念，以“稳增长、促改革、调结构、惠民生、防风险”为工作轴心，创新外贸增长方式，推动企业对企业（B2B）跨境电子商务发展，在B2B相关环节的技术标准、业务流程、监管模式和信息化建设等方面先行先试，利用跨境网络B2B出口，建立由生产厂商直接面向海外批发商的B2B新模式，刺激海外流通末端需求，扩大全球贸易增量市场；依托我国深化改革开放重要举措，利用跨境网络进口倒逼贸易主体及配套政策进行供给侧结构性改革，升级产品制造、设计及供应链服务能力，孵化一批具有国际竞争力的本土品牌，促进对外贸易优进优出，增强国际贸易竞争力。充分利用成都跨境电商综试区政策条件，积极探索内陆城市跨境电子商务发展新模式、国际合作新规则、产业转型新路径，构建由贸易主体跨境电子商务应用、跨境B2B电子商务创新服务、跨境网络零售集成的新型外贸产业体系，促进外贸增长方式由“境内产能驱动”转向“境外需求拉动”，由“境外需求拉动”转向“中国制造转型升级”，推进供给侧结构性改革，培育外贸发展新动力。

（二）基本原则

市场运作，创新驱动。以企业创新与现行规制的矛盾为工作切入点，依托市场、服务市场，研究制定针对性强的政策措施，科学调整现行规制，提供过渡性财政扶持政策。以关键服务资源为产业驱动点，为平台、供应链等服务资源提供西部运营“基站”，辐射带动传统制造、贸易企业创新发展跨境B2B出口，优化供应链。以中小及小微创业企业需求为工作出发点，把握产业发展趋势，简政放权，优化服务，扶持创新创业。

分步突破，形成合力。积极主动、分步攻坚，盘活现有省内外资源和要素，“解决一项、夯实一项、突破一项”，逐次逐项推进跨境电子商务改革试点试验。以“部门联动，业务连通”为工作路径，形成海关、检验检疫局、商务、税务、外汇等相关部门以及相关市（州）协作局面，确保工作衔接畅通，为跨境电子商务运营提供全线贯通的便捷政务服务。

服务西部，连接丝路。以拉动西部进出口、投资和消费为工作着力点，厘清跨境电子商务产业发展思路，建立跨境电子商务带动传统产业升级发展的产业体系，形成“基点城市辐射，区域借力”的西部跨境电子商务发展新格局。以“市场共享、资源互补、规则共建”为国际合作思路，积极探索与“丝绸之路经济带”沿途各国开展基础设施、监管方式、贸易规则、产业交流等多维度合作。

（三）发展目标

1. 总体目标：经过快速推进，建成“基站”“动力”“中继”三位一体的成都跨境电商综试区。“基站”功能辐射连接“丝绸之路经济带”沿途各国电子商务，形成西部跨境电子商务创新驱动“动力”功能，成为全国电子商务进出国际市场的“中继”和“西大门”。

2. 具体目标：实现“单一窗口”，全域互通，在西部提供与东部沿海城市无差距的跨境电子商务通关服务；探索西部跨境电商综试区创新发展路径，跨境电子商务贸易额增速高于全国平均水平；以跨境 B2B 出口为主要方向，探索跨境电子商务新模式，释放市场活力，吸引大中小企业集聚，促进新业态成长；以物流基础设施、贸易规则为主要内容，与“丝绸之路经济带”沿途各国城市形成多个点对点电子商务合作。

二、实施范围

2016 年内成都跨境电商综试区线下地理范围为全域成都，按照“一城多区、立体布局”的思路，空间布局分为关境线（特殊监管区域）和商业载体两部分。2017 年在全省成熟的市（州）推进跨境电子商务。

成都跨境电商综试区线上范围为成都跨境贸易电子商务公共服务平台服务范围，覆盖平台登记注册、备案和开展跨境电子商务进出口业务的各类市场主体。

三、主要建设任务

按照“一府一都三中心”的建设思路，依托成都跨境电商综试区重大政策机遇，充分发挥西部国际空港优势，整合蓉欧快铁运力资源，激活跨境电子商务创新创业，形成西部跨境电子商务动力板块。

（一）建设西部跨境电子商务创业天府

进一步营造宽松、优越的跨境电子商务创业发展环境，促进传统产业转型升级，通过 B2B 开拓国际市场，把成都跨境电商综试区建设成为大众创业、万众创新的主战场，创业氛围浓厚、带动西部地区跨境电子商务创业的“领头羊”。积极组织全国性跨境电子商务创业及产业交流活动，营造浓厚的跨境电子商务创业氛围，激活本地创业人才，吸引更多省内外精英人才来蓉创业。引导成都女鞋、服装、家居、汽配等传统特色产业利用跨境电子商务平台进行二次创业，以跨境电子商务开展外贸出口业务，并探索自主网络品牌和网络化定制业务模式。鼓励跨境电子商务经营者创业，参照小微企业优惠政策，尽可能为其提供宽松的税费发展环境。支持跨境电子商务独立商城和交易服务平台创业，支持创业企业做大做强，促进外贸创新发展，扩大跨境出口交易额。探索“互联网+品牌孵化”，树立中国商品国际品牌形象。探索自主网络品牌和网络化定制业务模式，中小型加工厂树立自主品牌，以销定产，使小批量、个性化生产的门槛降到最低，通过孵化优秀的中国品牌，重点以跨境 B2B 方式开拓国际网络市场，完成特色产业升级和经济转型。

（二）建设西部电子商务消费之都

丰富线上线下消费者的商品供应，改善产品和服务供给，优化消费环境，引导出境消费回流，扩大需求总量，形成稳定持久的内需支撑。在成都主要商圈，市（州）邮政核心营业网点及综合保税区开设跨境线上线下（O2O）体验店，以日用消费品为主，为消费者提供跨境电子商务商品展销和线下体验、线上下单两种购物体验。依托蓉欧快铁及传统汽车贸易企业，探索平行进口汽车业务，利用电子商务交易平台，形成售前售后服务体系，实现线上线下互动。开展跨境电子商务商品流通全流程追溯和查询服务，提升线上线下消费体验，将跨境电子商务带来的全球商品注入西部消费市场，推进国内外市场一体化，打造西部电子商务消费之都。

（三）探索建立西部产业运营模式创新中心

探索建立传统产业外贸模式创新中心，以发展跨境 B2B 出口为主要方向，研究试验允许电子商务企业把商品整批放入监管场所后分批出口，并采用“清单核放、汇总申报”模式办理通关手续。支持商品入区签发报关单，允许企业凭报关单结汇、退税，实现商品“入区即退税”。探索综合保税区加工制造与跨境电子商务功能融合扩展模式，赋予西部承接加工贸易转移跨境电子商务新功能，探索“网上接受预定，区内加工制造，分批出区，汇总申报”的全球网购保税加工模式。探索建立电子商务龙头企业西部创新中心，引导在蓉电子商务龙头企业，将跨境电子商务运营及仓配功能叠加到现有西部运营中心，创新区域运营发展模式。引导跨境电子商务出口企业或平台，重点围绕 B2B 出口业务，在蓉设立运营及集货中心。引导电子商务龙头企业，在蓉设立跨境电子商务运营中心，满足西部地区用户的配送需求。引导其利用蓉欧快铁的集装箱运输能力，利用机场的快速补货能力，逐步将进口商品口岸转移到成都。

（四）建设西部企业跨境电子商务应用服务中心

重点围绕跨境 B2B 出口，集聚交易平台、物流供应链、营销、代运营、支付等服务资源，重点面向西部传统制造、商贸流通企业，提供丰富的综合服务，进一步降低跨境电子商务应用门槛，加速开拓国际市场。物流供应链服务方面，到东部沿海地区引进一批服务质量好、价格合理的物流供应链服务企业；支持本地物流货代企业，围绕跨境电子商务服务需求，进一步优化业务流程，提出有针对性的服务；引导国际快递公司，重视和加大跨境电子商务服务体系建设。跨境电子商务交易服务平台及营销、代运营服务方面，利用成都研发人才、综合办公成本及特色传统产业市场优势，叠加“关检汇税”政策便利，积极吸引大型跨境电子商务 B2B 出口交易服务平台来蓉设立运营中心；吸引海外搜索引擎营销服务企业来蓉发展业务代理，培育本地跨境电子商务营销及代运营服务商。同时，加快培育我省有条件的机构取得跨境支付牌照，吸引省外跨境支付机构来蓉设立交易结算中心。

（五）建设“丝绸之路经济带”国际物流中心

立足双流国际机场、蓉欧快铁，重点围绕“丝绸之路经济带”沿线各国，开通空铁运输线路，增设班（列）次，重点引进培育一批跨境电子商务综合供应链服务企业，形成扩展性、业务承受能力和综合供应链服务能力强的国际物流港。完善双流国际机场、成都铁路港两个口岸相关的基础设施建设，优化成都高新综合保税区功能，将丰富的仓储资源优势，改造转化为面向跨境电子商务，具有仓储、简单加工、分拣、派送功能的综合性电子商务监管中心仓库。建设成都天府国际机场，做好扩建成都空港快件分拣中心、成都空港国际快件中心改扩建工作；申请扩大成都国际邮件互换局经转功能，改善成都空港保税物流中心（B型）软硬件设施。完善成都铁路保税物流中心（B型）、“掏拼箱”作业条件，探索建立支撑蓉欧快铁跨境电子商务包裹运输的软硬件设施。完善成都铁路口岸周边汽车等进口商品展示、存储功能。引进成熟综合供应链服务商入驻成都空港保税物流中心（B型）、成都双流国际快件中心和成都铁路保税物流中心（B型），围绕空港国际航线和国际铁路大通道快速形成供应链服务能力。

四、主要创新举措

按照“一窗二区三体系”“线上线下联动、多维一体支撑”的思路，探索实践跨境电子商务发展新举措。

（一）构建“单一窗口”线上公共服务平台，提供便利化通关服务

为入驻平台的跨境电子商务企业及商品提供企业备案和商品备案，公共服务平台为备案企业提供“单一窗口”“一站式”跨境电子商务关务、检务、税务和外汇服务，实现跨境电子商务进出口商品全程无纸化高效便捷通关、出口退税、收付汇和结售汇。

逐步形成信用及风控大数据系统。利用公共服务平台汇集的生产、产品质量检验、交易、通关、物流、支付、结算及评价等综合信息为企业和消费者提供全流程查询服务，实现跨境电子商务商品质量可追溯、风险可监测、流向可跟踪。

建立“信息共享、互助监管”机制。贯通“关”“检”“汇”“税”“商”等监管部门信息系统，依托“单一窗口”平台，实现各部门“一次备案、信息互通、监管互认”，降低企业经营成本，提高监管效率。

（二）规划跨境电子商务线下产业载体区域

按照“一城多区、立体布局”的创新思路，结合跨境电子商务产业特征，规划新型产业载体。

1. 沿关境线（特殊监管区域）创新规划产业载体区域。以成都市跨境电子商务企业为基础，进一步吸引、整合全国产业链资源企业，辐射服务西部所有相关制造、商贸流通企业。

依托成都空港保税物流中心（B型）先进的保税仓库，吸引跨境供应链服务商入驻，重点发展特殊区域出口业务，兼顾发展网购保税进口业务。

依托成都双流国际快件中心及成都国际邮件互换局所具备的监管、仓储、办公场地及城市网点资源，争取中邮集团第四大口岸互换局资格，优先试点一般出口和直购进口模式。

扩建成都空港国际快件中心监管场所，优化海关、检验检疫联合查验环境，重点开展女鞋、服装、3C产品一般出口业务。

依托成都铁路口岸和蓉欧快铁、中亚列车两条连接欧亚的“双黄金国际通道”跨

境电子商务区位优势，重点开展以“入区即退税”“一站式出口供应链服务”为核心的机械设备 B2B 出口业务；发展跨境贸易综合体，开展跨境商品和保税商品展示交易。

依托成都高新综合保税区（成都高新园区、双流园区），配合海关，引导区内企业，积极探索面向全球网络直购的制造模式，实现网上下单、区内生产和跨境电子商务监管方式进出口的政策及模式创新。

2. 沿商业及消费中心创新规划产业载体区域。在天府软件园等现有产业园区增设跨境电子商务虚拟产业园，为跨境电子商务平台、非物流服务资源中心提供配套基础设施，为小微跨境电子商务企业提供专业楼宇；在成都市春熙路、盐市口、骡马市、新南天地、建设路等主要商圈及综合保税区开设跨境 O2O 体验店，在市（州）邮政核心营业网点设立 O2O 线下展示区。

（三）建设成都跨境电商综试区多维立体支撑体系

1. 创新跨境电子商务海关监管模式。服务西部跨境网购消费需求，助力轻工业、机械设备和电子信息三大产业利用跨境电子商务创新外贸出口发展。

积极推进国家跨境电子商务税改新政。按照财政部跨境电子商务进口税制改革新政要求，按时保质进行监管及系统调整工作，积极研究探索正面清单。

优先建立一般出口与直购进口监管服务模式。支持成都电子商务企业通过电子商务交易平台出口商品，优化通关流程，切实解决企业退税难的实际问题。与国内跨境电子商务出口业务成熟的企业直接进行业务及系统对接，推进一般出口业务的顺利进行，并准备与综合供应链服务商进行系统对接，满足监管模式要求。

重点探索特殊监管区出口监管服务工作。允许电子商务企业将商品整批放入监管场所后分批出口，并采用“清单核放、汇总申报”模式办理通关手续。支持商品入区签发报关单，允许企业凭报关单结汇、退税，实现商品“入区即退税”。

筹备网购保税进口监管服务模式。允许商家将进口商品运至特殊监管场所，向海关申报后入区，并向检验检疫局报检，再利用跨境电子商务通过分批出区的方式将商品发至国内消费者手中，海关根据清单对货物进行验放。支持跨境电子商务 O2O 体验店开设延展平台。

着力打造跨境电子商务 B2B 交易通关模式。在零售出口模式下，要求电商企业、电商平台或物流企业采取清单申报方式，按照货物办理海关通关手续；在零售进口模式下，要求由电商企业、电商平台或物流企业代办申报、纳税等海关手续并承担法律责任。

探索研究全球用户网上下单、综保区组织生产、跨境电子商务方式进出口的新型制造模式，在给企业降低库存成本、降低税负的同时，形成全新的电子信息制造中心政策优势。

对符合条件的跨境零售出口业务尝试由 10 位 HS 商品编码改为按 HS 商品编码前 4 位简化申报；开展“先入区，后报关”的通关模式，减少跨境物流企业通关工作压力，提升通关效率。

2. 优化跨境电子商务检验检疫监管流程。以“突出事前监管、弱化事中检验、加强事后跟踪”为工作理念，以“源头可追溯、去向可查询、风险可监控、责任可追究”为工作目标，通过企业备案、商品备案，落实企业主体责任，实现商品质量安全主体责任可追溯。对出口跨境电子商品实行集中申报、集中办理放行手续，对进口跨境电子商务商品实行集中申报、核查放行，实施通关无纸化，提高验放速度。

创新监管机制。依托成都跨境贸易电子商务公共服务平台，建立检验检疫监管系统，建立跨境电子商务监管新模式。提高验放速度，实施清单管理，预先申报，突出事前监管；出台跨境电商入境物品备案负面清单管理制度，弱化事中检验；监督问题商品召回情况，强化事后跟踪。实现“质量可追溯、风险可监测、流向可跟踪”。

3. 优化跨境电子商务支付与结售汇服务。

加强数据交换，提升协同监管。企业可通过公共服务平台进行名录登记的信息备案，国家外汇管理局四川省分局可通过平台获得跨境电子商务交易主体、订单、运单、报关单、支付、税务等信息。

推进个人贸易外汇管理便利化措施。按照外汇管理规定，允许在电商综试区备案的个人电商开立个人外汇结算账户。进一步便利跨境电子商务外汇收支业务办理，结售汇不受等值5万美元的个人额度管理。

个人开展对外贸易同时还应遵守海关、工商、税务等有关部门的规定。积极推进成都支付机构跨境外汇支付试点。在风险可控、条件成熟的基础上，培育跨境第三方支付机构为跨境电商业务提供小额、快捷、便民的支付服务。

4. 创新跨境电子商务税收征管服务。

建设跨境电子商务监管系统。四川省国税局参与成都跨境贸易电子商务公共服务平台建设，提供便利服务。规划建设成都市国税局相关信息管理系统，在四川省国税局统一部署下积极推进跨境电子商务经营主体的备案、审核出口退（免）税业务无纸化试点工作，利用跨境电子商务监管系统对出口免税业务进行监管。

协同成都海关，优化出口退税。依据跨境电子商务出口品类多的特点，配合推进4位编码代替10位编码商品归类。同步向国家税务总局争取实行跨境电子商务企业凭申报清单和综合退税率退税的政策，提高出口退税效率，适应跨境电子商务零售出口业务发展。

争取对跨境电子商务中小经营主体实行“无票免税”政策。对纳入成都跨境贸易电子商务公共服务平台监管的跨境电子商务出口货物，出口企业未取得合法有效进货凭证的，参考杭州跨境电商综试区执行免税政策。

制定跨境电子商务特殊区域出口政策。对在成都跨境贸易电子商务公共服务平台上进行备案及申报开展特殊区域出口业务的企业实行“入区即退税”政策，减轻企业资金周转压力，推动跨境电子商务B2B出口。推进“财税库银”横向联网系统建设，推动票据电子化及协同办公，力争实现月度多次退税。

5. 优化园区管理，贯彻落实跨境电商园区“三证合一”登记制度，逐步推行“五证合一、一照一码”，降低创业准入制度成本。

（四）创新跨境电子商务政策支持体系

1. 重点鼓励发展跨境B2B出口业务。引进B2B外贸交易综合服务商，降低中小企业B2B出口门槛和清关成本。鼓励跨境电子商务B2B企业在成都开展业务，对在成都设立跨境电子商务B2B出口业务部门的企业给予办公场地资金补贴。鼓励跨境电子商务B2B出口企业利用成都跨境贸易电子商务公共服务平台完成报关业务，对在成都跨境贸易电子商务公共服务平台完成报关业务的企业按销售额完成情况给予不同等级的资金奖励。打造电子商务产品质量检测综合平台，争取建立省级电子商务产品质量监督检验中心，对跨境电子商务B2B企业提供产品质量检测服务。

2. 加强跨境电子商务创业创新扶持。支持传统外贸企业向跨境电子商务转型，对在成都跨境贸易电子商务公共服务平台上开展业务的中小企业经营主体、拥有跨境电子商务自主品牌的企业和利用跨境电子商务渠道开展跨境出口业务的企业给予一定的政策、融资和办公用地等方面的支持，鼓励跨境电子商务中小经营主体到跨境电子商务园区创业。培育一批跨境电子商务出口创业示范企业，引导中小跨境电子商务经营主体实现“阳光通关”。针对全国性电子商务企业设立成都区域运营中心和物流分拨中心，引导其扩展承接跨境电子商务业务。

3. 引导在蓉电子商务龙头企业将跨境电子商务运营及仓配功能叠加到现有西部运营中心。鼓励其在成都报关、清关，在成都集货或分拨配送，对通过成都跨境贸易电子商务公共服务平台开展业务的企业，按交易额比例给予资金奖励。

4. 促进外贸综合服务企业发展。鼓励交易平台、物流供应链、营销、代运营、支付等第三方服务企业来成都发展，服务中西部跨境电子商务。重点引进跨境电子商务综合供应链服务商，对其给予办公场地租金补贴和完成交易额补贴双重资金支持。支持企业建设一批出口产品海外仓，对满足一定标准要求的海外仓给予资金补贴。

5. 进一步优化消费环境，以消费拉动经济转型升级。鼓励培育跨境电子商务消费市场，允许本地企业采用“异地清关”模式在成都主要商圈、市（州）邮政核心网点及综合保税区开设跨境电子商务线上线下（O2O）体验店，并给予租金补贴。

6. 发展跨境电子商务产业园区。依托成都空港保税物流中心（B型）、成都铁路保税物流中心（B型）、成都高新综合保税区（成都高新园区、双流园区）、成都空港国际快件中心、成都双流国际快件中心等区域设立跨境电子商务园区。给予园区配套资金政策，支持园区扩建完善跨境电子商务配套基础设施、完善综合服务体系、开展综合供应链服务商招商引资等工作，形成集聚和示范效应。

7. 加强跨境电子商务环境培育和人才培养。鼓励国内外知名跨境电子商务企业、媒体、研究机构等每年在成都开展跨境电子商务相关大型交流活动，对规模较大的交流活动予以重点支持。通过政府智力服务采购，组织咨询机构、科研院所、电子商务平台等机构针对成都跨境电商相关政策、产业发展和工作创新进行理论研究。引进和培育跨境电商人才。鼓励企业引进外省与境外跨境电商领域高层次人才，对成都市组织认定的高层次人才给予安置补助。支持跨境电商企业人才培训，对为开展跨境电商创业培训、孵化做出贡献的社会培训机构与高校给予资金奖励。

8. 融合国家服务贸易创新发展试点城市政策。依托成都“服务贸易创新发展试点城市”的税收、金融等政策支持，创新融合发展成都跨境电商综试区。

（五）积极探讨电子商务贸易新规则体系

紧抓“一带一路”倡议机遇，结合蓉欧快铁及空港对沿途各国的货运优势，就跨境电子商务基础设施建设、企业间技术合作、通关便利等各方面，积极组织研究跨境电子商务贸易新规则，主动与国际城市或贸易机构进行友好磋商，在国家有关部门的指导下，建立双边或多边跨境合作，广泛开展产业交流活动。

五、组织实施

（一）加强领导

根据试点内容，参考杭州跨境电商综试区实践经验，在国务院及国家相关部委的大力支持和指导下，共同推进体制机制创新，研究新情况，解决新问题，总结新经验，将重大事项及时报国务院，努力推进成都跨境电商综试区更好更快发展。

（二）落实责任

进一步细化任务，制定工作计划，明确分工、落实责任。突出重点，鼓励先行先试、大胆创新，抓紧形成一批制度创新清单，加快推进创新举措落地，力争成都跨境电商综试区早出成效、多出成果。

（三）安全防范

在保障国家安全、网络安全、交易安全、国门生物安全、进出口商品质量安全和有效防范交易风险的基础上，坚持在发展中规范、在规范中发展，为成都跨境电商综试区各类市场主体公平参与市场竞争创造良好的营商环境。

（四）强化督查

建立成都跨境电商综试区工作专项督查组，定期检查工作任务完成情况，加强重点任务的督查和目标考核，确保试点方案中各项任务全面完成。

第十八章 中国（大连）跨境电子商务综合试验区实施方案

DI-SHIBA ZHANG ZHONGGUO（DALIAN）KUAJING DIANZI SHANGWU ZONGHE SHIYANQU SHISHI FANGAN

（辽政发〔2016〕26号，2017年6月18日）

根据《国务院关于同意在天津等12个城市设立跨境电子商务综合试验区的批复》（国函〔2016〕17号）精神，借鉴杭州跨境电子商务综合试验区及其他跨境电商试点城市经验，制定本实施方案。

一、总体要求

（一）指导思想

以党的十八大和十八届三中、四中、五中全会精神为指导，按照《中共中央国务院关于全面振兴东北地区等老工业基地的若干意见》（中发〔2015〕7号）要求，依托大连区位、产业、贸易、港口等优势，面向大连及周边区域促消费、稳出口、调结构的重大需求，紧抓"一带一路"建设有利契机，加速构建跨境电子商务产业生态体系。以跨境电子商务B2C为突破口、B2B出口为重点，在跨境电子商务的监管模式、技术标准、业务流程和信息化建设等方面先行先试，通过制度创新、管理创新、服务创新，探索一批可复制推广的经验，实现大连跨境电子商务率先发展和突破，形成引领东北、辐射东北亚、面向全球的跨境电子商务发展格局。

（二）基本原则

市场主导，政府推动。发挥市场在资源配置中的决定性作用，发挥企业在跨境电子商务发展中的主体作用，发挥政府在政策创新和环境建设方面的推动作用，汇聚资源，不断激发企业活力，推动跨境电子商务快速发展。

创新发展，有序规范。按照在发展中规范、在规范中发展的要求，通过制度创新、管理创新和服务创新，推动跨境电子商务自由化、便利化、规范化发展。同时，有效防范风险，保障安全。

借鉴经验，突出特色。借鉴国内外跨境电子商务发展的经验，结合大连实际，围绕建设东北亚国际航运中心、国际物流中心、国际贸易中心、区域性金融中心和现代产业聚集区的目标，因地制宜，突出特色，打造有利于跨境电子商务发展的新体制、新机制和新模式。

协同配合，重点突破。加强"关、检、税、汇、商、物、融"等部门横向协同与上下联动，形成合力。坚持问题导向，实现重点领域和关键环节的突破。加强资源对接与合作，以点带面，推动区域经济转型升级和协同发展。

（三）发展目标

按照先行先试、风险可控、重点突破、逐步完善的思路，到2020年，把中国（大连）跨境电子商务综合试验区（以下简称综合试验区）建设成为东北跨境电子商务发展的先行区、外贸转型发展的引领区、老工业基地振兴的示范区和东北亚跨境商品的集散区。

1. 形成适用的跨境电子商务监管规则。推进监管制度创新，基本形成一套以装备制造 B2B 出口、软件服务外包出口、外贸综合服务企业等为重点的跨境电子商务监管制度和规则，跨境电商便利化、规范化程度明显提升。

2. 培育有竞争力的跨境电子商务企业。通过政策促进、园区建设、招大引强等多种手段，培育电子商务平台和企业，形成一批规模结构合理、产业特色鲜明、竞争优势明显的跨境电子商务企业集群。

3. 打造完整的跨境电子商务生态链。加快发展创业孵化、综合服务等跨境电子商务服务企业，推动商协会等各类社会服务组织发展，完善跨境电子商务统计、信息、信用、人才、防控等公共服务体系。

4. 营造良好的创新创业和营商氛围。倡导创业、创新、诚信的价值理念，优化创业创新环境，形成大众创业、万众创新的良好局面。加强市场监管，规范市场秩序，建设法治化营商环境。

二、重点任务

立足辐射东北、毗邻日韩、连接欧亚的区位优势，口岸发达、港航便捷、海铁联运的物流优势，软件信息、装备制造、大宗商品、农水产品等产业优势，通过实施“五大工程”，集聚资源要素，形成良好的发展态势。

（一）突出特色

突出区位特色。培育一批以日韩和“一带一路”沿线国家为主要目标市场的跨境电子商务 B2B、B2C 进出口经营主体；形成连通东北亚、辐射全球的物流体系。

突出交易特色。推动“两直购两出口”的跨境电子商务运营模式，即发展海运直购、店铺直购（前店后仓）；推动软件服务外包出口和装备制造业 B2B 出口。

突出联动特色。同中国（郑州）跨境电子商务综合试验区开展战略合作，发挥郑州的陆路交通优势、跨境电子商务服务优势和大连的海路交通优势、产业发展需求优势，在综合试验区顶层设计、打造跨境电商产业链等方面深化合作、优势互补、联动发展。

（二）搭建平台

建设“单一窗口”平台。依托辽宁电子口岸，按照“一点接入、一次申报、数据共享”的原则，建设面向跨境电子商务全业务的线上“单一窗口”平台，构建跨境电子商务信息共享体系、系统监测体系和风险防控体系，与各园区跨境电子商务综合服务平台对接，实现互联互通和业务协同，全面支撑跨境电子商务一般出口、特殊区域出口、软件服务外包出口、进口直购（邮）、保税进口、跨境 B2B 等通关监管需求，通过海关、检验检疫局、税务、外汇等部门的信息互换、监管互认和执法互助，构成跨境电商风险防控体系。

建设园区综合服务平台。依托线下跨境电子商务园区主体，建设区域跨境电子商务综合服务平台，优化园区物流、仓储、培训、融资等配套服务，提供通关、物流、金融、人才等一站式综合服务。

建设外贸综合服务平台。支持外贸综合服务平台发展，鼓励外贸综合服务企业为大连及东北地区的中小企业提供通关、物流、仓储、融资、结汇、退税等服务，解决跨境电子商务的退税难、融资难、结汇难等突出问题，带动中小企业扩大出口，形成核心竞争力。

建设特色交易平台。通过引进知名平台企业和扶持本地龙头平台企业，结合大连及东北地区的产业特点，基于先进装备制造、成品油、粮食、服装、水产品等，培育跨境电子商务 B2B 平台，打造东北地区跨境电子商务出口基地。

（三）建成体系

建成智能物流体系。依托大数据、云计算、物联网等技术，建设公共信息服务平台，改造和提升物流基础设施；优化物流设施布局，推动大连与周边地区港口、铁路、航空资源整合，完善城市配送物流体系及智能仓储体系，实现物流快递与跨境电子商务的协同发展，打造东北地区跨境电商物流大通道；加强国际货运班线和公共海外仓建设，发展船舶及航运交易，提高对日韩的辐射能力，增强对欧洲及其他地区的物流对接能力，形成过程可视、无缝衔接、功能齐全、运转高效、辐射东北、连接欧亚的智能化跨境物流体系。

建成金融服务体系。发展跨境电子商务金融创新业务，鼓励金融机构、第三方支付机构、第三方电子商务平台、外贸综合服务企业之间开展合作，利用跨境电子商务信息可查寻、可追溯的特点，为具有真实交易背景的跨境电子商务交易提供在线支付结算、在线融资、在线保险等完备便捷、风险可控的金融服务。

建成公共服务体系。建立统计、监测、检验、评价、培训、防控等多位一体的服务体系；建立财政、税务、土地等多部门协同、多领域支持的政策促进体系；发展基于跨境电子商务的大众创业、万众创新服务体系；健全和发展跨境电子商务协会、商会、学会等社会中介组织，形成市场主导、政府引导、行业自律为一体的公共服务体系。

（四）培育优势

培育软件服务外包出口的独特优势。依托跨境电子商务，优化跨境电子商务软件服务外包通关、退税、结汇等业务流程。培育面向海外中小客商外包需求的第三方服务外包平台，依托跨境电子商务提升软件服务外包的竞争优势。

培育本土知名品牌的竞争优势。实行“跨境电商+”战略，通过“跨境电商+装备制造”“跨境电商+浪漫之旅”“跨境电商+海洋文化”“跨境电商+农产品”“跨境电商+水产品”等行动，推动本土品牌走向世界。

培育跨境电子商务的后发优势。通过扶持本土、政策支持、招大引强、嫁接外贸等手段，推动本市企业做大、知名企业进驻、本地企业回流，形成大连跨境电子商务的后发优势。

（五）打造一批园区

打造区域性园区。对各先导区和区市县跨境电子商务园区进行统一规划，实现跨境电子商务园区规模化、差异化发展。

打造跨界性园区。整合全市优势资源，通过打造跨境电子商务跨界园区，促进旅游观光、文化交流、休闲度假、医疗医药等传统服务贸易转型升级。

打造专业性园区。各地因地制宜，结合不同的产业聚集区，重点发展B2B、B2C、B2B2C中小型、专业性跨境电子商务园区，带动本区域特色出口。

三、线下园区布局

跨境电子商务园区是实现跨境电子商务发展的重要载体。依托各先导区和县（市、区），打造区域性跨境电子商务产业园区。园区总体布局为“一带两翼，全域发展”。一带是指以由南向北的旅顺口区、市内四区、金普新区、普兰店区布局发展跨境电子商务综合产业带，其中，在金普新区打造核心功能区。两翼是指以庄河市、花园口经济区为东翼，形成新材料、农产品、海产品跨境电子商务产业园；以瓦房店市、长兴岛经济区为西翼，布局石化、木材等大宗商品和轴承等装备制造业跨境电子商务产业园。全域发展是指通过“一带两翼”的布局，带动和支撑周边区域乃至整个跨境电子商务综合试验区，最终实现所有区域跨境电子商务全面发展。

重点建设中国（大连）跨境电子商务综合试验区大窑湾保税港园区、双D港园区、高新区园区、长兴岛园区、花园口园区、普湾园区、中山园区、西岗园区、沙河口园区、甘井子园区、旅顺口园区、瓦房店园区、庄河园区13个园区，并形成各自特色。

（一）大窑湾保税港园区

立足保税区、出口加工区、海关特殊监管区的功能优势，大窑湾港的独特地理优势、大连港综合物流体系的优势，发展跨境电商保税备货、进口集货、出口集运、仓储物流、分拨配送、商品展示、金融支付等业务，打造跨境电子商务运营中心，建设大连跨境电子商务示范区和跨境电子商务综合试验区核心功能区。

（二）双D港园区

依托双D港临港优势，重点发展金普新区跨境电商试验区和针对日韩俄的跨境电子商务应用及金融交易、信息服务、线下展示等配套产业链，打造跨境电子商务产业集聚区。

（三）高新区园区

依托高新区软件信息、服务外包及人才孵化、综合配套等优势，重点发展跨境电子商务信息服务、软件服务外包、创业孵化、金融支持等产业链，打造跨境电子商务综合服务园区。

（四）长兴岛园区

依托大连港码头、石化产业基地、木材检验检疫设施等优势，建设大宗商品交易平台，发展石化及木材中转、仓储、加工、展示、交易等，打造我国北方石化及木材跨境电子商务集散交易中心。

（五）花园口园区

依托国家新材料产业基地，发展新能源、新材料跨境电子商务，打造以新能源、新材料为核心的我国北方的大宗商品跨境电子商务基地。

（六）普湾园区

依托家居用品、食品、服装等产业优势，推动外贸出口企业发展B2B、B2C出口业务，打造家居用品和食品跨境电子商务产业集群。

（七）中山园区

立足省级金融服务区和商业、观光、会议等资源优势以及跨境电商平台优势，建设“跨境 e 购园”及 B2B 跨境电商特色平台，发展跨境电子商务体验（O2O）、金融支付结算、平台运营、免税购物、休闲观光、商务服务、B2B 进出口业务等，打造跨境电子商务创新区、金融结算综合服务区、旅游休闲示范区、中韩海运直购试验区及综合试验区展示区。

（八）西岗园区

依托西岗电子商务创业园、PE 大厦，发展集国内与跨境为一体、创业孵化与综合配套为一体、跨境电商与楼宇经济为一体的跨境电子商务产业园。

（九）沙河口园区

依托“良运 E+”、中商所、食惠网、泰德煤网等交易平台，建设跨境电子商务产业园，发展跨境进口、体验、展示和大宗农产品的跨境电商产业，打造以跨境进口和大宗商品交易为主的产业集群。

（十）甘井子园区

立足制造业发达、物流集疏便捷、外贸企业聚集等优势，发展跨境电子商务 B2B、B2C 进出口业务和跨境电商综合配套服务，推动装备制造、外贸企业应用跨境电子商务，打造“互联网+大连制造+外贸”创新区和跨境电子商务企业集聚区。

（十一）旅顺口园区

发挥装备制造业、农副水产品等优势，建设船舶制造、机车配件、机械加工、农副水产品跨境电子商务出口基地。发挥旅游资源丰富及临港优势，发展以欧洲商品为代表的进口产品展示购物，打造跨境旅游产业集聚区。

（十二）瓦房店园区

依托国家新型工业化产业示范基地和国家高端轴承高新技术产业化基地，发展轴承、水泵机电、金属材料、家纺流苏等 B2B 出口，打造以轴承为龙头的出口基地。

（十三）庄河园区

依托中日韩自贸区示范基地及临港优势，建设农副水产品跨境电子商务产业园和交易中心，完善物流、孵化等综合配套服务，打造东北地区特色农副水产品跨境电商出口基地。

四、创新举措

（一）创新国内城市综试区之间的联动合作体系

与郑州跨境电子商务综试区建立横向联系合作机制，借鉴发展经验，对接业务合作，共享企业资源，打通物流通道，实现联动发展。推进设立跨境电子商务综合试验区创新发展联盟，积极推动与国内自贸区等其他政策试验区的交流合作，探索政策衔接机制。

（二）创新跨境电子商务带动产业发展的服务体系

以外贸综合服务平台的服务机制解决中小企业 B2B、B2C 的产品通关、退税、结汇等问题，带动中小贸易企业出口发展，鼓励外贸综合服务企业面向 9610 模式中小卖家提供综合代理服务。引入和培育一批以大宗产品、工业品和服务外包为主要交易品种的垂直类跨境电子商务平台，发展跨境电子商务服务业，促进东北地区产业转型升级。制定跨境电子商务综合服务企业认定标准和信用管理办法，允许对出口退税一、二类的跨境电子商务企业和综合服务企业使用增值税专用发票认证信息审核办理出口退（免）税。推动 BPO（银行支付责任）结算在跨境电子商务 B2B 的应用，扩大出口信用保险保单融资，大力发展供应链融资、海外并购融资、应收账款质押贷款和融资租赁等业务。

（三）创新跨境电子商务贸易便利化的服务体系

打造跨境电子商务新型通关模式，实行“一次备案、一次申报、一次查验、一次放行”；与主要贸易伙伴电商平台和监管平台对接，实现企业一站式办理境内、境外全程通关。创新跨境电子商务物流转关方式，探索跨境电子商务的全国通关一体化。在风险可控的前提下，出境实施“前期备案、提前监管、后期跟踪、质量监控”的监管模式，入境实施“提前申报备案、入区集中检疫、出区分批核销、质量安全追溯”的监管模式，加强同国际检验检疫部门的沟通与合作，积极推进跨境电子商务商品的信息互通、产地认证、合作互认和采信第三方检测结果。探索适合网络零售的海关归类办法和清单申报通关及统计方式。创新跨境 B2B 业务监管流程，支持跨境电子商务商品便捷通关。加强产品质量安全监控。与全国组织机构代码库、物品条码库进行数据对接，推进组织机构代码和物品编码在电子商务产品质量监管领域的应用，对跨境电子商务企业及其产品实施信用管理及风险管理等措施。推进退税无纸化申报，减少企业申报单证资料，加快出口退税进度，提升出口退税效率。支持跨境电子商务平台和经营者自治，探索建立网上投诉、网上协商、网上调解的一站式在线纠纷解决机制。

（四）创新跨境电子商务投资便利化的服务体系

放宽市场准入，将大宗商品电子交易市场线上交易平台视同电子商务网站，允许外商投资企业股权投入，股权比例可放宽至 100%。允许海外大宗商品交易商在综合试验区内投资，并依法办理登记注册。借鉴国际通行规则，对跨境电子商务领域外商投资试行准入前国民待遇，将外商投资跨境电子商务项目改为备案制；同时在综合试验区改革境外投资管理方式，对境外投资开办电子商务企业实行以备案制为主的管理方式，提高境外投资便利化程度。进一步深化商事制度改革，优化跨境电商市场准入环境，支持企业简易注销和名称登记制度改革，放宽企业集团登记条件，允许企业实行住所申报制，加强跨境电商主体培育，为促进跨境电商企业快速发展创造宽松条件。

五、保障措施

（一）提高认识，加强领导

全面贯彻落实《国务院关于同意在天津等 12 个城市设立跨境电子商务综合试验区的批复》（国函〔2016〕17 号）精神，充分认识建设综合试验区的重要意义。大连市政府成立由主要领导牵头负责的综合试验区建设工作领导小组，加强对综合试验区建设的组织领导和统筹协调，定期研究重大问题，统筹协调重大事项，有效推进综合试验区各项任务的落实。

（二）完善政策，优化环境

加大支持力度，出台具体政策措施，强化资金保障，鼓励跨境电子商务经营主体和企业平台做大做强、物流体系不断发展、园区建设有序推进、传统贸易转型升级、人才体系逐步完备、创新研究实现突破。加强知识产权保护，加大知识产权违法惩戒力度，整顿规范跨境电子商务秩序。

（三）细化任务，明确分工

根据实施方案，进一步细化目标任务，制定科学合理的工作计划和进程安排，并督促落实。明确责任，结合实际，突出重点，先行先试，大胆创新，抓紧形成一批可复制、可推广的经验。

（四）上下联动，合力推进

发挥大连市建设综合试验区的主体作用，加强与国家商务部等有关部委和省有关部门的沟通协调，及时报告需要协调解决的重大事项，建立横向配合、上下联动的工作机制，形成加快推进综合试验区发展的强大合力，力争多出成果、早见成效。

第十九章　中国（宁波）跨境电子商务综合试验区实施方案

DI-SHIJIU ZHANG ZHONGGUO（NINGBO）KUAJING DIANZI SHANGWU ZONGHE SHIYANQU SHISHI FANGAN

（浙政函〔2016〕59 号，2016 年 4 月 18 日）

根据《国务院关于同意在天津等 12 个城市设立跨境电子商务综合试验区的批复》（国函〔2016〕17 号）文件精神，为全面有效推进中国（宁波）跨境电子商务综合试验区（以下简称综合试验区）工作，特制定本实施方案。

一、总体要求

（一）指导思想

以党的十八大和十八届三中、四中、五中全会精神为指导，按照“四个全面”战略布局要求，牢固树立“五大发展理念”，认真落实国家关于跨境电子商务综合试验区的决策部署，紧紧围绕全面建成现代化国际港口城市和全国创新型城市的目标，以扩大开放和改革创新为动力，以外贸产业转型提质为核心，通过口岸监管、信息平台、贸易载体、国际物流、跨境合作等领域的一系列改革创新，提升跨境电子商务服务能力和水平，逐步形成贸易便利、监管高效、法制规范的跨境电子商务发展环境，促进外贸优进优出、转型发展，打造宁波开放型经济的升级版。

（二）基本原则

坚持创新驱动，先行先试。以制度创新、管理创新、服务创新为引擎，开展跨境电子商务发展模式、业务流程、口岸监管和信息化建设等方面的探索与实践，实现跨境电子商务业务从企业对终端消费者（B2C）为主向企业对企业（B2B）和 B2C 并重转变，从进口为主向进出口并举、以出口为主转变。

坚持导向引领，重构生态。以“政府引导、市场主导”为导向，推动跨境电商由“自主发展”向“规范发展”提升，形成汇集外贸产业链、电商服务链、跨境供应链上下游企业和创业者的产业生态系统，打造“互联网+外贸”发展新优势，构建开放型经济新体系。

坚持多方联动，协同发展。拓展跨境电子商务全方位跨区域合作交流，推动综合试验区与其他综合试验区资源共享、优势互补，推动宁波与长江经济带腹地城市开展“区（综合试验区）港（无水港）合作”，与全球海外市场探索“区（综合试验区）海（公共海外仓）合作”，共建共享跨境电子商务全球供应链网络。

（三）发展目标

总目标：经过 3~5 年的改革试验，通过建设线上综合信息平台和线下园区平台、物流平台，拓展跨境电子商务产业链四大服务功能，构建有利于跨境电子商务自由化、便利化、规范化的五大支撑体系，推进六个方面的创新突破，把综合试验区建成国内领先的跨境电子商务产业升级引领区、监管服务创新区、仓储物流示范区。

具体指标：到 2018 年，培育 20 个跨境电子商务产业集群、50 个跨境电子商务公共海外仓；跨境电子商务年交易额超过 150 亿美元，占宁波市当年进出口贸易总额的 15%，其中出口额 130 亿美元、进口额 20 亿美元。

二、主要任务

（一）建设三大平台

1. 跨境电商综合信息平台。

深化跨境电商“单一窗口”平台建设。按照“一点接入”原则，建设集海关、检验检疫、税务、外汇管理、市场监管、质量监督、邮政等于一体的跨境电商“单一窗口”平台，率先实现海关与检验检疫部门之间数据一次申报、部门联动操作、信息双向反馈。

扶持跨境电商商务信息平台建设。拓展跨境电商商务信息平台外贸代理、金融服务、品牌管理、知识产权、法律服务、创意设计、海外分销等功能，为跨境电子商务企业和个人提供专业化的商务服务。

推动跨境电商物流信息平台建设。以智慧物流服务平台为依托，加快制定跨境电商物流规范标准，支持网络平台型物流企业发展，推进落实国家交通运输物流公共信息平台浙江区域交换节点（宁波综合示范区），汇聚各层面物流综合信息，推动跨境电商物流信息化。

2. 跨境电商园区平台。

建设跨境电子商务产业园区。优先推动宁波保税区园区、海曙园区、鄞州园区、空港园区、江北园区及梅山园区、杭州湾园区等市级跨境电商园区建设，增强跨境电子商务核心要素的集聚能力，打造完整的跨境电子商务产业生态体系。在跨境电子商务产业资源相对集中的区域，培育若干跨境电商特色小镇。

推动外贸基地转型升级。优先推动宁波市北仑区休闲装基地、鄞州区餐厨用品基地、奉化男装基地等 8 个国家外贸转型升级示范基地建设，引导基地拓展跨境电子商务应用广度和深度，提升跨境供应链运营能力，有效对接海外市场。

引导设立跨境电商公共服务中心。鼓励跨境电子商务龙头企业、第三方跨境电商平台、外贸综合服务企业积极参与跨境电商公共服务中心建设。探索在慈溪小家电、余姚机电、宁海文具、象山针纺织品等产业集群区域设立跨境电商公共服务中心，为企业提供跨境电子商务培训、政策宣讲、资源对接、市场拓展等公共服务。

3. 跨境电商物流平台。

推进综合物流基础平台建设。加快海港、空港“两港”物流核心区以及中心区、余慈区、奉宁象区三大区域物流中心的建设，推动梅山保税港区物流中心、镇海大宗货物海铁联运物流枢纽港、宁波经济技术开发区现代国际物流园等综合物流园区智慧物流技术应用，提高综合物流基础平台服务跨境电子商务产业的能力。

建设跨境电商专业物流平台。鼓励和引导有条件的综合物流基础平台加快设置跨境电子商务海关、检验检疫监管场所。推进国际邮件互换局和交换站建设，高标准建成支持国际邮件快速处理的智能化物流设施。加快宁波公共海外仓建设，鼓励有条件的跨境电子商务出口企业发展自营海外仓、海外体验店和配送网点，融入境外分销体系。

打造国际物流通道平台。加强与国内重要干线机场和国际航空枢纽的中转联运合作，建设国际航空联运通道，增强宁波空港国际航运功能，推进国际集装箱航运快捷化，引导快速集装箱船运力投放，试点开行宁波至东盟、东北亚、俄罗斯、北美、欧洲等重点国家（地区）的集装箱直达快运航线，提升集装箱航运时效性。试点开行“甬新欧”国际铁路集装箱班列，优化国际铁路集装箱班列开行方式。

（二）拓展四大服务功能

1. 可信交易服务。

主体诚信评价服务。积极推行跨境电子商务企业信用评价标准，建立以真实交易为基础的电子商务诚信体系。支持第三方信用服务机构通过大数据技术，为政府和企业提供信用评价服务。加强跨境电商信用评价体系与海关、检验检疫局、税务、外汇等部门的信息共享，探索建立跨部门的信用激励和惩戒机制。

产品质量管理服务。探索口岸与产地联动的质量安全监测机制，构建跨境电商进出口商品的质量安全投诉与受理体系。推进设立国家跨境电子商务质量安全风险监测宁波分中心，建立商品质量安全风险预警机制。完善主要出口地商品质量标准信息目录，为企业提供出口商品质量检测与咨询服务。

品牌建设管理服务。加快综合试验区跨境电商品牌建设，打通品牌管理体系与企业诚信体系、质量管控体系的数据链路，实现品牌、信用和质量数据的实时对接，为海内外各类主体提供品牌查询、品牌评价、品牌追踪和品牌培育等综合性服务。

2. 快捷结算服务。

简化外汇管理 A 类外贸综合服务企业贸易收结汇流程。在综合试验区外贸综合服务企业数据信息完备的条件下，经认定的 A 类外贸综合服务企业货物贸易外汇收入可不进入待核查账户，直接通过外汇结算账户办理收结汇。

深化跨境电商外汇支付业务试点。鼓励第三方支付机构通过银行为中小电商办理跨境外汇支付和结售汇业务，完善第三方支付机构跨境支付服务，实现各类跨境电商进出口交易形态全覆盖。

推进跨境人民币业务创新。鼓励跨境电子商务活动使用人民币计价结算，支持银行业金融机构与支付机构开展业务合作，丰富电子商务跨境人民币业务产品，为企业和个人的电子商务活动提供优质跨境人民币结算服务。

3. 便利商务服务。

建立境外权益保障服务体系。培育熟悉海外市场的专业服务机构，为企业提供品牌、商标、法律、知识产权等相关服务。支持块状经济、产业集群、供应链上下游企业在海外建立知识产权维权联盟。

加大海外营销推广服务力度。支持文化传媒、品牌推广、路演传播、公关策划、网络营销、广告策划等服务企业拓展海外业务，加强与境外知名网络平台、传播推广企业的合作，为跨境电子商务企业开展海外营销推广提供服务支持。

完善跨境电子商务企业管理服务。引导跨境电子商务企业境内外业务协同发展，积极培育具备国际视野的专业化管理咨询服务机构，为企业提供境外注册、组织架构、人力资源、薪酬体系、绩效考核等咨询服务。

4. 协同物流服务。

推进海关特殊监管区物流协同。借助跨境电商综合信息平台，优化物流信息平台的货物流转管理功能，实现各类海关特殊监管区物流资源的有效整合，推动保税货物流转便利化。

推进区（综合试验区）港（无水港）物流协同。通过信息平台、快捷物流、质量监测、协同通关四方面的互联互通，依托长江经济带沿线无水港前置综合试验区服务窗口，为各地特色产业“走出去”提供属地化跨境电商物流服务。

推进区（综合试验区）海（公共海外仓）物流协同。加快综合试验区与公共海外仓的对接联动，推进信息平台互联互通，跨境物流全程可视化进程，提升综合试验区与公共海外仓协同运营水平。

（三）构建五大体系

1. 信息共享体系。

完善信息共享机制。建立“单一窗口”平台、商务信息平台和物流信息平台间多方协作机制，实现信息共享共用。制定跨境电子商务数据的使用规范与信息披露准则，确保数据安全和信息披露合法合规。

统一数据交换标准。规范跨境电商编码，统一跨境电子商务数据标准，形成综合试验区统一规范的数据基础架构，支撑海关、检验检疫局、税务等部门信息接口的开放，实现经营主体与监管部门的海量数据汇集。

建立统计监测系统。建立跨境电子商务数据分类统计标准，统合“单一窗口”业务数据、电商平台交易数据、电商园区统计数据和物流仓储流转数据，推动大数据中心建设，确保统计数据真实可信。

2. 风险防控体系。

建立风险预警系统。依托跨境电商综合信息平台，建立基于大数据分析的分类分级风险预警系统，实现对跨境电子商务领域市场风险、交易风险、金融风险、技术风险和公共安全风险的实时监测、识别和评估。

健全风险联控机制。系统梳理跨境电子商务各业务环节的各类风险点，制定各部门的风险防控职责、岗位和业务流程，建立健全多部门联动、跨区域管控的风险联控机制。

完善风险处置体系。制定跨境电商务多层级风险处置应急预案，明确突发事件的组织指挥机制、风险评估、监测预警、信息报告、应急处置措施等内容，确保风险处置快速有效。

3. 金融支撑体系。

改善跨境电商融资信贷环境。鼓励政策性银行、商业银行和其他金融机构基于企业信用、货物流转、资金收付等电子资料，在风险可控的前提下，探索投贷结合、动产质押、订单授信、大数据信用融资等业务模式，拓展跨境电商融资渠道。

创新跨境电商金融服务产品。鼓励商业银行与跨境电商开展多元化金融合作，结合跨境电商的业务特点与资金需求，完善线上融资、担保、保险等金融产品和服务，提升金融服务质量和效率。

完善跨境电商资本运营机制。探索建立跨境电商网络资产的评估与转让机制，允许将网络资产作价技术入股和融资抵押，打通网络资产与资本市场的连接通道。加强对跨境电商上市融资的引导与扶持，推动符合条件的跨境电商上市。

4. 企业孵化体系。

推进企业孵化机制建设。加强跨境电子商务关键共性技术研发，对重点孵化的技术、平台和企业，探索集资金、人才、土地等于一体的长效孵化机制。

加快创业孵化载体建设。推进创新创业基地、众创空间、创客咖啡等跨境电商孵化载体建设，加强对创业主体的创业辅导、业务咨询、事务办理和公共服务支持。深化孵化器与跨境电商产业园区的对接合作，实现项目、人才和服务资源的持续输送。

引导传统企业发展跨境电子商务。扩大和提升传统行业跨境电子商务应用范围和水平，建立与宁波传统产业特色相适应的跨境网络零售和分销体系。支持传统行业龙头企业利用跨境电子商务对现有业务进行创新与重构，建立与全球客户电子商务系统对接的网络制造系统。

5. 人才建设体系。

构建人才培育体系。引导高等院校加强跨境电子商务学科建设和人才培养，加强政府、高校和企业合作，分类推进技能型、创业型、管理型、领军型跨境电子商务人才培训基地建设，形成人才联合培养机制。引进国内外知名培训机构，开展跨境电子商务人才培训，构建跨境电商专业化、社会化、国际化的人才培养体系。

完善人才服务体系。健全人才吸引、培养、使用、流动和激励机制，面向海内外引进并重点支持一批跨境电子商务高层次人才和高端创业创新团队，推进人才与企业、项目、资本的对接，建设开放共享的跨境电子商务人才服务平台。

组建宁波跨境电商智库。通过长期服务、短期交流、项目咨询和论坛研讨等形式和渠道，汇集全国跨境电子商务领域的专家资源，打造宁波跨境电商高端智库。

三、主要创新举措

（一）跨境电商模式创新

外贸综合服务平台模式创新。支持外贸综合服务平台集成优质外贸服务资源，为中小企业提供海外分销、订单处理、代理报关报检和金融服务。探索外贸综合服务平台批量操作模式，实现平台企业与跨境电商“单一窗口”数据无缝对接。引导有一定基础的平台企业探索创新外贸综合服务平台模式。

海外仓备货出口模式创新。引导企业将产品预先运至海外仓，依托境外销售渠道，完成物流配送。围绕业务模式，探索出口退税、报关报检、境外退货的流程和监管创新。鼓励在有条件的海外仓探索设立跨境电商海外服务中心，建立支持境内外协同运作的处置机制。

大宗商品跨境电商模式创新。探索大宗商品保税交割业务和保税仓单质押融资服务，允许企业以结算价作为海关完税价格。鼓励宁波大宗商品交易所、宁波镇海保税物流中心（B 型）、余姚中国塑料城等探索创新大宗商品跨境电商模式。

（二）跨境电商监管创新

推行跨境电商便利化通关。推行跨境电商 B2C 进口“集中纳税、代扣代缴”通关模式。不涉及出口征税、出口退税、许可证件管理且在限额以内的跨境电商B2C出口货物，可简化申报。申请增列跨境电商B2B2C出口海关监管代码。逐步优化出口商品退货流程，探索出口商品退货监管新机制。

创新跨境电商检验检疫监管模式。完善跨境电商入区检疫、区内监管、出区核查、后续监督的进口产品检验检疫监管模式，建立源头可追溯、过程可控制、流向可跟踪的风险监控机制。推进长三角检验检疫区域一体化，实现“出口直放、进口直通”。在“合格假定+风险管理”的基础上，探索跨境电商出口产品以检疫监管为主的新模式。

全面推进关检“三互”模式。推进关检双方共享共用跨境电商监管设施，建立“信息互换、监管互认、执法互助”模式。优化全程无纸化通关通检流程，实现“一次申报、一次查验、一次放行”。建立跨境电商便利转关、转检机制，推动全国通关一体化和检验检疫一体化服务。

（三）税汇便利化管理创新

依法认定跨境电子商务企业出口退（免）税管理类别。对纳入综合试验区“单一窗口”平台的外贸综合服务企业，被评定为一类或二类的，可先使用增值税专用发票认证系统信息审核办理出口退（免）税，之后再用稽核信息进行复核。

探索“无票免税”政策。对综合试验区电子商务企业通过宁波国际邮件互换局（交换站）出口零售货物，无法取得相关进货凭证的，争取适用增值税免税政策。

简化个人电子商务外汇结算。允许符合条件的境内个人电商开立个人外汇结算账户，直接在银行办理跨境电子商务涉及的外汇收支，可凭与代理企业签订的进出口代理合同（协议）或委托物流公司运输的单据办理结售汇，不受5万美元个人结售汇年度额度限制。

（四）跨境电子商务生态圈建设创新

建设跨境电商生态链。以跨境电商综合信息平台为基础，推进各项服务功能的线上集成，建设品牌、法律、技术、运营、客服、物流、金融、供应链、软件、数据、翻译、人力资源、知识产权等服务的完整生态链。

建设跨境电商平台生态圈。引导跨境电子商务企业、人才、资本、服务等要素向跨境电商园区集聚，设立关检税汇综合办事窗口，创新服务业务与服务模式，推动跨境电商服务联盟与平台建设，促进块状经济、产业集群“走出去”。

建设跨境物流平台生态圈。依托物流信息平台，整合不同区域的海运资源、航空资源、国际铁路资源、仓储资源、快递资源等，实现仓储网络、运输网络和配送网络的协同运作。

（五）海外分销渠道创新

支持企业依托跨境电商平台开展海外分销。支持企业利用海外网络销售平台、国外跨境电商平台、自有跨境电商平台等建立海外分销体系，开展境外网络销售业务。充分发挥“宁波帮”的境外渠道优势，构建线上线下集成的跨境电商分销网络。支持块状经济、产业集群与阿里巴巴跨境产业带等跨境电商平台项目合作。

支持企业依托公共海外仓开展海外分销。加快公共海外仓的认证与政策扶持，引导有条件的本地企业采用自营、合资和合作等方式，积极开展公共海外仓建设；鼓励和引导有海外资源的国内外大型企业和综合试验区共享共用海外仓资源；鼓励企业依托公共海外仓开展海外分销业务，提升海外市场品牌推广、市场运营、物流配送、客户管理、商品售后等服务功能。

提升外贸综合服务平台的海外分销能力。支持外贸综合服务平台集聚海外分销资源，与境外电子商务企业强强合作，建立海外分销体系。支持外贸综合服务平台与产业集群开展海外分销业务合作。

（六）产业联动机制创新

加强与块状经济联动。推进“产业集群+中国制造2025+跨境电商”协同创新发展模式与产业升级路径取得突破，引导产业集群企业依托跨境电子商务实现数据化、在线化，通过“产销消”① 对接，运用C2B客户驱动模式，建立柔性化的生产供应链，实现智能化生产和产业转型升级。

加强与外贸产业联动。鼓励第三方跨境电商平台与宁波外贸产业资源对接，拓宽外贸企业进入国际市场的轨道。面向不同境外市场、服务不同产业门类，大力培育一批平台型外贸综合服务企业，完善外贸综合服务平台的外贸便利化制度体系。

加强与专业市场联动。推动专业市场嫁接跨境电子商务，支持市场经营户开展各种形式的跨境电子商务业务，完善市场跨境电子商务公共服务体系。鼓励专业市场经营方在市场对接跨境电商平台、外贸综合服务平台过程中发挥积极作用，支持有条件的专业市场自建跨境电商平台。

四、保障措施

（一）加强领导，形成合力

在国务院统一领导下，在商务部牵头协调和国家相关部委指导下，由浙江省和宁波市组织实施综合试验区工作。发挥宁波市建设综合试验区的主体作用，加强国家、省和宁波市有关部门的协调配合，建立三级联动推进机制。宁波市成立由市政府主要领导挂帅的综合试验区工作领导小组，加强组织领导和统筹协调，定期研究综合试验区建设的重大问题，领导小组办公室设在市口岸打私办。在领导小组统一协调下，建立健全跨境电子商务领导体系和机制，形成齐心协力、共促发展的广泛共识和良好氛围。

（二）强化考核，落实责任

建立综合试验区工作目标任务考核体系，省级有关部门和宁波市要根据本实施方案，进一步细化任务，制定工作计划和进展安排，明确分工，落实责任，加强考核。要先行先试、大胆创新，抓紧形成第一批制度创新清单，加快推进创新举措落地。坚持以发展需求和问题为导向，着力解决综合试验区建设中遇到的突出困难和问题，力争综合试验区早出成效、多出成果。

① 生产、销售、消费.

第二十章　中国（青岛）跨境电子商务综合试验区实施方案

DI-ERSHI ZHANG ZHONGGUO（QINGDAO）KUAJING DIANZI SHANGWU ZONGHE SHIYANQU SHISHI FANGAN

（鲁政字〔2016〕91号，2016年4月26日）

为做好中国（青岛）跨境电子商务综合试验区（以下简称“青岛综合试验区+”）建设工作，根据《国务院关于同意在天津等12个城市设立跨境电子商务综合试验区的批复》（国函〔2016〕17号）要求，制定本实施方案。

一、总体要求

（一）指导思想

紧紧围绕国家发展战略和山东省对外开放总体布局，牢固树立并贯彻落实创新、协调、绿色、开放、共享的发展理念，以促进互联网贸易和实体产业深度融合为突破口，按照“互联网+大外贸”发展模式，通过体制机制创新和政策环境优化，破解跨境电子商务发展中的深层次矛盾和难题，打造青岛跨境电子商务完整的产业链和生态圈，促进新业态成长，支撑外贸优进优出、升级发展，在青岛建设世界一流的跨境电子商务交易体系和运行机制。

（二）基本原则

1. 坚持创新发展。在借鉴中国（杭州）跨境电子商务综合试验区建设“六大体系、两个平台”的经验和做法的基础上，突出青岛优势，创新跨境电子商务发展机制。

2. 坚持协调发展。在发展中规范、在规范中发展，正确处理好政府与市场、规范与发展、当前与长远、进口与出口、监管与便利化等关系。

3. 坚持绿色发展。与国际标准接轨，发挥国际贸易信息流引领作用，促进跨境电商各环节之间信息共享，实现数据安全、数据境内留存处理、提高效率、降低资源消耗，打造绿色电商贸易链条。

4. 坚持开放发展。以世界眼光谋划跨境电商发展，推进“一带一路”和自贸区战略跨境电子商务应用项目的示范实施，在跨境电商的技术标准、业务流程、监管模式和信息化建设等方面加强国际合作。

5. 坚持共享发展。面向全省可复制可转化，带动全省跨境电商全面创新发展，为推动全国跨境电子商务健康发展创造更多可借鉴推广的经验。

（三）发展定位

突出优势与特色，服务国家“一带一路”倡议和自贸区战略，构建“一带一路”沿线跨境贸易电商网络，探索打造“网上丝绸之路”；建设国家自贸区战略地方合作跨境电商发展机制，率先开通有效运用自贸协定政策体系的跨境电子商务运行平台。

经过改革创新发展，将青岛综合试验区打造成为对接国家两大开放战略、带动全省跨境电子商务创新发展的“互联网+大外贸”创新示范高地。探索边创新、边借鉴、边推广的动态发展路径，形成引领全球跨境电子商务发展的运行规则。加快推进把青岛建设成为东北亚区域性国际贸易中心城市，发挥电子口岸优势，全力打造国内重要的区域性电子商务服务中心。

二、主要任务

（一）突出青岛口岸优势，创新借鉴杭州经验，建设“两大平台、六个体系”

1. 建设两大平台。

一是搭建线上综合服务平台。依托山东电子口岸“单一窗口”建设，探索建立跨境电子商务信息共享机制，统一信息的标准规范、备案认证和管理服务，加快建设集海关、出入境检验检疫局、国税、外汇、商务、交通运输、工商、公安、金融、信保等部门信息于一体的跨境电子商务信息综合服务平台，实现政府管理部门之间“信息互换、监管互认、执法互助”。实现通关全程无纸化，提高通关效率，降低通关成本。建立企业和商品备案信息共享数据库，统一标准和要求，实现企业“一次备案、多主体共享、全流程使用”。外贸综合服务企业、电子商务平台企业等对接“单一窗口”，形成跨境电商线上综合服务体系。

二是搭建线下综合支撑平台。包括载体支撑平台和项目支撑平台。载体支撑平台采取“一区多园”的方式，建设青岛综合试验区线下综合园区。通过集聚电子商务平台企业、外贸综合服务企业、电子商务专业人才、电子商务专业服务等，提供通关、物流、金融、人才等一站式综合服务。有效承接线上“单一窗口”平台功能，优化配套服务，促进跨境电子商务线上平台和线下园区的联动发展。项目支撑平台是指通过建设一批在政策落实、服务创新等方面起到基础支撑作用的重点项目平台，推动青岛综合试验区建设，主要包括外贸创新服务平台、跨境电子商务云数据服务应用平台、“网上丝绸之路”贸易枢纽平台、跨境电子商务公共海外仓平台、青岛西海岸亿赞普跨境贸易结算大数据平台、国家自贸区战略青岛口岸跨境电子商务实务应用平台等。

2. 建设六个体系。

一是建立信息共享体系。统一信息标准规范、信息备案认证、信息管理服务，建立多位一体的跨境电子商务信息合作机制和共享平台，实现监管部门、地方政府、金融机构、电子商务企业、物流企业之间信息互联互通，为跨境电子商务信息流、资金流、货物流“三流合一”提供数据技术支撑。

二是建立金融服务体系。鼓励金融机构与跨境电子商务综合服务企业之间开展合作，利用跨境电子商务信息可查寻、可追溯的特点，为具有真实交易背景的跨境电子商务交易提供在线支付结算、在线融资、在线保险等完备便捷、风险可控的一站式金融服务。鼓励已获业务许可的非银行支付机构与跨境电子商务综合服务企业开展合作。

三是建立智能物流体系。运用云计算、物联网、大数据等技术，构建互联互通的物流智能信息系统、衔接顺畅的物流仓储网络系统、优质高效的物流运营服务系统等，实现物流供应链全程可验可测可控。探索建立高品质、标准化、规范化的跨境电子商务物流运作流程，形成布局合理、层次分明、衔接顺畅、功能齐全的跨境物流分拨配送和运营服务体系。

四是建立电子商务信用体系。综合多方信用基础数据，建立跨境电子商务信用数据库和信用评价系统、信用监管系统、信用负面清单系统，记录和积累跨境电子商务综合服务、交易平台、物流仓储企业及其他企业基础数据，重点建立监管部门的信用认证体系和信用服务企业的信用评价体系，实现对电子商务信用的“分类监管、部门共享、有序公开”。

五是建立风险防控体系。建立风险信息采集、风险评估分析、风险预警处置、风险复查完善等机制。以流程节点风险防控为重点，开展跨境电子商务全流程的专业风险分析，有效防控青岛综合试验区非真实贸易洗钱的经济风险，数据存储、支付交易、网络安全的技术风险，以及产品安全、贸易摩擦、主体信用的交易风险，为政府监管提供有效的技术支撑、决策辅助和服务保障。

六是建立统计监测体系。利用大数据、云计算技术，对各类平台商品交易、物流通关、金融支付等海量数据进行分析处理运用。建立跨境电子商务大数据中心，实现跨境电子商务数据的交换汇聚。发布“青岛口岸跨境电子商务发展指数”，完善跨境电子商务统计方法，建立健全跨境电子商务统计监测体系，为政府监管和企业经营提供决策咨询服务。

（二）突出青岛本土特色，构建五大发展机制，推进“四合一”发展模式

1. 构建跨境电子商务五大发展机制。

一是突出“产贸融合”特色，构建数据化贸易驱动优进优出发展机制。依托产业资源基础优势，搭建跨境电子商务外贸创新服务平台，将外贸全流程按节点拆分为标准化步骤，逐步建成生产与需求紧密结合的全程数据化大贸易。将需求数据、信息及时传达给生产企业，使产能根据市场需求变化快速做出反应，组织适销产品创新、生产，优化出口结构。通过建设大宗商品进口线上交易平台，促进生产企业聚合采购原材料，提升议价能力，降低进口成本。

二是突出“金融创新”特色，构建互联网大数据推进贸易融资发展机制。发挥青岛财富管理金融综合改革试验区创新高地优势，创新跨境电子商务金融服务。充分挖掘跨境电子商务产生的互联网贸易大数据，通过数据信息动态和自主“点对点”匹配与对冲，实现对企业融资需求和风险管控的动态掌握和有效管控，破解传统贸易融资中信息不对称带来的融资难问题，采用量体裁衣式设计提供互联网贸易金融产品。

三是突出“多式联运”特色，构建互联网信息流引领物流绿色发展机制。建立智能物流体系，实现运输资源的高效整合和运输组织的无缝衔接。根据跨境贸易信息流变化匹配生成最优物流运输组合方式，实现跨境商品流通路径最短化。以跨境电子商务的贸易直线化推动物流直通化，减少物流环节，缩短物流周期，降低污染物和二氧化碳排放，向绿色物流转变。

四是突出“转型升级”特色，构建货物贸易和服务贸易融合发展机制。以跨境电子商务助推对外贸易向货物贸易与服务贸易协同发展方向转变。依托跨境电子商务货物贸易发展，带动跨境信息、物流、金融、技术、宣传、语言服务等服务贸易发展。依托大数据，物联网，云计算等技术服务，促进对外贸易由物流主导向信息流主导转变。以跨境电子商务信息服务，引领整合结算、运输等相关服务，促进跨境电子商务货物贸易进一步便利化。

五是突出“深化改革”特色，构建线上线下境内外大市场联动发展机制。深化国内贸易流通体制改革，发展综合试点，推动建立内外贸融合发展的电子商务贸易模式。支持具备条件的企业建立面向境内外市场的跨境电子商务营销平台，鼓励线下外贸加工制造企业设立线上营销店铺，培育内外贸一体化经营跨境电子商务企业，促进线上线下融合发展。

2. 推进“四合一”发展模式。

青岛综合试验区重点扶持跨境电子商务企业对企业（B2B）、工厂对销售商（M2B）模式，并与销售商对消费者（B2C）、工厂对消费者（M2C）模式并行发展。一是发挥海尔海贸云商“新华锦信贸环球”等外贸综合服务平台的示范引领作用，逐步建立跨境电子商务企业对企业（B2B）出口价值链和生态圈。发展工厂对销售商（M2B）模式，促进加工制造企业由生产型向生产服务型转变。二是推广红领集团互联网工业发展模式，推广建立销售商对消费者（B2C）境外消费价值链和生态圈，以境内外消费者需求为导向，从被动接单转向与消费者互动营销，拓展境内外营销渠道。

三、工作重点

（一）优化产贸发展制度环境

1. 建立综合监管通关服务体系。实现“六个对接、一个融合”。对接海关总署“单一窗口”公共组件，实现与海关系统互联互通，登录认证用户通过“单一窗口”向海关一次性申报，并获取通关状态数据。对接检验检疫业务系统，实现通过“单一窗口”一次性申报，并获取检验检疫处理状态信息。对接出口退税申报接口，开放相关申报参数，用户在“单一窗口”完成出口退税申报系统的身份认证，直接实现在线退税申报，并获取出口退税审核系统反馈的处理状态。向“单一窗口”平台共享“货物贸易外汇收支企业名录登记”及企业分类信息，便利跨境电子商务业务参与主体进行信息查询，支持各部门开展业务监管。对接全国公民身份信息系统的公民身份信息核查接口，实现监管部门对个人交易主体实施有效监管。对接企业主体信息和企业信用信息公示系统数据接口，实现企业主体信息和信用信息实时在线查询服务。通关服务平台与国家交通运输物流公共信息平台实现深度融合、资源共享。

2. 建立电子口岸新型监管制度。推行全程通关无纸化，实现涵盖企业备案、申报、征税、查验、放行等各个环节的全程通关无纸化流程。明确跨境电子商务交易“订单、支付单、物流单”三单数据传输主体，统一传输标准。明确以跨境电子商务企业对企业（B2B）、工厂对销售商（M2B）模式为重点，针对不同业务模式的跨境电子商务，加强事中事后监管。

3. 建立适合销售商对消费者（B2C）和工厂对消费者（M2C）模式的归类、申报、统计等制度。简化进口商品入区申报手续，建立适合销售商对消费者（B2C）零售的账册管理制度。对出口商品实行“简化申报、清单核放、汇总申报”。完善“直购进口”监管模式，对涉税商品探索实行“税款担保、集中纳税、代扣代缴”的监管模式。探索试验跨境电商全国通关一体化，提升青岛口岸外贸集聚度和便利化，增强青岛口岸对沿线省市辐射作用。

4. 探索建立青岛综试区备案企业检验检疫“进口管住，出口放开”的管理机制。申报和放行出境实施“前期备案、提前监管、后期跟踪、风险监测”的监管模式，入境实施“提前申报备案、入区集中检疫、区内抽查检验、出区分批核销、质量安全追溯”的监管模式。允许个人自用日用消费品检测合格后免予3C认证。支持食品、水产品通过跨境电商扩大出口，备案企业实施文件审核放行。

5. 对综试区企业建立绿色退税通道，在退税计划内优先退税，根据企业申请可实行一月两次以上退税。推进“退税无纸化申报”进程，减少企业申报单证资料，加快出口退税进度，降低企业税收成本。争取财政部、国家税务总局同意对无法取得合法有效进项凭证的出口货物适用免税政策。

（二）推进现代国际贸易电子商务平台建设

1. 建设青岛口岸外贸创新服务平台。鼓励跨境电子商务外贸创新服务企业发展，推广“海贸云商模式”，与全省优势产业资源相集成，将外贸全链条标准化、数据化，打造开放融合的外贸创新服务平台，为外贸企业提供全流程模块化、可视化的跨境电子商务企业对企业（B2B）服务。帮助中小企业解决接单困难，业务流程复杂、专业性强，能力和资源有限，服务环节多、成本高等问题，提升跨境电子商务产业服务水平。

建立外贸转型在线升级支撑系统支持外贸生产企业发展跨境电子商务工厂对销售商（M2B）业务。建立互联网生产管理系统，吸引客户深度参与产品前端研发设计，帮助外贸企业及时根据市场变化，把客户个性化需求转化为有价值订单，打造按需设计、按需制造、按需配送的扁平化跨境贸易体系。从被动接单转向与客户互动营销，由单纯的贴牌生产向委托设计、自有品牌方式发展，实现大规模制造向大规模定制的转型，实现优进优出。

优化外贸创新服务企业监管措施，明确外贸创新服务企业的主体责任，以业务性质界定业务类型，将跨境电商企业对企业（B2B）外贸创新服务平台的业务类型区别划分，明确各类型服务主体和贸易主体的责任。研究探索跨境电商B2B（企业对企业）外贸创新服务企业和出口企业主体报关形式，明确退税主体法律责任，防范风险。

2. 推动跨境电子商务服务业态延伸发展。发展专业化跨境电子商务服务业，推动跨境电子商务产业相关的代运营服务、软件的系统设计研发、智能的物流配送、互联网金融、信用认证、大数据的分析咨询服务、广告营销、售后服务、人才培训等第三方专业服务发展，承接跨境电子商务发展带来的服务外包新商机，促进跨境电子商务与服务外包实现融合创新发展。

建设跨境电子商务云数据应用公共服务平台。依托互联网、云计算等新技术，搭建跨境电子商务云数据应用公共服务平台。整合跨境电子商务产业链上的信息孤岛，汇集“单一窗口”进出口数据、外贸创新服务平台线上交易数据、企业产品数据、海外仓库存数据、国际采购商需求数据等多方大数据资源，构建数据整理、分析、挖掘服务体系，促进生产供给和贸易需求关系扁平化，帮助外贸企业近距离跟踪全球产业发展趋势，在销售、采购、管理、经营等环节实现成本降低及效率提高，推进外贸供给侧结构性改革。

加强对跨境电子商务服务企业的政策支持。符合条件的跨境电子商务服务企业经认定为高新技术企业的，依法享受高新技术企业所得税优惠税率等政策。对电子计算中心用电执行大工业电价政策，鼓励其参与直购电试点。

3. 建设国家自贸区战略青岛口岸跨境电子商务实务应用平台。依托青岛市开展国家自贸区战略地方经贸合作推进工作机制试点，搭建国家自贸区战略青岛口岸跨境电子商务实务应用平台。充分运用自贸协定优惠政策，在跨境电子商务的投资、服务、货物等方面加强与韩国在跨境电子商务产业的交流合作，构建有影响和引导作用的跨境电子商务中韩自贸协定实施示范区。

在青岛口岸率先开通有效运用自贸协定政策体系的跨境交易电子商务运行应用平台。搭建集自贸协定相关领域法律法规和政策信息咨询服务、税率查询服务等于一体的在线公共信息服务系统，与“单一窗口”平台对接，企业在开展对韩跨境贸易业务时自动提示相关信息服务，帮助企业充分利用自贸协定框架下的关税优惠等政策降低贸易成本。加大中韩自贸协定的实施力度。搭建自贸协定原产地证书应用服务系统，加强政府部门间合作，实现海关、出入境检验检疫局、商务、贸促、外贸创新服务平台等部门和单位间对原产地证书相关数据的对接共享，加强数据分析应用，指导企业提高自贸协定应用利用率和获益率。实行检验检疫部门原产地证企业备案和商务部门对外贸易经营者备案登记两证合一改革，便利证书申请，强化事后监管，实现新增外贸企业与自贸区优惠政策的无缝对接。搭建中韩跨境电子商务地方合作系统，充分运用青岛—釜山经济合作伙伴关系工作机制，发挥釜山青岛工商中心协调联系作用，促进双方在中韩自贸协定框架内，加强在电子商务方面的规则、标准、互认等方面的交流合作，扩大双方在电子商务研究、培训等方面的服务贸易，增加双方在电子商务项目方面的双向投资。

在自贸协定框架内，创新跨境电子商务的监管措施。在中韩自贸协定约定范围内，探索建立双方通过指定检测实验室，实现在食品和化妆品领域相互采信检测结果的机制，提高通关效率、降低企业运营成本。建立双方跨境电子商务企业及其产品信用管理及风险管理制度，对通过跨境电子商务企业对企业（B2B）模式进口的韩国消费品，逐步采信第三方检验机构的检测结果。探索中韩两国农产品检验检疫相互优化、便捷通关流程，开辟生鲜产品跨境电子商务新通道。探索推进与韩国间跨境电子商务无纸化贸易通关试点，促进国际贸易无纸化和便利化。对报检清单中有双边协议的产品按照双边协议规定提前实施检验。

（三）完善金融综合服务体系

1. 创新跨境电子商务企业对企业（B2B）交易外汇收支模式。在取得商务部门、工商部门资质（登记）前提下，允许在综试区登记备案的个人开立外汇结算账户。鼓励在跨境电子商务活动中使用人民币计价结算，争取推动银行卡跨境交易本币结算。推进跨境电商外汇支付业务试点，支持更多符合条件的支付机构参与试点，为跨境电商提供优质跨境外汇结算服务。

2. 探索创新线上金融服务。鼓励金融机构与跨境电子商务综合服务平台加强合作，规范开展现货质押、供应链和订单融资、商业保理、私募股权投资等金融服务，建立健全押品登记和管理制度。积极探索发展供应链金融，为小微企业和网商个人创业提供在线金融产品和服务。充分利用中韩金融五项合作的机遇，提升对韩跨境电子商务的金融便利性。发挥保险业避险和“护航”作用，与保险监管部门共同推动相关保险机构发挥政策性出口信用保险作用。创新跨境电子商务金融保险信用服务，扩大电子商务出口信用保险覆盖面，鼓励保险机构创新研发适应跨境电子商务的新险种，开展跨境电子商务出口信用保险保单融资。支持综试区跨境电商企业赴全国股转系统、齐鲁股权交易中心、蓝海股权交易中心挂牌融资。

3. 建设跨境贸易大数据结算平台。依托青岛西海岸亿赞普集团跨境贸易结算平台的跨境清算网络、业务运营经验和大数据技术等优势，建立青岛口岸跨境人民币结算大数据平台，为跨境电子商务出口贸易企业提供包括全球推广、跨境支付、互联网金融服务、智能物流等在内的便利化服务，为政府的有效监管及跨境电子商务发展提供参考数据。

（四）创新发展跨境智能物流体系

1. 建设多式联运"网上丝绸之路"贸易枢纽平台。建立集运输、储存、包装、装卸、流通、加工等信息共享的物流分拨配送和营销服务体系，提升青岛综合试验区国际物流保障水平。支持规划建设青岛跨境电商综合试验区智能物流信息服务平台。在交通运输部投资补助物流园区项目、物流重点扶持基地及示范试点项目中，优先将符合条件的综试区企业或关联物流企业向部申报，享受相关政策。

依托胶州多式联运监管中心，发挥青岛口岸地缘优势和陆海空全方位多式联运优势，打造对接日韩面向欧亚大陆市场的转口贸易枢纽，着力构建"贯穿北美空运至日韩、经海运至青岛、经新欧亚大陆桥至欧盟中亚，经泛亚铁路大通道至东盟南亚市场"的国际跨境电子商务多式联运物流配送快速通道，在已开通的中亚国际班列、中韩快线的基础上，争取开通中欧、中越国际班列，支持各班列带运国际邮件。申建胶州铁路临时开放口岸，探索实施"一单制"多式联运货运"门到门"服务。依托青岛市与上合组织实业家委员会的合作，在胶州经济技术开发区和俄罗斯圣彼得堡市、哈萨克斯坦阿拉木图市、吉尔吉斯斯坦比什凯克市等地建设欧亚经贸合作产业园区，面向俄罗斯、中亚国家在物流运输、海外仓、电子商务平台等方面加强投资合作，建设跨境电子商务线下"丝路驿站"。深化以青岛海关为龙头进行的"丝绸之路经济带"区域通关一体化改革和由山东出入境检验检疫局牵头的"丝绸之路经济带"检验检疫区域通关一体化改革。结合线下多式联运物流通道和多点布局的"丝路驿"，建设线上线下融合的"网上丝绸之路"。将青岛综合试验区打造成为服务国家"一带一路"倡议的多式联运"网上丝绸之路"贸易枢纽。

2. 推进公共海外仓平台建设。建立国内公共仓储与海外重点国家物流专线等相结合的物流体系，加强与斑马物联网、诚业国际物流等知名跨境电子商务服务企业合作，提升境外仓储物流配套服务能力。支持有实力的企业"走出去"，采取自建、收购、合营或租赁等方式，在日韩、北美、欧洲、澳新、中东、南亚、非洲等传统市场和新兴市场合理规划布局公共海外仓。打造对接亚太经济圈和欧亚经济圈的双向跨境电子商务销售网络，鼓励企业通过线上对线下（O2O）体验店、展览展示中心等建立海外营销渠道，创立自主品牌，融入境外销售体系。制定政策，扶持跨境电子商务公共海外仓建设。探索建立服务于公共海外仓的融资、保险等机制。

充分利用青岛港海运渠道，将境外经过青岛港转运至其他境外目的港的跨境电子商务货物，集中运至区内集拼中心拆箱作业、分拣处理，再与进入集拼中心的国内跨境电子商务出口货物拼装成整箱货物后转运离境，以此提高中转效率，降低企业物流成本，并进一步提高青岛口岸跨境电子商务货物中转量，提升青岛港口的辐射能力，建立跨境电子商务国际中转港。

3. 建设国际航空货运枢纽。通过引入新的国际航线、加密国际航班、开通货运航班等措施，加大直航能力，增强机场出入境货运能力。积极创造航权条件，争取开放青岛国际机场第五航权，适时研究开放第七航权。鼓励中外航空公司经营往返青岛的国际货运航线。发挥青岛作为国家"一带一路"倡议双节点城市优势，支持班列带运国际邮件，鼓励跨境电子商务企业通过国际班列开展货物运输，建设青岛国际邮件集散分拨中心。

协调国外邮政根据青岛跨境电商邮件增长情况加大对青岛互换局的直封力度，减少在北京、上海的拆分处理环节，邮件可直航到青岛流亭国际机场进口，或从其他机场经转后直发青岛。争取中国邮政集团公司改变现有直封标准，逐步简化青岛互换局封发直达国家的企业内部申报和作业流程。

（五）完善线下园区载体配套体系建设

1. 建设一批线下综合园区。按照"统筹规划、分步实施"的原则，充分考虑各区市区位条件、产业发展基础与资源要素禀赋，整合资源、突出特色、联动发展、分类推进，采取"一区多园"的布局方式，依托海关特殊监管区功能优势和开放型经济重点功能区，建设一批线下综合园区，有效承接"单一窗口"综合服务平台功能，促进跨境电子商务线上平台和线下综合园区的联动发展。通过集聚电子商务平台企业、外贸综合服务企业、金融服务企业、智能物流仓储企业、电子商务综合服务企业和电子商务专业人才等，为跨境电子商务企业提供通关、物流、金融、人才等一站式综合服务，优化跨境电子商务产业链、生态链服务配套，提升综合园区服务功能，增强产业黏性。首批启动青岛保税港区跨境电商产业园、青岛西海岸跨境电商产业园、青岛即墨国际陆港、青岛出口加工区跨境电商产业园、青岛城阳跨境电商空港物流园、中国邮政速递青岛邮件集散中心、青岛胶州欧亚经贸合作产业园区项目。

2. 建设一批跨贸产业孵化示范企业。打造一批"低成本""零门槛"的园区型跨境电子商务产业孵化示范企业，为小微企业和个人提供场地支持和创业孵化服务。鼓励社会资本参与孵化器建设，形成政府主导型、政企联合型、企业独立运营型等多元化运营模式的孵化平台格局。着力引导孵化平台提升服务质量与水平，为创业企业提供低成本办公空间、投资对接、创业指导、政策咨询、培训服务、创业导师、行业专家交流、人才招聘、技术服务等服务，打造"保姆式"创业服务体系，做长产业链，做大产业规模。首批启动青岛崂山海贸云商跨境电商创新服务平台、青岛李沧邮政跨境电商综合服务项目等。推动市区外贸品牌小镇进入跨境电商综合服务平台，结合推进"515+X"（515 代指 5 个涉农区市，100 个试点镇，500 个试点村；X 代指城阳、崂山等区内的涉农区域）农村电商工程实施计划，引导跨境电子商务企业进农村、进社区带动精准扶贫。

3. 建设一批线下展览展示和交易中心。综合考虑人流聚集度、商贸条件等因素，整合青岛综合试验区资源，规划布局一批跨境电子商务线下展览展示和交易中心，为跨境电子商务企业提供线下公共展示和交易服务。首批启动青岛市北区邮轮母港跨境电商项目、青岛市南区中韩日用品跨境电商平台、青岛即墨国际商贸城跨境电商交易展示项目等。

4. 引进一批境内外跨境电商产业链优势资源项目。在鼓励支持本土跨境电子商务企业做大做强的同时，培育与引进相结合，研究制定鼓励政策，加强跨境电子商务产业链优势资源的招商促进工作，支持境内外知名跨境电子商务企业落户青岛综合试验区，形成示范引领效应。支持青岛综合试验区企业强强联合，优势互补，双赢发展。建设面向全社会的青岛综合试验区“创客”公共平台，有奖征集评选方案设计项目。

（六）创新跨境电子商务信用管理体系

1. 建立跨境电子商务信用信息服务平台。提供主体身份识别、信用记录查询、商品信息查询、货物运输以及贸易信息查询等服务。争取将跨境电子商务信用信息服务平台列为国家重点建设项目，探索制定电子商务信用标准，建设信用评价体系，授权青岛综合试验区的第三方机构开展《良好电子商务规范》认证试点工作。

建立公共信用管理负面清单。建设监管部门的信用认证和第三方信用服务评价相结合的综合评价体系，对开展跨境电子商务的企业、支付企业、相关监管场所经营人及境内居民进行用评级，制定“跨境电子商务信用负面清单”，发布禁止或限制开展跨境电子商务业务的法人和自然人清单。

2. 规范完善跨境电子商务商品售后服务。创新跨境电子商务退换货监管机制，设立跨境电子商务售后服务实体，实现与“公共海外仓”境内外信息的共享与联动。整合国内外跨境电子商务信息资源，实现退换商品的集中收货、整理、重新发货等相关作业，降低物流成本、减少商品损耗。

（七）创新跨境电子商务统计监测制度

1. 完善跨境电子商务进出口统计方式方法。探索完善适合网络零售形式的海关归类办法和清单申报通关及统计方式。通过“单一窗口”、公共服务平台对接相关部门监管系统，逐步将跨境电商经营主体、贸易量、商品信息、质量信息、物流信息以及退税等数据纳入统计系统，建立完善跨境电商进出口统计体系。建立海关、出入境检验检疫、外汇、商务等定期交换监管核查和异常违规企业信息机制。探索采用双口径统计方式，将现行海关以申报主体所在地的统计口径与以货源法人所在地的统计口径相结合，将跨境电子商务外贸服务平台企业名下的进出口数据还原给货源法人所在地政府部门。开展跨境电子商务统计试点工作，指导建立中国（青岛）跨境电子商务数据监测制度。

2. 建立跨境电子商务监测体系。依托“单一窗口”平台数据库，探索以申报清单、平台数据等为依据进行统计、管理的新模式，共同制定青岛跨境电子商务综合试验区数据监测制度，建立跨境电子商务统计标准。探索建立交易主体信息、电子合同、电子订单等标准格式和跨境电子商务进出口商品的简化统计分类标准，探索建立跨境电子商务多方联动的统计制度，为全国跨境电子商务统计体制机制建设提供经验。

建立并定期发布“青岛口岸跨境电子商务发展指数”。利用大数据、云计算技术，对各类平台商品交易、物流通关、金融支付等海量数据进行交换汇聚和分析处理，建立反映跨境电子商务运行状况的综合指数体系。

（八）推进电子商务人才发展支撑平台建设

1. 创新建立人才培训和定制化服务体系。鼓励高校开设跨境电子商务专业、增设课程，研究制定青岛综试区跨境电商人才引进与培养的中长期规划。引进一批国内外知名培训机构，鼓励社会培训机构开展跨境电子商务人才培训，构建跨境电子商务专业化、社会化、国际化的人才培养体系。

2. 针对市场需求，采取定向培养的方式开展政府、高校、协会、企业合作，建立跨境电子商务人才培训基地。推进实施国家电子商务专业技术人才知识更新工程，鼓励社会培训机构和企业面向优势产业、骨干企业、名优产品开展专项培训。

3. 建立人才公共服务体系。吸引集聚一批人才中介机构，推进人才与企业、项目、资本的对接，建立专业化、国际化的人才市场服务体系。实施“筑巢引凤”计划，建立人才吸引、培养、使用、流动和激励机制，通过举办跨境电子商务专场招聘会等形式，组织企业赴跨境电子商务产业发达地区招引高端人才，对高端人才给予奖励和生活补贴。

（九）建立风险防控制度和监管体系

1. 建立风险评估分析、预警及应急处置等机制。建立完善青岛综合试验区跨境电子商务企业和商品交易风险评估分析、预警及应急处置等机制。对将执行的改革创新举措进行专业风险防控分析，有效控制防范风险。支持鼓励构建以行业协会为中心的市场自治机制及惩处机制，防范和遏制走私、洗钱以及危害国家安全等违法行为。

2. 在国家实施许可管理的产品名录以及《中华人民共和国禁止携带，邮寄进境的动植物及其产品名录》《禁止从动物疫病流行国家/地区输入的动物及其产品一览表》《危险化学品目录》《剧毒化学品目录》《易制毒化学品的分类和品种目录》《中国严格限制进出口的有毒化学品目录》等基础上建立网上交易商品负面清单、出境商品负面清单、入境商品负面清单和禁寄物品指导目录。建立完善重点商品质量风险信息采集、评估、预警、处置、追溯体系。构建由地方政府和出入境检验检疫局、海关等部门合作的跨境电子商务质量追溯体系，与质检总局电子商务产品质量风险监测中心对接，就跨境电子商务商品在风险监测、网上抽查、源头追溯等方面开展合作，实现跨境电子商务商品“源头可溯、去向可查、责任可究”鼓励有资质的第三方机构在综试区开展《良好电子商务规范》认证试点工作。

3. 开展跨境电商交易“互联网+物联网”模式研究，完善和优化跨境电商进出口商品的采购、销售、库存、物流等供应链管理体系，创新应用于维护和确保跨境电商交易商品的质量管控。

4. 加强综试区信息系统网络安全监管。加强综试区信息系统网络安全监管。将综试区电商平台列入山东省重要信息系统名录。按照国家信息安全等级保护制度的要求，加强对综试区电商平台的监督、检查、指导。督促综试区电商平台开展信息安全等级保护工作，建立健全网络信息安全事件报告制度和应急处置机制。加强安全监测，及时通报跨境电子商务综合试验区重要信息系统网络安全隐患和漏洞。建设综试区电商平台网安警务室，净化网络环境。

5. 建立交易纠纷处置模式。售后服务和维权体系。研究制定跨境电子商务消费纠纷解决标准、管理办法，明确跨境电子商务企业作为消费投诉处理的首要责任人，明确商品质量安全主体责任。建立在线调解机制，逐步形成网上投诉、网上协商和解、网上调解等消费纠纷处置模式。

（十）探索引领全球跨境电子商务发展的国际规则

1. 着力推进地方性法规规章的研究与建立，规划创新制定“青岛电子商务规范管理办法”。进一步规范综试区内电子商务交易与服务行为，保障数据信息安全，规范市场秩序，实现公平竞争，为全国全省提供可复制借鉴经验。

2. 配合国家相关部委，探索建立与跨境电子商务相适应的法律法规体系，研究制定跨境电子商务主体认定、电子签名、跨境电子支付、安全保障与争议解决及其他与跨境电子商务相关的法律法规。探索建立国际和地区间消费者权益保护协作机制。积极参与全国电子商务标准化技术委员会有关工作，争取主导制定跨境电子商务领域国家标准。

3. 加强国内跨境电子商务行业协会与境外有关商（协）会的合作，加强跨境电子商务国际认证和监管合作，加强行业国际协作，发挥行业协会在行业规则制定、境内外合作等方面的作用，借鉴引用“UN/CEFACT”（联合国贸易便利化与电子业务中心）国际标准，围绕跨境电子商务基础、信息、业务、支撑、管理等方面，构建涵盖跨境电子商务全过程的综合标准体系，为综试区与行业国际协会在规则、标准方面的沟通与合作提供技术支持。

四、组织实施

（一）加强领导

青岛市成立中国（青岛）跨境电子商务综合试验区建设工作领导小组，贯彻落实国务院批复精神，加强组织领导和统筹协调。领导小组办公室设在市商务局。研究建立综合试验区建设推进工作体制机制及专业咨询服务工作机构。协调推进海关、出入境检验检疫局、国税、外汇、银监、商务、发展改革、经济信息化、财政、工商、交通运输、统计、口岸、公安、邮政、食品药品监督等职能部门与国家部委的沟通协作以及政策的衔接配合。指导青岛各区（市）研究制定本地区跨境电子商务发展规划，明确发展方式具体举措。切实转变观念、主动作为，形成推进青岛综合试验区建设的合力。

（二）资金保障

统筹外经贸发展资金，加大力度定向支持青岛综合试验区创新发展。研究设立“中国（青岛）跨境电子商务综合试验区建设发展引导基金”，通过市场化运作方式，吸引金融资本和其他社会资本共同投入，重点向跨境电子商务价值链相关产业以及国际交流合作方面倾斜。落实电子口岸“单一窗口”，公共服务平台以及监管服务等基础设施建设资金。

（三）政策促进

研究制定促进跨境电子商务优势资源招商的有关政策。支持鼓励跨境电子商务综合服务类企业扩大服务规模和服务种类，支持跨境电子商务交易平台企业扩大交易规模。鼓励支持跨境电子商务企业“走出去”，针对英语及非英语国家和地区开设子网站或独立页面，积极参与公共海外仓储基础设施及服务平台建设。鼓励支持各类企业参与跨境电商人才培养等。

（四）行业自律

鼓励引导跨境电子商务交易平台、公共服务平台企业、金融支付企业、物流仓储企业等共同筹建跨境电子商务行业协会，构建以商会协会为核心的市场自律机制，做企业与政府间的桥梁纽带，开放分享产业链各环节的资源和服务，及时高效开展行业研究、统计发布和规则创新，为国家法律法规研究的制定以及国际合作提供实践案例。

第二十一章　中国（深圳）跨境电子商务综合试验区实施方案

DI-ERSHIYI ZHANG ZHONGGUO（SHENZHEN）KUAJING DIANZI SHANGWU ZONGHE SHIYANQU SHISHI FANGAN

（粤府函〔2016〕119号，2016年5月11日）

为贯彻落实《国务院办公厅关于促进跨境电子商务健康快速发展的指导意见》（国办发〔2015〕46号）、《国务院关于同意在天津等12个城市设立跨境电子商务综合试验区的批复》（国函〔2016〕17号）精神，全面推进中国（深圳）跨境电子商务综合试验区建设（以下简称深圳综试区），制定本实施方案。

一、总体要求

（一）指导思想

高举中国特色社会主义伟大旗帜，全面贯彻党的十八大和十八届三中、四中、五中全会及习近平总书记系列重要讲话精神，牢固树立并贯彻落实创新、协调、绿色、开放、共享的发展理念，以深化改革、扩大开放为动力，依托深圳区位、产业发展和深港合作优势，以体制机制创新为核心，以优化政策举措为重点，探索跨境电子商务促外贸转型新路径，构建以平台建设促产业发展的新机制，形成基础服务与高端服务协同发展的新格局，将深圳综试区建设成为跨境电子商务及相关产业创新发展的重要载体，为开创电子商务国际化合作新局面、服务国家“一带一路”倡议做出新贡献。

（二）基本原则

坚持制度创新，争取重点突破。构建有利于跨境电子商务新业态健康发展的制度体系，以推进跨境电子商务贸易便利化为重点，推动对外贸易转型升级。

突出区位优势，完善支撑体系。发挥中国（广东）自由贸易试验区前海蛇口片区高端服务业集聚优势，加快产业支撑体系建设，形成以点带面、协同发展的新格局。

创新平台模式，促进要素融合。探索以服务平台建设促产业发展新模式，引导各类要素在平台集聚与融合，构建集通关监管、质量认证、资金结算和退免税服务、信用风险防控、跨境电子商务统计、配套服务于一体的综合服务体系。

深化深港合作，实现优势互补。发挥香港服务贸易优势和深圳产业及创新优势，合作互补协同发展，打造深港一体的跨境电子商务综合服务生态圈。

（三）发展目标

争取用3~5年时间，建成“信息互换、监管互认、执法互助”的跨境电子商务通关服务平台，初步建立以跨境供应链服务和外贸综合服务为重点的跨境电子商务全产业链服务体系。在全市范围内建设布局合理、政策完善、设施齐备、功能齐全跨境电子商务通关监管网络，形成以中国（广东）自由贸易试验区前海蛇口片区为龙头、以电子商务示范基地和电子商务产业园为支撑的跨境电子商务发展格局。到2020年，全市跨境电子商务交易额突破1000亿美元，年均增幅达30%，跨境电子商务的标准化、规范化和国际化运作管理体系基本建成，成为亚太地区电子商务投资合作便利、产融创新突出、服务体系健全、营商环境规范的跨境电子商务交易中心、金融服务中心和物流枢纽。

二、主要任务与创新举措

（一）完善跨境电子商务监管政策措施

1. 创新跨境电子商务海关监管模式。探索跨境电子商务通关全程无纸化监管，实现跨境电子商务企业—企业（B2B）以电子订单、运单、支付凭证替代传统的纸质合同与发票。推广“入区暂存”的监管措施，支持开展跨境电子商务出口货物存储、通关及退换货业务，探索跨境电子商务零售进出境商品实施批量转关操作。针对不涉证、不涉税的出口商品，探索按商品编码前四位归并申报。简化跨境电子商务进口流程，进口邮件可直航至深圳宝安国际机场，或从香港经陆路口岸进境以直转转关和跨境快速通关模式进入深圳邮件监管场所。保税备货模式海空运输进境实施“先入区后报关”，公路运输进境实施“跨境快速通关+先入区后报关”。研究探索“直购理货进口”操作模式。探索适合跨境网购零售进出口形式的海关归类办法和清单申报通关及统计方式。

2. 研究建立跨境电子商务检验检疫“放、管、治”三位一体监管制度。对跨境电子商务经营主体和商品的事前评估、入区申报、区内监管、出区核销、第三方检测、联合执法、事后追溯等实行闭环监督管理。实行口岸与保税区域一体化运作，采用“集检分出”监管模式，探索对生鲜类产品建立更为灵活便捷进口检验检疫措施。对出入境电子商务产品实行清单管理，符合清单管理要求的产品可按跨境电子商务方式出入境。积极争取国家部委支持在深圳综试区开展跨境电子商务小批量进口产品免予强制性认证检测工作，以及授权开展进境动植物及其产品检疫审批等。

3. 推动跨境人民币支付结算。鼓励跨境电子商务企业使用人民币计价结算，支持银行金融机构与支付机构开展业务合作，丰富电子商务跨境人民币业务产品。提高外汇资金结算效率，为跨境电子商务提供优质跨境外汇结算服务。鼓励银行主动探索“线上”结算，支持银行与电子商务交易平台和公共信息平台的互联互通，开展跨境电子商务跨境收支结算。推进跨境电子商务外汇支付业务试点，支持更多符合条件的支付机构参与试点，不断扩大试点业务范围和业务模式。允许符合条件的个人开立外汇结算账户，直接在银行办理涉及跨境电子商务的外汇收支及结售汇。

4. 完善跨境电子商务企业出口退税类别管理。对纳入跨境电子商务通关服务平台、且被评为一类或二类出口企业的跨境电子商务出口企业、外贸综合服务企业，可使用增值税专用发票认证系统信息审核办理退税。出口退税实行“无纸化管理”，对纳入跨境电子商务通关服务平台且注册地属于试行无纸化区域的出口企业，实现申报、证明办理、审核审批、退库等出口退（免）税业务无纸化操作。探索出口免征增值税管理措施。积极争取国家部委支持对无法取得合法有效进项凭证的出口货物适用免税政策。

（二）充分发挥跨境电子商务产业优势

1. 重点发挥中国（广东）自贸试验区前海蛇口片区在金融、现代物流、信息服务、科技服务、专业服务等领域的优势，探索深港跨境电子商务区域合作机制，创新跨境电子商务业态和模式。支持金融机构、电子商务平台企业和外贸综合服务企业等进一步拓宽跨境电子商务企业融资渠道。加强与中国进出口银行、中国出口信用保险公司等金融机构的战略合作，为跨境电子商务企业提供政策性金融和保险服务。

2. 将具备条件的海关特殊监管区域和保税监管场所逐步纳入跨境电子商务通关与物流节点，开展多种形式的跨境电子商务进出口业务。研究推动海关特殊监管区域红线内、围网外区域的贸易多元化试点。指导各类电子商务示范基地、产业园区和大型电子商务企业，结合经营模式特点对接通关与物流节点，发挥各类通关节点对产业的带动作用，形成全市跨境电子商务“基地支撑、多区联动”的差异化、互补化、协同化发展格局。

3. 支持品牌企业和优质产品通过跨境电子商务扩大出口。扶持一批有自主品牌、较高知名度和较强市场拓展能力的跨境电子商务经营主体做大做强，重点打造细分领域跨境电子商务行业龙头，推动一批垂直类跨境电子商务交易平台规模化发展，吸引国内外知名跨境电子商务企业落户深圳。引导企业通过自建平台或与跨境电子商务企业合作，以制造商—电子商务平台—消费者（M2B2C）、B2B、企业—消费者（B2C）等多种方式拓宽外贸营销渠道。建设特色鲜明的跨境电子商务产业基地（园区）、进出口商品体验中心、展示交易中心，打造集产业集聚、仓储物流、看样订货、购物消费、休闲娱乐于一体的跨境电子商务特色载体。

（三）完善跨境电子商务通关服务平台功能

完善跨境电子商务通关服务平台功能。提升跨境电子商务进出口的通关效率和便利化水平，实现企业一次申报、数据共享、多方监管。积极争取国家部委支持，推动海关部门对跨境电子商务通关服务平台开放预录入系统（QP 系统）申报接口；检验检疫部门对跨境电子商务通关服务平台开放出入境检验检疫综合业务计算机管理系统（CIQ2000 系统）的报检申报接口、企业备案和信用等级查询接口、商品负面清单数据查询接口、认证认可系统数据接口等；公安部门对跨境电子商务通关服务平台开放公民身份信息核查接口；外汇部门建立名录登记、分类管理信息与跨境电子商务通关服务平台数据共享机制；国税部门对跨境电子商务通关服务平台开放出口退税申报和审核系统数据接口；食品药品监管部门对跨境电子商务通关服务平台食品药品许可信息、监管信息等数据接口；工商部门对通关服务平台开放全国企业信息公示平台的企业公示信息。

（四）打造产业综合服务平台

1. 依托中国（广东）自由贸易试验区前海蛇口片区建设覆盖深圳、服务全省及全国的跨境电子商务综合服务平台。打造前海跨境电子商务产业高端综合配套服务中心与智能化管理中心，为跨境电子商务企业和政府部门提供专业化、综合性服务，实现跨境电子商务产业要素在平台上集聚、互联、融合。建立跨境电子商务数据标准和数据信息传输、开放、共享和使用的规则规范。

2. 建设跨境电子商务经营者主体身份验证服务体系。遵循以社会信用代码及银行账户为主要身份验证信息的国际通行认证方式，从企业商事登记注册信息入手，制定跨境电子商务经营主体备案、查验等基础信息管理标准及办法，建设跨境电子商务经营者主体备案及查验管理系统，为企业走出去开拓国际市场，提供交易安全保障支撑服务。

3. 建立跨境电子商务商品信息备案、质量监控服务体系。研究各国技术性贸易措施权威资讯、最新动态、应对方案，以及电子商务相关政策、标准、市场热点与准入规则等，建立相应的资讯基础数据库，加强跨境电子商务国际市场开拓辅导。研究制定跨境电子商务商品基本信息备案管理标准及管理办法，完善跨境电子商务商品备案查验、质量检验检测与监管、质量追溯等服务体系，提升跨境电子商务商品质量。

4. 探索建立与国际接轨的跨境电子商务知识产权服务体系。建设跨境电子商务知识产权监管服务系统，建立跨境电子商务知识产权地图和数据中心，加强跨境电子商务知识产权培育指导、知识产权风险巡查和预警、知识产权保护与促进、审查核验等，建立知识产权联动监管机制，打击跨境侵犯知识产权违法经营行为。

5. 建立跨境电子商务消费维权在线非诉讼纠纷解决与法律援助服务机制，为企业与消费者提供简易、便捷的在线投诉与处理平台，并提供法律咨询等相关专业服务。

6. 建立跨境电子商务信用信息服务体系。研究制定跨境电子商务信用标准，建立信用信息标准体系。依托静态与动态企业经营信息和部门监管信息的跨境电子商务企业信用信息数据，探索对跨境电子商务企业进行信用分类监管。

7. 完善跨境电子商务统计体系。建立科学的跨境电子商务统计监测体系，实现跨境电子商务通关服务平台与综合服务平台之间的数据互补。建立跨境电子商务大数据服务中心，利用大数据、云计算技术，对各类平台商品、物流、金融服务、知识产权、风险防控等数据进行分析处理运用，实现跨境电子商务数据的交换汇聚，为政府监管和企业经营提供决策咨询服务。

8. 打造跨境电子商务人才高地。鼓励行业组织和专业机构、国内外专家和专业人士参与跨境电子商务规划、重点方案制定和项目对接等。鼓励发展电子商务职业教育，开展电子商务学历教育。鼓励合作办学，建立实训式电子商务职业技能培训体系，加强学科建设和实用型人才的培养。支持各类教育、培训机构、企业开展电子商务技能培训、岗前培训并按规定落实相关扶持政策。鼓励借助互联网技术，开展电子商务远程教育培训。支持人才市场、人才网站加强电子商务专业用工服务，完善电子商务人才供求信息对接机制。

（五）建立跨境电子商务 B2B 管理新体系

1. 支持外贸综合服务企业做大做强出口业务。完善外贸综合服务企业扶持措施，探索分类管理。完善境内仓储物流、报关、退税等服务体系建设，通过建设海外仓，将服务链向境外延伸，鼓励有资质的企业自建、收购并购或租赁海外仓、保税功能仓和集散中心系统，支持龙头企业整合资源建设海外联合仓，积极探索国内外仓储设施建设中的融资、风险保障机制，推动实现行业的规模化、标准化和服务链条完整化，推动传统外贸企业通过电子商务化、物流化、平台化发展，向国际供应链服务企业和外贸综合服务企业转型。

2. 推动供应链与跨境电子商务深度融合。发挥供应链管理与服务优势，提高企业信息化智能化水平，利用互联网和物联网技术，支持供应链企业充分整合境外海外仓、境内保税功能仓资源，以供应商管理库存（VMI）、及时配送（JIT）等方式为境内外跨境电子商务企业提供全方位服务。

3. 探索 B2B 新型交易和服务模式打通线上交易瓶颈。支持在前海湾保税港区等海关特殊监管区域开展“线下展示+线上交易”等业务，试点线上“保税展示+交易”、线下“保税仓储+一般贸易进出口”的 M2B2C 业务模式。鼓励将电子合同、电子发票应用于跨境电子商务 B2B 出口环节，探索大宗商品的线上交易、支付和结算。

4. 支持大型快递企业设立清关中心和集散中心，在海外设立转运中心，在符合监管要求的前提下，实现境内外中心间的跨境电子商务商品小件集运。支持邮政快递企业跨境电子商务渠道建设。加密现有国际货运航班、开通货运航班等措施，增强深圳宝安国际机场的进出口货运能力。

（六）依托深港区域优势建立跨境电子商务新格局

1. 研究建设深港跨境电子商务合作示范区，打造深港跨境电子商务综合服务生态圈。发挥香港连接全球市场网络的优势，共同建设面向“一带一路”沿线国家的商品展示、销售采购中心和跨境电子商务海外仓储配送基地。鼓励跨境电子商务企业通过在港设立离岸公司开展跨境支付、结算业务。实施深港陆路口岸与特殊监管区域、保税物流中心之间跨境电子商务货物的“跨境快速通关”。在供港商品和港产食品“前店后仓”模式基础上，支持香港企业在深港两地同时建立销售端与仓储端，探索“双店双仓”的特色营运模式。

2. 推进深港服务贸易自由化。加强深港专业服务合作，支持取得香港执业资格的专业人士在跨境电子商务领域提供会计审计、广告营销、信用评级、教育培训、人才中介等专业服务。争取国家部委支持，推行深港检验认证及相关检测业务互认制度，推行“一次认证、一次检测、两地通行”，推动两地对口专业协会及商会开展交流合作。探索港籍自然人在深圳综试区开展跨境电子商务业务。

三、组织实施

省政府统筹领导和协调推进综试区试点工作。深圳市要精心组织实施，完善工作机制，落实工作责任，根据本实施方案制定具体工作方案，突出重点、先行先试，并在推进过程中认真研究新情况、解决新问题，抓紧形成制度创新清单，推进创新政策措施落地。省各有关部门要大力支持，积极做好协调配合、指导评估等工作，共同推进相关体制机制和政策创新，把深圳综试区建设好、管理好，加快形成可复制可推广的经验。

第二十二章　中国（苏州）跨境电子商务综合试验区实施方案

DI-ERSHIER ZHANG ZHONGGUO（SUZHOU）KUAJING DIANZI SHANGWU ZONGHE SHIYANQU SHISHI FANGAN

（苏政发〔2016〕51号，2016年4月8日）

为深入贯彻落实党的十八大和十八届三中、四中、五中全会精神，积极实施“互联网+”战略，培育新型产业贸易服务链，创新监管方式，推进外贸转型升级、创新发展，根据《国务院关于同意在天津等12个城市设立跨境电子商务综合试验区的批复》（国函〔2016〕17号）和《国务院办公厅关于促进跨境电子商务健康快速发展的指导意见》（国办发〔2015〕46号）等文件精神，制定本实施方案。

一、总体要求

（一）指导思想

高举中国特色社会主义伟大旗帜，以邓小平理论、“三个代表”重要思想、科学发展观为指导，认真落实党中央、国务院决策部署，积极探索跨境电子商务发展，推进外贸优进优出、转型升级。借鉴中国（杭州）跨境电子商务综合试验区“六体系两平台”的经验做法，因地制宜，突出本地特色和优势，着力在跨境电子商务企业对企业（B2B）方式相关环节的技术标准、业务流程、监管模式和信息化建设等方面先行先试，创新“互联网+中国制造2025+自主品牌国际化”商业模式，促进传统外贸和制造企业通过“互联网+”拓展发展空间，提升产业国际竞争力，为全国跨境电子商务发展和外贸转型探索可复制、可推广的经验。

（二）基本原则

1. 坚持政府引导、企业为主。设立中国（苏州）跨境电子商务综合试验区（以下简称综试区）领导小组和工作机构，推进综试区建设各项工作。正确处理政府与市场的关系，发挥市场在资源配置中的决定性作用，更好发挥各级政府部门和各类社会组织的积极性，激发企业参与综试区建设的主动性和创造性。

2. 坚持B2B为主、提升出口。通过综试区综合服务平台，减少传统外贸的中间分销环节，降低外贸出口交易成本，缩短运营周期，提升产品价值，成为扩大外贸出口畅通便捷、高效、低成本和安全可靠的B2B贸易渠道。

3. 坚持品牌建设、壮大名牌。支持、培育品牌企业在综试区开展跨境电子商务，引导外贸企业加强国际市场调研，确定目标市场，增强研发能力，不断向高端产业链延伸，树立品牌国际化知名度，以品牌建设推进实施跨境电子商务名牌发展战略。

4. 坚持先行先试、改革创新。围绕跨境电子商务产业链各相关环节的技术标准、业务流程、监管模式、信息化建设等方面开展先行先试，建立并完善跨境电子商务制度体系、管理方式和服务模式。探索建立容错机制和试错空间，逐步推动综试区建设发展。

5. 坚持规范管理、优化环境。围绕高效、便捷和低成本的核心要素，打造国际化、规范化和标准化的市场环境，加强产品质量安全，控制和防范交易风险，为综试区各类市场主体公平参与市场竞争创造优良的营商环境。建立综试区成果评估机制，边试点、边总结、边完善，优化监管服务，完善政策法规，打造苏州跨境电子商务完整的产业链和生态圈。

6. 坚持立足当前、着眼长远。针对制约跨境电子商务发展的瓶颈和薄弱环节，以便利化监管服务、创新型发展模式和鼓励支持政策等来激发市场内在动力和活力，通过改革创新着力破解跨境电子商务发展的深层次矛盾和体制性难题，促进“互联网+外贸”持续健康发展。

（三）发展目标

到2020年，力争把综试区建成以“互联网+中国制造2025+自主品牌国际化”为主要特征，以“产业基础+品牌化提升”为核心竞争力，以“多维度物流通关+综合服务体系”为重要支撑的全国性B2B出口、B2B2C进口跨境电子商务的示范区域和开放型经济转型升级的重要载体。在建设“六体系两平台”的基础上，建设全国性跨境电子商务的产业聚集中心、大数据信息中心、创新创业中心、配套服务中心等“四大中心”，建立上下游供应链深度融合的B2B跨境电子商务全产业链，打造跨境电子商务可持续发展、良性循环的产业生态圈。“十三五”期间，争取引进和培育跨境电子商务品牌企业超过1500家，实现年出口额超300亿美元。

（四）实施范围

首期为综试区“单一窗口”平台登记备案的苏州市内注册的各类市场主体。待发展成熟后逐步拓展到在综试区“单一窗口”平台登记备案的苏州市外注册的各类市场主体。

二、建设任务

（一）建立跨境电子商务服务体系和管理机制

进一步建立健全以制造业B2B跨境电子商务为主、B2C跨境电子商务兼顾、保税与非保税相互融合的跨境电子商务服务体系。在跨境贸易电子商务进出口业务的通关、结汇、支付、物流和退税等环节，实现海关、检验检疫局、税务、外汇管理、商务、公安、工商、邮政、食品药品监管等部门的数据交换和互联互通，并链接金融、物流、电商平台、外贸综合服务企业，建成事前监管、事中控制、事后可追溯的跨境电子商务创新管理模式，全面打造苏州特色的综试区“六体系两平台”。

（二）建设综试区跨境电子商务“四大中心”

1. 建设综试区跨境电子商务产业聚集中心。结合苏州产业基础和特点，因地制宜培育、引进一批具有国际竞争力和影响力的跨境电商B2B龙头企业及平台型企业的总部或区域中心，认定和扶持一批电子商务示范企业和平台，建立辐射“一带一路”、面向全球的跨境电子商务服务高地。通过政策支持、产业引导、示范引领，争取将综合试验区打造成为业态突出、特色鲜明、高效融合、发展规范的全国跨境电子商务产业聚集中心。

2. 建设综试区跨境电子商务大数据信息中心。推动建立跨境电子商务大数据应用系统，将跨境电子商务B2B数据与分散且难以有效统计的跨境电子商务B2C数据进行汇总、交换整合及研究利用，为跨境电子商务发展提供大数据信息服务，为跨境电子商务统计分析、监测预警、风险防控、信用服务等提供有力支撑。

3. 建设综试区跨境电子商务创新创业中心。加大综试区对人才培训、孵化器、众创空间的引进和培育，通过政策引导、行业交流、校企合作等方式，建立跨境电子商务行业协会与人才发展联盟，推进政府、企业、个人的有效融合对接。以制度、管理、服务创新来吸引更多电子商务领域的优秀企业、个人及团队到综试区发展，把综试区建设成为跨境电子商务创新发展的示范区和大众创业、万众创新的重要载体。

4. 建设综试区跨境电子商务配套服务中心。强化跨境电子商务产业配套服务建设，鼓励跨境电子商务相关服务配套主体落地综试区，汇聚形成第三方平台、代运营、推广、培训、摄影、创意、物流、金融、信息服务、外贸服务等相关配套产业体系，为不同类型的跨境电子商务企业提供差异化、特色化、精细化的配套服务，提升跨境电子商务配套产业的综合服务水平。

（三）打造跨境电子商务通关物流路径

充分发挥苏州港口口岸众多、特殊监管区域集聚、国际邮件枢纽辐射沿江六市等叠加优势，借助太仓港为代表的苏州港口群、SZV虚拟空港、“苏满欧”“苏满俄”“苏新亚”等中亚国际货运线路，以及肉类、水果、食品、药品等指定进境口岸，打造近连日韩、远接中东欧、海陆空一体的多维度跨境电子商务通关物流体系。

（四）建立B2B跨境电子商务产业链

立足苏州产业特点，推动IT产品、交通运输设备、化工产品、钢材、光伏产品、纺织原料与制品、矿产品和主要轻工产品等多种行业和领域充分发挥B2B跨境电子商务在采购、生产、销售、支付、物流等各方面的引领带动作用，以产业链为基础，推进上下游关联企业间供应链深度融合。同时，适时引导部分企业从B2C向B2B跨越，对已做大B2C业务的企业，鼓励其寻求多方合作，做大做强，链接制造和消费者，减少中间环节，打造线上外贸工厂。通过推动制造企业上线，促进外贸企业转型，从采购、生产、销售端共同发力，打造多元、高效、便捷、低成本的全流程跨境电子商务，推动B2B跨境电子商务产业链融合发展。

（五）建立B2B跨境电子商务产业生态圈

充分运用综合配套服务与政务数据交互相结合的跨境电子商务服务平台体系，以高效、便捷、低成本为核心，推进建立符合国际惯例的跨境电子商务运营模式，为企业开展国际电子商务活动提供全方位支撑。推动传统外贸企业向高附加值的研发设计、销售服务以及自主品牌转型升级，增强企业核心竞争力。同时，引导企业以品牌联盟等形式整体对外推荐，增强订单承接能力，实现行业抱团式发展，增强B2B跨境电商国际影响力，提升中国制造对外宣传推广的品牌影响力和议价空间，打造中国制造高端形象，提升跨境电子商务产业国际竞争力，构建可持续发展的B2B跨境电子商务产业生态圈。

三、工作举措

（一）创新监管及服务

探索建立综试区新型监管制度、业务流程和服务模式，全面推行便利化通关。

1. 创新跨境电子商务便利化通关模式。申报、商品归类、物流监控、风险防控等方案制订要因地制宜、先行先试，优化网购保税进口商品一线入区申报手续，探索实施“先入区后报关”制度，扩大“清单核放、汇总申报”等模式的适用范围至B2B领域，优化跨境电子商务产品在口岸与综试区之间的转关手续，由综试区所在地海关、检验检疫机构等实施监管，打造跨境电子商务区域通关一体化体系。

2. 创新跨境电子商务监管流程。加强海关、检验检疫局、外汇管理、国税等部门间合作，推行跨境电子商务关检“三个一”和“三互”，加快国际贸易“单一窗口”试点进程，完善海关特殊监管区域外汇监测服务平台功能。探索建立负面清单、风险分级和信用监管制度，完善跨境电子商务产品质量安全监控体系。完善政务信息交换共享、企业信息交互及溯源机制。建立健全跨境电子商务内部安全保障机制，以技术、管理和制度等手段保障网络安全、交易安全、国家安全。

3. 创新税收管理政策。对纳入“单一窗口”系统平台监管，通过跨境电子商务企业出口的货物，积极争取试行“无票免税”“免抵退”等政策。推进跨境电子商务企业出口退税申报无纸化管理，简化出口企业退税申报手续，加快审核、审批及退库进度。

4. 开展跨境人民币业务创新。对于跨境电商综合试验区内符合条件的支付机构，允许其开展第三方跨境支付业务。鼓励跨境电子商务活动使用人民币计价结算。支持银行业金融机构与支付机构加强合作，拓展电子商务跨境人民币业务产品。

5. 按照便利化优先的原则，建立以动态监测、总量核查和分类管理为主要内容的跨境电子商务外汇管理制度，支持符合条件的支付机构为跨境电子商务提供结算服务，允许在“单一窗口”登记备案的个人开立外汇结算账户直接办理跨境电子商务涉及的外汇收支及结售汇业务。

6. 创新货物状态分类监管制度。在综合保税区贸易功能区、保税区内试行跨境电子商务企业在同一库区开展保税货物、非保税货物的混合仓储、配送业务，提高仓配效率，扩大电商企业经营范围，实现内外贸融合发展。

7. 建立信用负面清单制度。依托苏州市社会信用体系建设数据平台，综合多方信用基础数据，记录和积累跨境电子商务企业、平台企业、物流企业及其他综合服务企业基础数据，建立监管部门的信用认证体系和信用服务企业的信用评价体系。采取分类分级信用管理方式，建立信用负面清单管理制度。

8. 建立跨境电子商务进口清单。支持海关、检验检疫局尽快出台跨境电子商务清单。积极争取下放进口食品、化妆品注册备案、风险评估审批权限。

9. 建立对跨境电商企业的认定机制。确定交易主体的真实性并建立交易主体与报关服务的关联体系，网上交易记录、物流记录、支付记录等都可作为跨境电子商务进出口货物认证依据。

（二）建设线上“单一窗口”

建立“单一窗口”平台，坚持“一点接入”原则，建立数据标准和认证体系。实现海关、检验检疫局、税务、外汇管理、商务、公安、工商、邮政、食品药品监管等部门数据的互联互通和信息共享，并为开展跨境电子商务业务的电商企业、支付企业、物流企业等企业或个人提供各类信息备案、发送、审核和反馈等在线服务，实现跨境贸易电子商务进出口 B2B、B2C、C2C 业务数据无纸化、电子化和自动化申报与管理。确立综试区“单一窗口”平台的系统建设和运行维护主体。海关部门对“单一窗口”开放报关申报接口、企业备案和信用等级数据查询接口等；检验检疫部门对“单一窗口”开放报检申报接口、企业备案和信用等级数据查询接口、商品负面清单数据查询接口、认证认可系统数据查询接口等；外汇管理部门建立名录登记、分类管理信息与“单一窗口”的数据共享机制；国税部门对“单一窗口”开放退税申报接口、免税申报接口、企业备案和信用等级数据查询接口等；公安部门对“单一窗口”开放身份证信息核查接口等；经济和信息化、金融和工商部门对“单一窗口”开放信用信息、诚信查询系统接口；食品药品监管部门对“单一窗口”开放药品许可信息等数据接口。“单一窗口”建成后，将为相关监管部门、地方政府以及企业提供备案管理、智能物流、电商信用、风险预警等服务支持。

（三）布局线下“综合园区”

采取“一区多园”的布局方式，依托苏州海关特殊监管区和产业园区集聚的线下资源，打造苏州“海关特殊监管区+产业集聚区+功能配套区”的线下平台模式，承接线上“单一窗口”平台功能，优化配套服务，加快线上平台和线下园区的联动发展，促进产业聚集，打造跨境电子商务完整的产业链和生态圈。坚持以 B2B 出口为主，同时开展 B2B 进口、B2C 进出口的全模式跨境电子商务。坚持突出重点、分步实施、积极稳妥地推进线下园区建设。线下园区既统筹兼顾，又有所侧重，结合各区域的产业、外贸特点及区域性特征，试行差异化跨境电子商务发展举措。

（四）构建“六大体系”

一是依托“单一窗口”综合服务平台，建立备案电子商务经营主体数据库与政务数据库互联互通的信息共享体系。实现各部门政务数据共享，并为备案企业提供“一站式”全流程的无纸化、电子化、自动化管理和服务。二是建立覆盖备案电子商务经营主体的统计监测体系，建立相关报表制度。充分运用云计算、大数据中心等信息技术和手段，科学设计相关指标，探索建立平台数据采集和企业自主申报相结合的统计监测体系。三是科学设计信用评价指标，制定备案电子商务经营主体信用信息发布制度，建立综试区信用认证和第三方信用服务评价相结合的电子商务信用体系。四是综试区定期对每项改革创新举措进行全流程的专业风险防控分析，有效控制试点试验风险。引导行业协会建立跨境电商纠纷预警和处理机制，强化企业知识产权保护意识。利用信息化技术和管理手段，从数据、支付、网络交易安全以及质量安全等方面加以防范控制，政府、行业、企业三方共同推进建设风险防控体系。五是积极引进金融机构、第三方支付机构、第三方电商平台、供应链综合服务企业等，为跨境电子商务交易提供在线支付结算、在线融资、在线担保等风险可控的一站式的金融服务体系。六是构建综试区互联互通的物流智能信息系统，推进物联网应用，建设现代物流公共信息平台，以优质高效的物流运营服务、仓储服务打造全程可验可测可控的智能物流体系。

（五）加大产业链招商力度

着眼于苏州产业结构调整升级需求和苏州跨境电商生态圈建设需要，按照跨境电子商务产业链和重点企业分布的区域特点，以北京、上海、杭州、广州、深圳等境内电子商务发达城市，以及欧洲、美国、日本、韩国、俄罗斯、澳大利亚等国家和地区为重点，有针对性地组织开展不同形式的招商活动。着力加大对大型平台、品牌企业、供应链服务企业、物流企业、金融支付等总部或区域中心项目的引进和培育力度，每年确定一批重点招商项目并按照综试区成果评估机制进行考核激励。

（六）拓展"互联网+外贸"出口

引导苏州市传统外贸企业和制造类企业通过第三方平台或自建平台上线经营，通过外贸营销模式的创新来扩大外贸增量的渠道、减少中间环节、降低企业成本。

1. 积极与阿里巴巴国际站、eBay、Amazon、环球市场、敦煌网等平台对接合作，鼓励企业或个人充分利用第三方平台开展跨境电子商务。

2. 鼓励符合条件的企业或个人自建跨境电子商务平台，建立在线 APP 平台、线上网交会、线下中国样品体验中心等，加强与行业知名机构合作，打破交易沟通壁垒。

3. 引导行业组织或机构建立跨境电商运营服务生态群，促进电子商务龙头企业与通信运营商对接合作，利用移动互联网等多种通讯手段和渠道加快产品推广，推动外贸企业在海外知名媒体加强宣传。

4. 支持建设跨境电商众创空间等新型创业服务平台，将创新与创业、线上与线下、孵化与投资等多元化元素相结合，打造跨境电子商务全方位、一站式的服务创业链，完善政府主导、政企联合、企业自主运营等融合发展的创业服务体系。

5. 积极引导和鼓励龙头会展企业建设符合国际展会需求及跨境电子商务 O2O 发展需要的会展综合体，推动国内外高层次跨境电子商务展会、会议、论坛等移师苏州。鼓励具备条件的企业搭建 O2O 线下公共展示平台，鼓励建立保税展示交易平台。

6. 促进加工贸易转型升级，积极推进内外贸一体化发展，打通加工贸易企业线上线下闭环发展，促进产业撮合交易，帮助加工贸易企业发展跨境电子商务业务。对上游吸引相关研发机构，对下游扩大企业销售市场，更好地引导整体产业链向高端延伸，扩大国际市场份额。利用好加工贸易在技术、管理、服务等方面的溢出效应。建立加工贸易产品转内销的相关认证流程，打通内外销流通渠道，转变外贸发展方式，培育外贸竞争新优势，推动外贸转型升级。

（七）增强"互联网+外贸"品牌竞争力

加快建立"市场导向、企业主体、政府推动、社会参与"的苏州跨境电子商务品牌建设培育和激励机制，不断提升产品价值，增强"中国制造"的品牌竞争力。

1. 支持科沃斯、莱克、好孩子、波司登等苏州本土品牌企业创新国际化营销模式，探索通过建立海外仓储、海外体验店等渠道拓展海外市场、降低物流成本、提升用户体验、扩大客户群体。

2. 鼓励优质外贸企业立足自身特色，不断提升品质和服务，以 B2B2C 拓展国际化营销，通过在线化、直接化的经营模式，自主掌握海外营销渠道，加快培育跨境电子商务品牌。

3. 鼓励制造业企业、外贸企业抱团发展，建立行业发展联盟和品牌战略联盟，加强优势互补、相互协作和资源整合，增强行业抗风险能力，扩展对外发展空间，提高产业国际竞争力。

4. 引导企业加强自主技术研发，根据市场需求开发出更多个性化、定制化产品。推动制造领域向营销、设计等各服务环节转型升级，推动出口从传统的生产成本优势向技术、质量、服务、品牌等新的核心竞争优势转化，提升产品附加值，摆脱处于“价值链低端”的劣势，推动制造业服务化、品牌化。

5. 鼓励江苏化工品交易中心、常熟服装城、盛泽东方市场等大宗交易市场或专业市场等，建立集研发设计、展示交易、品牌和时尚发布、物流配送、电子商务于一体的国际采购、销售、服务中心。发挥交易市场、物流市场、人力资源市场、技术市场等优势，发布交易价、运价、劳动力、技术等价格和供求信息，加强行业信息发布功能，编制一批大宗商品价格指数，提高品牌知名度和价格话语权。

6. 通过创新驱动，把科技、文化、信用、管理等要素融入品牌，加强电商业态创新，鼓励服务贸易跨境电子商务品牌化发展。以国际化品牌引领带动跨境电子商务产业化、规模化、标准化发展，支持龙头企业积极参与、主导国际规则和标准制定，探索建立国际通用的跨境电子商务 B2B 出口标准体系。

（八）健全各项配套服务

1. 加强对跨境电子商务经营主体的信用记录、经营水平、财务状况等指标分析，指导并督促企业和个人做好正品保障、退换货保障，鼓励产地直销服务。建立综试区相应的企业信用综合评价制度。

2. 支持符合条件的支付机构和金融机构通过进入综试区设立分支机构等方式，为跨境电子商务交易活动提供各种融资、贴现、结算、担保、风险管理等金融服务。支持符合条件的跨境电子商务平台设立互联网科技小额贷款公司，创新互联网金融产品和服务。搭建投融资对接平台，积极引入风投公司、天使投资基金。

3. 择优遴选一批国际物流、快递企业等与综试区进行业务对接，提供统一采购、仓储和配送等综合性服务。推进海关特殊监管区域加快发展保税仓储、采购、分销、配送、中转等保税物流业务，拓展保税货物的展示、研发、检测、租赁、期货交割等新型业务。

4. 支持鼓励跨境电子商务企业根据发展实际建立海外仓、海外体验店等，有效降低企业成本，改善用户体验，拓展境内境外、线上线下 O2O 一体化的发展空间和渠道。

5. 推动建立跨境电子商务人才孵化中心与人才评价机构，建立专业人才培训基地，创新“政、行、企、校”① 合作培养人才的新模式，加快引进和培育跨境电子商务发展急需的高端人才、领军人才和优秀团队，建立全国性的跨境电子商务人才库。

---

① 政府、行业、企业、学校.

四、组织实施

（一）建立协调机制

省政府成立中国（苏州）跨境电子商务综合试验区建设领导小组，苏州市也要成立相应的协调机制。省、市各相关部门要根据跨境电商综试区建设和发展要求，加强政策和制度创新，做好对口协调，争取上级支持，研究制定“关、检、汇、税、商、物、融、信”等方面制度创新一揽子举措。加强国家、省、市有关部门的沟通协调，建立三级联动推进机制，形成加快推进跨境电商综试区发展的合力。

（二）成立管理机构

苏州市商务局增挂中国（苏州）跨境电子商务综合试验区办公室牌子，负责中国（苏州）跨境电子商务试验区的建设管理工作。按照精简效能原则，统筹考虑、调整优化苏州市商务局（跨境电商综试办）内部机构设置。

（三）加大财政扶持力度

省、市商务发展、服务业发展、总部经济发展等专项资金，加大对综试区“六体系两平台四中心”等重大项目建设的支持力度。

参考资料

［1］徐维维．导购返利受资方青睐，淘粉吧将挂牌新三板［N］21 世纪经济报道，2015.

［2］崇晓萌，耿俊．返利类导购网站转型谋生［J］电商周刊，2014.

［3］张卉．跨境电商发展的 SWOT 分析及对策［N］山东工商学院学报，2015，29（3）.

［4］曾文革，江莉．《贸易便利化协定》视域下我国海关贸易便利化制度的完善［J］．海关与经贸研究，2016（1）：1-9.

［5］张翼．跨境电商通关全年无休［N］．光明日报，2015（2）.

［6］黄永江．关于构建我国跨境电子商务及支付外汇业务管理体系的研究［J］．金融会计，2013（7）：22-29.

［7］高小香，刘茜闽．跨境电子商务支付风险研究［J］．市场观察，2015（z1）：83-84.

［8］严圣阳．我国跨境电商支付现状与发展前景［J］．经营与管理，2014（5）：31-33.

［9］欧阳明慧．中国跨境电商物流现状及对策的研究［J］．物流工程与管理，2016（6）：43.

［10］张夏恒，马天山．中国跨境电商物流困境及对策建议［J］．当代经济管理，2015（5）.

［11］张冰．我国跨境电商物流模式研究［J］．管理科学，2016（8）：265.

［12］沈丹阳，黄金利，何仕奇．我国跨境电商物流模式研究［J］．价格月刊，2015（8）.

［13］郭亚飞．我国跨境电商物流困境及对策建议分析［J］．物流工程与管理，2015（9）：59.

［14］杜莉杰，尹春华．我国跨境电商物流发展现状研究［J］．物流工程与管理，2015（8）：29.

［15］金明，刘盈丰，郭泉．浅析跨境电子商务中的物流问题［J］．物流平台，2014（30）：43.

［16］蒋奇，倪蔚颖．跨境电商物流困境与发展对策研究——以杭州为例［J］．市场营销，2016（9）.

［17］窦粲灿，吴会芳．跨境电商物流存在的问题与对策研究［J］．物流工程与管理，2015（9）：60.

［18］丁琪．简析制约跨境电商物流发展的几种因素［J］．中国市场，2015（24）.

［19］庞燕．跨境电商环境下国际物流模式研究［J］．中国流通经济，2015（10）：15-20.

［20］慕艳平．我国跨境电商物流解决方案分析与选择［J］．研究与探讨，2015，5（2）：021.

［21］邓小怡，刑元志．我国跨境电商物流中的海外仓储建设研究［J］．物流科技，2017（3）：130-133.

［22］罗玥．跨境电商“海外仓”的风险分析与对策建议［J］．物流科技，2016（11）：136-139.

［23］鄢荣娇．我国跨境电商物流中的海外仓建设模式研究［D］．安徽大学，2016.

［24］佚名．海外仓该租用还是自建？OR 亚马逊 FBA 仓？［EB/OL］．（2016-11-01）［2017-6-30］．http：//bbs. fobshanghai. com/thread-6718582-1-1. html.

［25］潘意志．海外仓建设与跨境电商物流新模式探索［J］．物流技术与应用，2015（9）：130-133.

［26］陈娇．跨境电子商务海外仓储问题的分析及阐述［J］．现代商业，2017（1）：30-33.

［27］袁萌．跨境电商情境下海外仓的建设及其发展对策研究［J］．理论探索，2017（1）：30-33.

［28］张开旺．跨境电商海外仓储运行模式及其优化探析［J］．企业经营管理，2017（3）：35-38.

［29］孙康．海外仓的利弊分析及未来发展对策研究［J］．国际经贸，2016（6）：29-31.

［30］王建红，张月想．信用的跨学科概念平台［J］．征信，2014（3）：8-13.

［31］北京大学中国信用研究中心课题组．互联网信用生态体系及其价值度量［R］．Useit 知识库，2016.

［32］刘志威．跨境电子商务交易信用研究［J］．现代商贸工业，2016，37（8）.

［33］周欢．跨境电子商务流程下的跨境电子商务评价指标构建机制［J］．商场现代化，2016（17）.

［34］林晨萍．跨境电商出口贸易信用体系的构建思路［J］．经济论坛，2017（5）.

［35］张云起，孙军峰，王毅，等．信联网商务信用体系建设［J］．中央财经大学学报，2015（4）.

［36］周子元．信用风险量化研究综述［J］．金融教学与研究，2009（4）.

［37］杨坚争，郑碧霞，杨立钒．基于因子分析的跨境电子商务评价指标体系研究［J］．财贸经济，2014（9）.

［38］雷晓敏，宋家顺．衡量企业家信用的财务指标分析［J］．中央财经大学学报，2007（11）.